茶余饭后话北京

(2012年版)

主编 李 革

學苑出版社

图书在版编目(CIP)数据

茶余饭后话北京:2012年版/李革主编. --北京:学苑出版社, 2012.1

ISBN 978-7-5077-3941-1

Ⅰ.①茶… Ⅱ.①李… Ⅲ.①北京市-概况 Ⅳ.①K921

中国版本图书馆CIP数据核字(2012)第001894号

出 版 人:孟 白
责任编辑:方晓喆
出版发行:学苑出版社
社　　址:北京市丰台区南方庄2号院1号楼
邮政编码:100079
网　　址:www. book001. com
电子信箱:xueyuan@ public. bta. net. cn
销售电话:010-67675512　67678944　67601101(邮购)
印 刷 厂:高碑店市鑫宏源印刷包装有限责任公司
开本尺寸:720×1020　1/16开本
印　　张:17.5
字　　数:248千字
版　　次:2012年1月第1版
印　　次:2012年1月第1次印刷
定　　价:35.00元

编委会名单

前 言

摆在您案头的是《茶余饭后话北京》(2012年版)(下称新版《茶》书),是2005年3月《茶余饭后话北京》栏目开播7年来,奉献给广大听众和读者的第7本书。本书从2011年已播出和待播出的节目中,精选了17位嘉宾的近百篇文稿,占全年播出节目的近30%,反映出《茶余饭后话北京》栏目2011年在制作内容、形式和质量的一些特色。

一是坚持围绕大局、服务中心、唱响主旋律的编辑方针。

2011年作为“十二五”规划的开局之年,是极不平凡的一年。我们迎来了中国共产党建党90周年和辛亥革命百年。为此,栏目相应推出了“建党伟业”和“辛亥百年”两个专题系列节目,这在新版《茶》书中有充分的体现。

二是坚持“源于广播,高于广播,在精选节目基础上推出精品”的编辑方针。

在文稿前期撰写中,要求嘉宾本着对听众和读者负责的态度,精选节目,压缩篇幅,奉献精品。对不符合编辑方针的文稿,对把广播原稿一揽子报送的,坚决予以退回,绝不迁就,直到反复修改合格为止。否则,宁缺毋滥。因此总的来看,新版《茶》书采用的文稿,不仅比当初广播时更精炼、更条理,而且同历年旧版《茶》书相比,在质量上也有一定提高。

首先,深入浅出,在“深”字上下工夫,理论性强了。“茶余饭后话北京”是个面向一般市民的通俗性节目,但通俗不等于没有品位,更不等于不需要理论支撑,须知深入才能浅出。如“圆明园遗址随笔”,综合在一起看,就是一篇有关圆明园遗址公园保护的全景式论文。文稿论述了为什么称圆明园为“遗址公园”，解析了“圆明园”、“遗址”和“公园”三个词汇之间的辩证关系。相信广大听众和读者读后，当有顿开茅塞之感。

其次，解疑释惑，在“解”字上下工夫，辨析性强了。如《溯源“中国人民从此站起来了”》一文，就澄清了一些道听途说，甚至被以讹传讹的不正确说法，起到了正本清源的作用。又如《鲁迅的〈即小见大〉与四烈士墓》一文，剖析了鲁迅“即小见大”的入木三分，揭露了袁世凯由清朝重臣一变而为民国总统，窃取辛亥革命果实的嘴脸。

再次，由散而专，在“专”字上下工夫，系列性强了。多年来，《茶》书文稿的内容海阔天空、包罗万象，这种漫无边际的组稿，使《茶》书的内容散而不专，浅尝辄止，文稿质量的提高受到一定限制。从2010年开始，这种现象有了一定改进，而新版《茶》书则在这方面有了较大突破。文稿中，有十三陵古桥系列、圆明园遗址保护随笔系列、曲苑杂谈系列等。由于这些系列文稿分别出自某一嘉宾之手，故风格比较统一，内容比较全面，水平比较划一，不仅对提高全书的质量起了重要作用，且有利于听众和读者系统了解与掌握某一领域方面的情况。另外从文稿的文笔功力和内容深度来看，或为作者亲闻亲历，或为作者术业专攻，绝非其他人道听途说、东拼西凑就能草就的。

顺便说的是，新版《茶》书今年编辑较早，从8月下旬即开始着手组稿，为的是在2012年新春之际，能作为贺年礼物奉献给广大听众和读者。要让8个月的工作反映全年风貌，肯定会有以偏概全之处。

当然，新版《茶》书究竟如何，是否在内容上唱响了主旋律，是否在质量上达到了“三强”，最有发言权的还是广大听众和读者。我们期盼您能把阅读新版《茶》书的感受，及时地、无保留地告诉我们，以便我们也能与时俱进地有所改进和提高。

编者

2011年12月

目录

第一章　建党伟业

第二章　辛亥百年

第三章　帝都人物

第四章 日下往事

第五章　曲艺与古籍

第六章　旧迹寻踪

第一章 建党伟业

北京对中共建党的贡献

◇ 杨玉昆

尽管中共“一大”选在上海召开，但北京这个新文化运动的发祥地和五四运动的爆发地，仍然对中共建党做出了不可磨灭的贡献。

一、北京是中国新文化运动的发祥地

新文化运动是指20世纪初反对封建文化的思想启蒙运动，北京成为新文化运动的发祥地，原因有三：

一是蔡元培就任北京大学校长，采取了“兼容并包”的办学宗旨。蔡元培是清末的翰林，曾参加辛亥革命，当过孙中山南京临时政府的教育总长。当孙中山领导的国民党反袁失败后，蔡元培流亡海外，直到袁世凯死后才回到国内。蔡元培的办学宗旨是“兼容并包”，提倡学术思想自由，人各发挥所长，提倡自由讨论。在他主持下的北大，各种学派都可开课，各种思潮都可自由宣传，自由辩论。他所聘请的教授，包括各种倾向的人物，既有激进的宣传马克思主义的陈独秀、李大钊；也有美国资产阶级实用主义者的信徒胡适；还有讲授佛教哲学的梁漱溟；甚至有穿着清朝袍褂、拖着长辫子的封建遗老辜鸿铭。但蔡元培的“兼容并包”，最主要的是罗致了一

批具有先进思想的新派人物，特别是《新青年》方面的人物，即新文化运动的代表人物。这就为马克思主义的传播提供了条件。

二是陈独秀就任北京大学文科学长，《新青年杂志》从上海迁京。1917 年初，蔡元培上任伊始，就聘请陈独秀来做北大的文科学长，还聘请了鲁迅、钱玄同、王星拱、刘半农、徐宝璜以及李四光、顾任光等这些当时的"新人"任教。还扩建藏书楼为图书馆，由李大钊负责。陈独秀到北大不久，就把《新青年》从上海迁京，《新青年》主张白话作文，鼓吹文学革命。《新青年》上既有陈独秀、李大钊、鲁迅的文章，也有胡适、王星拱、刘半农、周作人等的稿件。尽管他们在政治见解上有分歧，但都为推动新文化运动做出了各自的贡献。

三是新文化运动的开展为马克思主义在中国的传播提供了温床。毛泽东同志说："十月革命一声炮响，给我们送来了马克思列宁主义。"由此，促进了中国新文化运动的高涨，反过来又为马克思主义在中国的传播提供了温床。马克思主义是指导共产党思想的理论基础，因此新文化运动在北京的发祥，就使北京为中共建党做出贡献提供了热土。李大钊在 1918 年 10 月出版的《新青年》上发表了《庶民的胜利》和《布尔什维主义的胜利》两文，成为中国新民主主义革命的伟大先驱者。在"学术思想自由"的口号下，北大成立了很多社团。其中如毛泽东等先进分子积极参加的新闻学研究会、少年中国学会，都为后来五四运动的爆发，以及中国共产党的建党，创造了必要的思想理论和组织干部基础。

二、北京是五四运动的爆发地

1918 年 11 月，第一次世界大战以德国战败告终，作为战胜国的中国，首都北京沸腾了，象征屈辱的"克林德牌坊"被拆除，改建为"公理战胜"牌楼，竖立到中央公园（今北京中山公园）。各界名流纷纷讲演，蔡元培在中央公园搭台讲演"劳工神圣"，李大钊高呼"庶民的胜利"，庆祝俄国十月革命成功，在听众中都有很好的反响。这时，大家都企盼巴黎和会能给中国一个"公理战胜强权"的说法。可谁知巴黎和会是个强盗分赃的会议，竟然决定把德国强占我国山东的“权利”，判给日本继承，还拒绝取消袁世凯与日本所订的二十一条卖国条约。于是爆发了五四运动，学生走上街头，游行示威，火烧赵家楼，痛打卖国贼。

五四运动之特殊意义在于它不是一般的历史事件，而是划时代的历史事件。在中国近现代历史上，第一个划时代事件是1840年的鸦片战争，此后中国历史由古代史进入近代史，中国社会由封建社会演变为半封建、半殖民地社会。第二个划时代事件就是1919年的五四运动，此前的革命，包括太平天国起义、义和团运动、辛亥革命等，统称旧民主主义革命；此后的革命，统称新民主主义革命，即中国革命进入了新民主主义革命时期；此后的历史，称为中国现代史。第三个划时代事件是1949年新中国的诞生。此后的历史称为中国当代史，此后的社会称为社会主义社会的初级阶段。由此看来，五四运动是具有划时代意义的重大历史事件。

三、北京在中共建党中具有特殊地位和重要作用

当年在北京知识界流传：“北李南陈，两大星辰；茫茫黑夜，吾辈仰承。”可见，在中共建党问题上，无人能超出陈独秀、李大钊二人。李大钊对中共建党有突出贡献。

一是1920年初，为躲避反动军阀政府的迫害，陈独秀秘密离京赴沪。李大钊不顾个人安危，护送出京，途中二人共商建党大计，留下了“南陈北李，相约建党”的佳话。

二是1920年4月，俄共(布)远东局海参崴分局外国处派出以维经斯基为首的代表团到达北京后，先同李大钊进行交谈，后经李大钊介绍到上海与陈独秀交谈，商讨在中国建党的问题。此后，李大钊与陈独秀经常通信相商建党事宜。

三是在党的命名上，李大钊功不可没。1920年6月，陈独秀与李汉俊、俞秀松、施存统、陈公培等人开会商议，决定建立共产党组织。初步定名社会共产党，还有人主张用“社会党”当征求李大钊的意见时，李大钊主张定名“共产党”，陈独秀表示完全同意。

在李大钊的领导下，北京的早期党组织在中共创建过程中具有特殊地位和重要作用。北京的建党分为三个阶段：

一是酝酿阶段：1920 年 3 月，李大钊与邓中夏、高君宇、何孟雄等 19 人率先在全国发起成立第一个马克思主义的研究团体——马克思学说研究会，为建立北京和北方地区党组织在思想上和干部上做了充分准备。

二是创立阶段：1920 年 10 月，李大钊、张申府、张国焘 3 人在沙滩北大红楼的李大钊办公室，正式成立北京共产党小组。年底，改名为共产党北京支部。推选李大钊为书记，张国焘、罗章龙分别负责组织、宣传工作。此后发展了邓中夏、刘仁静、高君宇、缪伯英（女）、何孟雄、范鸿劼、张太雷等多名党员。

三是发展阶段：北京早期组织成立后，与上海一样，成为创建中国共产党的又一个中心。北京早期党组织注重宣传工作，进一步开展了对马克思主义的研究、宣传和创建中国共产党的呼吁。1920 年 12 月，李大钊在北京大学发起成立社会主义研究会。1921 年 3 月，李大钊发表《团体的训练和革新的事业》，公开呼吁创建中国共产党。其后，李大钊与陈独秀及共产国际的维经斯基等人密切协商筹备举行中共一大。北京早期党组织注重指导工人运动，并把开展工人运动作为中心工作来抓。1920 年 11 月，邓中夏创办了工人通俗读物《劳动音》。12 月，邓中夏与张太雷、杨人杞和张国焘 4 人到长辛店筹办劳动补习学校。1921 年 5 月 1 日，长辛店 1000 多工人举行庆祝五一劳动节大会，宣布成立长辛店工人俱乐部（即工会）。这是我国最早的现代工会之一，也是中共领导的最早的工会组织。北京早期党组织注重组织建设，视帮助北方主要城市建立党团组织为己任，并委派张申府奔赴法国，成立旅欧共产党小组，该小组后来成为中共一大召开前公认的 8 个共产党早期组织之一。

四、北京为中共建党培养了大批干部

参加中共一大的代表 13 人，代表了全国最初的 50 多名党员和 8 个基层组织。北京派出的代表是张国焘、刘仁静，张国焘不但主持了中共一大，还被选入以陈独秀为核心的三人中央局，由此可见北京早期共产党组织，在中共建党中的特殊地位。13 名代表中曾经来北京学习、考察、工作过的还有毛泽东，毛泽东于 1918 年首次来到北京，并在李大钊推荐下担任北京大学图书馆助理员。毛泽东的成长，也和北京的新文化运动，以及李大钊、陈独秀的影响分不开。此外，在全国最初的 50 多名党员中，北京的党员有 17 名之多，约占三分之一，位列前茅。

总之，北京在中共建党中具有特殊地位，发挥了重要作用，其做出的巨大贡献将永放光芒。如今，历经 90 载的血与火锤炼和奋斗求索，北京的共产党员已从中共一大时的 17 名发展到近 170 万人，增长了 10 万倍，成为建设“人文北京、科技北京、绿色北京”和世界城市的先进领导者和中坚力量。

溯源“中国人民从此站起来了”

◘杨玉昆

1997年，时距开国大典已经快50年了，北京电视台举办了一台智力竞赛的节目，并在6月18日，向观众播出。在节目进行中，主持人向参赛者提出了这样一个问题：1949年10月1日，毛泽东在开国大典开始时说了句什么话？面对这个问题，有的参赛者回答说是“中央人民政府成立了”，有的参赛者则说是“中国人民从此站起来了”。而主持人最后宣布标准答案时，说的是：“毛主席在开国大典上说了两句话：‘中央人民政府成立了’和‘中国人民从此站起来了’。”

众所周知，“中国人民从此站起来了”，这是中华人民共和国的开国领袖毛泽东主席的一句名言。那么毛主席是在什么时间、什么场合下讲的这句话呢？多年来，人们，包括一些媒体，对“中国人民从此站起来了”这句话的出处众说纷纭、莫衷一是。其中不少人都认为这句话是在1949年10月1日开国大典那一天，毛主席在天安门城楼上讲的，但实际的情况却并非如此。

事情的真相是：毛主席的这番话是在1949年9月21日，第一届中国人民政治协商会议开幕式上讲的。毛主席的原话是：“诸位代表先生们，我们有一个共同的感觉，这就是我们的工作将写在人类的历史上，它将表明：占人类总数四分之一的中国人从此站立起来了。”后来，这个开幕词又以“中国人民站起来了”为题，收入《毛泽东文集》。对此，不仅可以从档案馆馆藏的历史档案中得到验证，还有当年参加开国大典的众多工作人员可以作证。其中，最过硬的见证人就是在开国大典现场担任播音任务的中央人民广播电台播音员丁一岚。

翻阅1949年10月2日《人民日报》头版发表的消息，可以看到有关开国大典的新闻是这样报道的：毛主席登上天安门不大一会儿，林伯渠秘书长就宣布典礼开始。接着，毛主席走到麦克风跟前，庄严而兴奋地宣布："同胞们！中华人民共和国中央人民政府已于本日成立了！"这就是由毛主席宣读的《中华人民共和国中央人民政府公告》，这是一件标准的公文，标准的公文是不需要任何抒情的词句的。而且，这件公文当天就由周恩来以政务院总理兼外交部部长的名义照会了世界各国政府。

作为当年现场见证人的丁一岚为了纠正人们广为传播的错误说法，曾在1997年10月10日的《北京晚报》上发表文章。文章指出：第一，毛主席在开国大典上讲话时，我和齐越在天安门城楼上进行实况转播，我们站的地方距离主席台只有十几米，当时的情景终生难忘。第二，我手头保存了毛主席在开国大典时的讲话录音。这些年写开国大典转播情况回忆时，我听了不少次录音。第三，我保存了1949年9月中国人民第一次政治协商会议上，毛主席在当年9月21日致开幕词的全文。以上这些都说明："中国人民从此站起来了"一句并不出自开国大典，而是出自在北平召开的第一届中国人民政治协商会议开幕式上，毛主席为会议所致的开幕词，而毛主席的这个开幕词又在其后整理成文和传播中，文字上有了些许的变化。

就在这篇开幕词中，毛主席还讲道："我们的民族将再也不是一个被人侮辱的民族了，我们已经站起来了。我们的革命已经获得全世界广大人民的同情和欢呼，我们的朋友遍于全世界。"在一篇讲话中两次提到"站起来了"，可见毛主席对"站起来了"一词的衷情。其实，就在此前的1949年8月18日，毛主席还亲笔撰写了《别了，司徒雷登》一文，讲道："我们中国人是有骨气的。许多曾经是自由主义者或民主个人主义者的人们，在美国帝国主义者及其走狗国民党反动派面前站起来了。闻一多拍案而起，横眉怒对国民党的手枪，宁可倒下去，不愿屈服。朱自清一身重病，宁可饿死，不领美国的'救济粮'。……我们应当写闻一多颂，写朱自清颂，他们表现了我们民族的英雄气概。"所以，是"站起来了"，还是跪着，甚至是趴下，是一个民族的气概问题。故而早在1938年5月，毛主席就在《论持久战》一文中，指出："战争的伟力之最深厚的根源，存在于民众之中。日本敢于欺负我们，主要的原因在于中国民众的无组织状态。克服了这一缺点，就把日本侵略者置于我们数万万站起来了的人民之前，使它像一匹野牛冲入火阵，我们一声唤也要把它吓一大跳，这匹野牛就非烧死不可。”

中华人民共和国的成立，标志着“中国人民从此站起来了”。而经历了60余年，特别是改革开放30余年的奋斗，中国人民不仅站起来了，而且富起来了，在国际上有了更多的话语权，为世界的和平发展做出了更大的贡献。

北京地区的抗日武装斗争

◘杨玉昆

在民国时期北京地区的中共党史里，不但记述了人们熟知的地下工作者从事的隐蔽战线上的鼓动宣传、情报策反斗争，还记述了大量的军事战线上的武装斗争。特别是在七七事变后，面对国民党军队稍作抵抗即丢下百姓向南败退，使北平和整个华北地区迅即沦陷于日军铁蹄之下的民族危急时刻，是中国共产党在北京地区领导人民开展了轰轰烈烈、艰苦卓绝的抗日武装斗争，建立了围绕北京城的平西、平北、平南和冀东抗日根据地。

北京地区抗日根据地的开辟和发展，首先是在党中央和毛主席亲自指导部署下进行的，又自始至终是在刘少奇、彭真、聂荣臻、程子华等先后主持的中共北方分局的统一领导下展开的。

1937 年 7 月，卢沟桥事变爆发，8 月党中央就在洛川会议上确定了在冀热察边境创建根据地开展游击战争的方针。转年，党中央和中央军委又先后指出："以雾灵山为中心之区域有扩大发展前途"，中央"在冀热边区创造抗日根据地有极重要的战略意义……对敌人的威胁最大"。党中央还提出向独立作战区域派去的部队必须较精干，而且不宜过少，军政党领导人员需有独立应付新环境之能力，出发前须做充分准备。所以，以燕山山脉为中心，在北平周围开辟抗日根据地，是党中央关于开展敌后抗日游击战争，创建敌后根据地的伟大战略决策的重要组成部分。

北京地区创建抗日根据地具有天时、地利、人和的诸多有利条件。

在全民抗战的有利形势下，经历了"一二九"抗日救亡运动的北平人民爱国反日觉悟空前提高，并为全面抗战培养了一大批干部；而共产党领导下的华北普遍的游击战争，不但得到广大群众的拥护，且几个根据地的八路军可以实现远近距离的配合。加之北京周围有雾灵山、燕山、五台山、五龙山东西两千里之大山脉便于回旋，冀东地方党又有相当基础，所以，正如党中央指出的，“创建冀热察边区根据地，创建相当大的军队是可能的”。

北京地区创建抗日根据地是由北京地区当时的特殊地理政治环境决定的。

北京地处伪华北、伪蒙疆和伪满洲国三个伪政权的接合部，包括平西、平北、冀东和平南4块根据地，跨越冀热察三省交界处。这些根据地环绕北京城而建，是在敌人统治中心的肘腋之下和敌人的疯狂围攻之中发展的。其战略地位重要，历史作用特殊，对敌人威胁很大，不仅在华北根据地的创建史上首开先例，且在中国抗战的战略问题上，在中国共产党武装斗争问题上，也贡献了十分丰富的经验。北京地区抗日根据地的创建，以平西为基础，冀东是在平西直接支援下发展起来的。平北是完全由平西派出去的党政干部和军队建立的，平南是以平西为依托和后方基地开辟和坚持的。

以平西根据地而论，它于北平西面，平绥线（即今京包铁路）和平汉线（即今京广铁路）之间，包括昌平、宛平、房山、良乡、涿县、涞水、怀来、涿鹿、宣化、蔚县等县的全部或一部分。这块根据地，除了宛平和涿州的一部分是平原地带外，其余都是群山盘绕。海拔2000米以上的小五台山、灵山就矗立其间，永定河、拒马河及其支流穿山而过，山势险峻，道路崎岖，经济文化落后。这样的地形是平西根据地能够屹立于敌人的深远后方，存在并发展于敌人腹地的重要条件。平西的战略地位重要，一旦在此地区建立起根据地，不但可以直接威胁华北日军攻占下的北平和伪蒙疆的首府张家口，还对日伪在华北两大交通命脉平绥、平汉铁路有所控制。它是晋察冀、北岳区根据地的屏障，又是冀中平原根据地的依托和后方基地，还是平西八路军向平北、冀东挺进的出发点。《没有共产党就没有新中国》这首歌就诞生在平西。

早在七七事变前后，在中国共产党的号召和全国人民抗日救亡运动的推动下，北平地区的人民，特别是广大青年，就纷纷自动起来组织游击队，抵抗日军的疯狂进攻，在平郊一带就有20余支抗日队伍。较为著名的有：

杨博民领导的民众扫日正义军，于振武领导的义勇军，王玉章领导的铁路工人游击队，李明轩领导的农民游击队，王九和领导的县保安队、警察、保甲队游击队，高宪章领导的冀东保安队反正游击队，宫长海领导的游击队，中共地下党掌握的魏国成领导的游击队等。这些游击队活跃在城郊内外的门头沟、石景山、百花山、温泉、圆明园一带，出奇不意，频繁出击，智取监狱，破袭据点，打得日军惶惶不可终日。其中主要的一支是通过中共改造的民众抗日武装——“国民抗日军”，也称平西抗日游击队。这是一支由北平出来的共产党员、青年学生为骨干组成的力量较强的队伍。这支游击队诞生于全国激荡的抗日浪潮中，仅仅一个多月，即从二三十人发展到了3000多人。其中有北平城里的大中学生，有各种职业的市民与近郊农民，有成群结队的冀东保安队反正过来的士兵，有在撤退中失散的二十九军零星部队，有从国民党监狱刚解放出来的“犯人”，有被迫流亡关内的东北义勇军和难民：成分比较复杂。主要领导人有赵同、郑子风、高鹏、汪之力、包旭堂等。

1937年8月20日深夜，这支队伍攻占了北平德胜门外的第二监狱，放出一批被囚禁的共产党员和政治犯以及其他“犯人”。随后，他们又进行了黑山扈战斗，消灭了60多个日本侵略军，还用步枪打掉一架敌机，并在昌宛山区建立了游击根据地。抗日游击队在北平近郊作战的消息不久便中外皆知，轰动了北平全城，巴黎出版的中文《救国时报》曾两次报道国民抗日军的战况，该报指出：“日寇虽已强占北平及北方各地，并集中大军南向侵略，但实无法巩固其后方。只要我军能进行反攻，在北方游击队与北方民众响应之下，必能消灭日寇而收复平津及一切失地。”

北平人民的抗日武装斗争，引起了日军的疯狂报复。我抗日军民面对敌人的残酷扫荡和“三光”政策，不屈不挠，越战越勇。平郊周围的各抗日根据地从无到有，从小到大，终于形成平西、平北、平南和冀东四块抗日根据地互相邻近、互为犄角的有利阵势。这不仅直接形成了对日军侵华的政治、军事、经济、文化中心北平的反包围，而且逼近张家口、保定和天津，对敌人在整个华北地区以至对伪满洲的统治，也构成直接威胁。每当日伪军从北平出动骚扰华北其他根据地时，平郊根据地军民就随时主动出击，使其腹背受敌，首尾难顾。这就迫使日伪军在沿线派重兵把守，从而牵制了大量兵力，减轻了对其他根据地的压力。当年以北平城为圆心，敌人在北平的统治半径不到60里，东直门外去通县（今通州区）的路上，有冀东军分区部队，控制了这条华北和东北之间的走廊；南面大红门一带，有晋察冀第10军分区部队活动；西边出西直门不到60里，便有我们的抗日政权。北面出德胜门，十三陵、昌平、怀柔一带是平北解放区。就是60里内，甚至于市区，敌人也不敢相信没有抗日活动。八年抗战中，北平地区根据地军民消灭了大量敌人，不仅解放了本地区，还配合兄弟部队收复了冀热察辽地区的大片国土。同时，北平地区根据地的坚持和发展也是晋察冀边区的屏障和卫星，是伸向敌后纵深的堡垒，它牵制了敌人相当大的兵力，直接配合了边区的反"扫荡"、反"蚕食"和扩大根据地的斗争。

1945年夏末，抗日战争进入大反攻的前夜。我平郊各根据地的部队迅速出动，于8月12日进至长辛店、丰台、南苑和通县，对北平构成了三面包围。晋察冀军区任命郭天民为北平卫戍区司令，晋察冀边区行政委员会任命宋劭文为北平市市长，晋察冀中央局城工部部长刘仁派张大中带领正在城工部学习的100多名北平地下党员和进步群众，冒雨急行军赶回北平，做解放北平的准备工作。组织了全市性的宣传攻势，一夜之间把八路军的布告和传单贴满北平城。同时，搜集武器，准备组织地下军，并通过上层统战关系，策动部分伪军反正，以配合八路军解放北平。

可惜的是，由于蒋介石集团加紧抢夺抗战果实，策划发动内战，又面临美蒋勾结、蒋日合流的严重局面，我军只好放弃夺取北平等大城市的行动。宋劭文同志遂成为没有到任的一位中共任命的首位北平市长。此后，我党及时调整部署，攻占了张家口等中小城市，并就近进兵东北，为赢得解放战争的最终胜利奠定了坚实的基础。

歌曲《没有共产党就没有新中国》创作轶闻

◇杨玉昆

说起《没有共产党就没有新中国》这首歌，可谓耳熟能详、脍炙人口，但涉及这首歌的逸闻趣事，却鲜为人知。

一、歌曲创作事关一场中国命运的大争论

抗日战争进入1943年，国共双方乃至中国的有识之士，都已看到胜利的曙光，日本投降只是个时间问题了。眼下国共合作，但抗战胜利后，谁来领导中国，建设一个什么样的中国，国共双方以及民主人士都在思考这个问题。以反共起家的蒋介石，从国共合作抗日的第一天起，就心怀鬼胎、接长不短、或大或小地搞点摩擦。大的如“皖南事变”，公然对新四军实行围剿；小的如破坏民主，制造事端，更是家常便饭。面对抗战胜利在望的形势，他深知舆论的重要，于是准备抛出《中国之命运》一书，便由自己授意，找来陶希圣执笔。

陶希圣是公认的研究社会经济史最早的大师级人物，又是个政治上“首鼠两端的投机文人”。他一度曾追随汪精卫投敌，却又中途反戈一击，成为蒋介石的座上客，先后担任蒋介石的侍从秘书、《中央日报》总主笔、成为国民党的权威理论家，为蒋介石捉刀代笔起草了《中国之命运》一书。该书着力渲染蒋介石的“一个主义”、“一个党”和“没有国民党就没有中国”的说法，目的在于独吞抗战胜利的成果，从而引发了国共间的一场争论。毛泽东指示陈伯达撰文《评蒋介石〈中国之命运〉》，于1943年7月21日在延安《解放日报》发表。接着，《解放日报》又于8月25日发表了题为

《没有共产党，就没有中国》的社论，再次批判这本书的反动观点，并以铁一般的事实和数字，摆出共产党领导下的解放区人民抗击日寇的辉煌战绩，粉碎了国民党反动派散布的无耻谰言和荒谬宣传。社论发表后，中共中央又指示，要将这一革命真理在解放区和抗日根据地积极宣传，做到人人皆知，家喻户晓。这就是《没有共产党就没有新中国》这首歌曲的创作背景。

二、歌曲诞生在北京远郊的一个小山村

歌曲作者曹火星，1924 年 10 月生于河北省平山县。1938 年 2 月，不满 14 岁的曹火星参加了平山县农民抗日救国会，走上革命道路。同年，调到平山县抗日救国青年联合会宣传队（即铁血剧社），先任演员，后任音乐队队长。1939 年冬，进入华北联合大学文艺学院学习，聪慧好学勤奋的曹火星在这里创作了他的第一首歌曲《上战场》。从此，他的歌曲就像他的名字“火星”那样炽热地迸发，先后创作了《选村长》、《春天里喜洋洋》、《春耕忙》、《万年穷翻身》等一系列为人民群众喜爱的歌曲。

1943 年，是曹火星生命中具有特殊意义的一年。一是曹火星工作的铁血剧社更名群众剧社，升格由晋察冀边区领导；二是 19 岁的曹火星加入了中国共产党；三是曹火星和战友们在深入平西根据地开展抗日宣传时，在房山区霞云岭乡堂上村创作了歌曲《没有共产党就没有中国》。

当年，堂上村曾隶属于八路军邓华支队开辟的平西抗日根据地。19 岁的曹火星等 4 人组成的小分队，于 9 月初从晋察冀边区总部所在地的阜平出发，跋山涉水，历时近 20 天，于下旬来到霞云岭堂上村。这是个四面环山的小山村，民房依山势而建，一条小溪由西北向东南经村子流过，溪旁有座坐北朝南的中堂庙，是当时堂上村小学校所在地。小分队晚上就住在这个长着高大的老槐树的小学校里。这天夜晚，曹火星在《解放日报》社论《没有共产党，就没有中国》的启发下，满怀抗日救国的激情，经过一整夜的苦苦思索，终于在第二天黎明的时候，谱写出了《没有共产党就没有新中国》的原稿。

这时，年轻的曹火星参加抗日斗争的时间并不长，作曲的功底也不深，甚至文化也不高。但抗日的烽火、战斗的硝烟，使他认清了这样四点：第一是祖国山河破碎的现状让他感触极深；第二是日本侵略者的烧杀抢掠让他刻骨铭心；第三是国民党的不抵抗政策让他充满激愤；第四是目睹了中华民族到了最危险的时刻，是共产党及其领导下的八路军、新四军挺身而出，为了人民的幸福，为了民族的解放，不惜抛头颅、洒热血，挽救苦难的中国。这就让曹火星对共产党感到无比敬仰。而蒋介石抛出的“没有国民党就没有中国”的谬论，又让曹火星怒从心中起，于是一个鲜明的主题便自然而然在脑海中升起。这就是要用“没有共产党就没有中国”这句极具凝聚力和号召力的词语作为歌名。就这样，一首饱满热情、旋律滚烫的歌曲，融入了“霸王鞭”的曲调和节奏，马上不胫而走，很快就唱响了抗日根据地，并随着抗日战争和解放战争的步伐，迎来了胜利的曙光。

三、歌词曾由毛泽东亲自修改，把“中国”变成“新中国”

这首歌原创时叫《没有共产党就没有中国》，因为当年国共双方争论时，一方说“没有国民党就没有中国”，另一方则说“没有共产党就没有中国”。直到1949年初，曹火星随部队进入天津。这时，天津市军管会转发了一份文件，通知部队进城后不要唱《没有共产党就没有中国》这首已经流传甚广的歌，通知的大意是：京津系新解放区，群众觉悟不高，此歌暂不唱。后来经过了解才知道，原来是有民主人士反映：歌中“没有共产党就没有中国”的歌词不妥。因为没有共产党的时候早就已经有中国了。然而，群众却反映：不能不唱这首歌，因为歌中反映的是事实，我们都热爱共产党。到了1950年，毛泽东同志针对歌词中的这个问题，亲自在歌词中的“中国”前加了一个“新”字。别看就是这么一个“新”字，使歌曲具有了无懈可击的更加严密的逻辑，从而更准确地反映出中国共产党的历史功绩。此后，曹火星所在的群众剧社改为天津人民艺术剧院和天津歌舞剧院，曹火星担任院长。一次，他去解放军某部参加文艺晚会。恰值开幕前的片刻，曹火星赶到了。一声响亮的“起立”，驻地官兵以整齐的队列向他致礼。然后，军人的拉歌合唱就像狂风一样，掀卷着整个礼堂。他们唱的歌，就是《没有共产党就没有新中国》。歌曲原本具有的气势，加上军人的气势，再次深深地感动了歌曲的创作者曹火星。

四、歌曲流传让小山村成为红色地标

一晃儿，新中国走过了60年，中国共产党走过了90年的光辉历程。从“妈妈教我一首歌：没有共产党就没有新中国！”到“我唱妈妈教的歌：没有共产党就没有新中国！”再到“我教儿女一首歌：没有共产党就没有新中国！”这首歌唱了一代又一代，可谓经久不衰，常唱常新。在传唱中，“堂上”这个孕育出不朽红歌的小山村也成了北京的一处红色地标。在这里建起了《没有共产党就没有新中国》纪念馆，向人们讲述着这首歌怎样从深山里展翅高飞，向人们展示曹火星创作歌曲时住过的屋子、睡过的土炕、使用过的炕桌和油灯，以及领袖的题词，还有那几句流传在民间的佳句：巍巍群山，奔拥堂上。潺潺溪水，不绝中堂。领袖题词，万民景仰。斯歌不朽，国运永昌。是啊，“没有共产党就没有新中国”——斯歌不朽，国运永昌！

韩子栋:《红岩》中的华子良

◇常　华

读过小说《红岩》的人,都会对“疯老头”华子良留下深刻印象,这位颇具传奇色彩的共产党员,曾在中共隐秘机构“北京特科”从事秘密工作数年。

1975 年韩子栋在贵州

韩子栋同志就是华子良的原型。韩子栋(1908 – 1992),山东省阳谷县人,1930 年,韩子栋从老家到北平求学,因家境贫寒,只好半工半读,一面在书店打工,一面在中国大学经济系听课。正是在书店做店员期间,他结识了地下党员,于 1932 年被吸收加入中共组织。1934 年因叛徒出卖被捕。被捕后,韩子栋辗转关押于北平、南京、武汉、益阳、息烽、重庆等地的国民党秘密监狱,时间长达 14 年之久。

一、从绒线胡同说起

著名漫画家李滨声在 2009 年 8 月 19 日的《北京晚报》上发表文章:《西绒线胡同有一家“华子良”的小书店》,讲述了一段真实的感人故事。

李先生在文中称:“西绒线胡同西口在上世纪三四十年代就比较繁华,那是因为有大都会电影院的缘故。……由西绒线胡同又联想起一件事,附记在下面：小说《红岩》中有一个名叫华子良的人物，其原型韩子栋被捕之前曾经以西绒线胡同西口内的那个小书店，作为掩护身份之所。”

1991 年夏，李滨声还专为韩子栋先生画像，以示敬意。

韩子栋长女韩秀融看到文章后：“感触很深，因为这一天正好是我父亲 100 岁的生日。父亲韩子栋生于 1909 年，我们家历来把 1947 年 8 月 18 日，他从白公馆越狱的日子作为他的生日来过的。父亲在监狱被关了整整 14 年，他是唯一从军统戒备森严的白公馆集中营中成功越狱的人。请编辑代我们向李滨声同志表示衷心的感谢！”（2009 年 9 月 8 日《北京晚报》）

二、特科的秘密地点

“北京特科”是 20 世纪 30 年代一个严格遵守周恩来指示——“不与党的地方组织发生联系，单独进行情报、兵运、保卫、锄奸等活动”的中共隐秘机构。

北京特科的秘密工作地点设在西单绒线胡同西口的春秋书店。这是一个两层小楼，楼下除了卖公开发行的书籍外，也秘密出售被国民党禁止的进步书刊。楼上则是特科情报人员的秘密工作点。

从这个春秋书店里走出的很多中共谍报人中，韩子栋是其中的典型代表。他正是在北京特科的历练下才成长为“特殊材料铸成的钢铁战士”，在深牢大狱里书写出一段名垂青史的传奇。

韩子栋是“九一八事变”后开始来春秋书店工作，直到被捕，他在那里工作约 3 年时间。

对此事韩子栋也有记述。他越狱回到解放区后，于 1948 年 1 月 23 日在中央组织部所写的材料（已收入贵州省息烽集中营革命历史纪念馆内部出版的《在军统秘密监狱十四年》一书）中写过：“九一八”事变后，我在中国大学读书，兼管春秋书店。我在春秋书店经常翻印“左”倾读物，如《左派幼稚病》、《国家与革命》、《世界史纲》等。我当时希望出一本又浅近又完整的经济学著作，经周义（怡）的介绍，武老先生（吴成方）给我一部莫斯科中山大学油印中文本——拉比多所著《政治经济学》,教(叫)我出版。因此,与周、武的来往渐多,我记得有一次周义(怡)拿了一份《红军告农民书》,教(叫)我想法印五千份,我毫没迟疑,欣然应允。周笑谓:“你不怕吗?”我说:“有什么可怕的。”民(国)二十二年(1933 年)春,经周义(怡)的介绍,加入了中国共产党。

三、特科仅存在三年

1934 年秋冬,对北京特科来说是残酷无情的。

11 月 7 日,北京特科成员李光伟、杨青林、刘子奇、袁国振、陈红、鲁克明、冀丕扬、贺善培、宋兰坡、陈东阜、阮慕韩、沈一平、佟子实、李雪飞等 20 余人突然全部被逮捕,各地党组织也遭受了沉重打击。这是国共两党间谍战中中共损失空前的一次。

为了捣毁北京特科,国民党北平当局几乎出动了河北省党部、北平警察局、宪兵三团等全部军、警、宪、特力量,捕获了北京特科全部人员。经过紧张的侦审后,李光伟、刘子奇、杨青林、陈红、袁国振、沈一平、鲁克明被押解到南京。随后,杨青林、刘子奇被杀害于南京雨花台。

从创立到被毁,短短几年时间里,北京特科全体成员出生入死,果敢机智地为中共获取了众多重要信息。其成员人数绝不止上述搜集到的这些,许多不为人知的往事沉睡在那段轰轰烈烈的红色岁月里。

四、14 年的监狱生活

1933 年秋天按照党组织的安排,韩子栋打入国民党特务组织“蓝衣社”,为党截取情报。后因叛徒出卖,1934 年 10 月,韩子栋身份暴露被捕。此后,韩子栋被辗转关押在武汉、湖南益阳、南京、贵阳息烽,最后到了重庆白公馆,被关押了 14 年之久。他在狱中受尽酷刑折磨,但没有吐露半句党的机密。

在南京秘密监狱,饭是红大米拌沙子、石头、头发,稍不小心,牙就会

"咯崩"一下,不到 40 岁,韩子栋的牙齿都脱落了,只好吃稀饭。韩子栋长期在不见天日、阴暗潮湿的牢房里度过,皮肤病、风湿病、盲肠炎越来越严重。

七七事变后,国共合作抗战。南京沦陷前夕,蒋介石把在南京关押的中共党员、爱国民主人士,神不知鬼不觉地辗转迁到贵阳息烽。

为了和敌人斗争下去,首先要活下去。在牢房里走几步,是韩子栋他们唯一能做到的健身方法。牢房里人挤人,转动都困难,哪有走动的地方?韩子栋他们摸索出沿着"8"行走路线走动,这使牢房成为走不完的狭窄曲径,他们为此起了个催人奋发的名字——"室内旅行",并把锻炼身体当作为党工作而争取活下去的政治任务。

韩子栋尽管遭到了敌人的严刑拷打,但他拒不承认自己是共产党员,而特务机关又没有掌握他的任何现行罪证,所以一直把他作为"严重违纪人员"对待,还被派去做杂役,有比其他犯人更多的活动空间。

为了不暴露共产党员的身份,在狱中,韩子栋整日神情呆滞,蓬头垢面,无论刮风下雨,他总在白公馆放风坝里小跑,特务看守认为他是被关傻关疯了,便叫他"疯老头"。

他老家在山东,到重庆后人地生疏,看守们对他比较放心,常常让他随看守去磁器口镇上买东西。韩子栋在狱中是比较自由的,但他时刻牢记着支部的决定:千万把握机会,一定要逃出去!他在等待时机。

五、成功越狱回山东

1947 年 8 月 18 日,韩子栋又随看守卢照春去磁器口买菜。早就精心策划好逃跑的韩子栋趁着看守卢照春打麻将的机会,假装上厕所,大大方方走出门去。一到特务视野之外,立即飞奔,穿街过巷,赶到嘉陵江边。找到一只小木船,迅速地过了嘉陵江。

他靠着天天在白公馆跑步的锻炼,日夜兼程,经过 45 天的长途跋涉,步行上千里,终于到达了山东解放区。

1948 年 1 月,韩子栋向中共中央组织部递交了入狱及脱险报告,经组织审查后恢复了他的党籍。当时的中组部负责同志对他说:"你能经受14年的秘密监狱生活的考验,即使在全党党员中也是罕见的,堪称难能可贵。"他问韩子栋有什么要求,韩子栋说:"只希望再活几十年,亲眼看到蒋家王朝覆灭,看到建成社会主义。"

新中国成立后,韩子栋被调往北京,相继在中央财经委员会人事局任科长、北京机器厂任副厂长、中央人事部干部处任副处长。1958年,中央调他到贵州工作,先后任贵阳市委书记处书记、市委副书记、市政协主席等职。

韩老尽管功成名就,但他不事张扬。他有一个安宁和睦的家,过着平淡的普通人生活。他与妻子王玉玲的爱情,经历了数十年的风雨,历久弥坚。

1992年5月19日,韩子栋因病医治无效,在贵阳逝世,终年84岁。

第二章 辛亥百年

正阳门车站吴樾狙击五大臣案

◘杨玉昆

20世纪初，经过义和团运动、八国联军入侵北京后的清王朝，已内外交困，摇摇欲坠。特别是1904年日俄战争中，原来弱小而实行君主立宪的日本，竟一举战胜号称强大而顽固实行君主专制的沙皇俄国，给清王朝中一些有识者以强烈震动。他们纷纷上书慈禧太后，要求清廷从速实行君主立宪，一来可以抵制革命，麻痹群众，“永绝乱萌”，二来可以增强国力，加强统治。清政府的一些驻外公使和地方督抚也纷纷奏请朝廷，仿效日本及欧美政治，实行君主立宪。直隶总督袁世凯、两江总督周馥、湖广总督张之洞更联名上奏，请行宪政，并要求派遣亲贵大臣分赴各国考察政治。史料记载，慈禧太后召见端方时曾问，新政已经实行，还有什么该办没办的。因为到了1905年，清政府已实行多项新政，包括废除科举制度。但端方直言说，还没立宪。可见立宪已成当务之急，在这种举国要求立宪的政治氛围促使下，光绪帝于1905年7月16日下旨：

方今时局艰难，百端待理。朝廷屡下明诏，力图变法，锐意振兴。数年以来，规模虽具，而实效未彰。总因承办人员，向无讲求，未能洞悉原委。似此因循敷衍，何由起衰弱而救颠危。兹特简派载泽、戴鸿慈、徐世昌、端方等随带人员，分赴东西洋各国，考求一切政治，以期择善而从……

圣旨中的这四位大臣，满汉各二，载泽、端方为满人，戴鸿慈、徐世昌为汉人。其身份有公——镇国公载泽；有廷臣——户部侍郎戴鸿慈、兵部侍郎徐世昌；有封疆大吏——湖南巡抚端方。其阵容可谓分布均衡。此后，又于7月27日，下令补派商部右丞绍英随同前往，最终成为五大臣出洋考察。

对五大臣出洋考察，以孙中山为首的同盟会革命党人，一方面发表大量文章揭露批判清政府和保皇派的立宪伎俩，另一方面则积极进行武装斗争的准备。但也有一些反清革命志士认为：上述两个办法虽好，但实行起来既遥远，又艰难，远水解不了近渴。在他们看来，只有施行暗杀，在五大臣出国之前就从肉体上消灭，才能粉碎清廷的假立宪阴谋。这些主张暗杀的反清志士中的一员就是年方27岁的吴樾。

吴樾字梦霞，后改为孟侠，安徽桐城人，生于光绪四年(1878)。戊戌变法前，吴樾走的是当时一般旧式文人的道路。从12岁起，他年年参加童

烈士吴樾

吴樾未婚妻

子试，年年落第。19 岁以后，吴樾弃八股，爱古文辞，特别是好历史，据记载：吴樾“每读明史，朗诵长吟，感叹唏嘘不能置”，逐渐萌生了最初的民族思想。1902 年，吴樾考入保定高等师范学堂。在接触到《黄帝魂》、《警世钟》、《孙逸仙》等反清革命书籍后，特别是读了邹容的《革命军》与章太炎鼓吹的革命“排满”文章后，思想震动极大。从此，确立了反清的革命思想和政治立场。

1903 年暑假，吴樾专程到上海狱中看望了因“苏报案”被关押的邹容与章太炎，并结识了陈独秀、张继等革命党人。当时在革命阵营中，暗杀之风盛行。这种风气也感染了吴樾，并由此结识了革命党人赵声。二人相见恨晚，“倾谈数昼夜，志同道合”。赵声介绍吴樾加入了秘密革命组织“少年中国强学会”，策划暗杀行动。一次，在保定酒楼上谈论军事行动与暗杀行动相比哪个难、哪个易的问题时，吴樾问赵声：“舍生一拼与艰难缔造，哪个难易？”赵声答：“当然是前者易，而后者难。”吴樾便说：“既然如此，兵革之事，请你担任。你为其难，我为其易。”慨然以暗杀自任，表示了牺牲自己的决心。他对赵声说：“我为暗杀死去。希望你们将来率领革命大军北上灭清，为我兴问罪之师。”

此后，赵声又介绍湖南的一位革命党人杨笃生来保定。杨笃生是《新湖南》一书的作者，其身份是北京武学官书局职员，正在秘密从事暗杀活动的准备工作。他到保定后，与吴樾刺血订盟，成立了暗杀团体。就这样，吴樾一边刻苦学习爆炸技术，一边精心地寻找暗杀目标。他发下誓言：不杀铁良，不足以言革命，还为此专门写了一篇《暗杀时代》，说明暗杀铁良的意义与决心，以备自己牺牲后留给后人。

但暗杀铁良始终未得手，故当吴樾听说清政府将派载泽等五大臣出洋考察宪政，而康有为、梁启超等保皇党人兴高采烈，宣布宪政时代即将到来，并以此对孙中山等革命党人大肆攻击时，吴樾十分气愤。他在暗杀前 10 天，写了一篇《意见书》，下定必死决心，要以个人牺牲，与出洋五大臣拼命。在《意见书》中，他把所抱的愿望详细告诉了他的未婚妻，希望未婚妻能继承自己的遗志，继续投身反清的革命斗争，他日成为中国的罗兰夫人。准备工作和身后事安排好以后，吴樾壮怀激烈，慷慨登上开往北京的火车，只身潜赴北京。到京后，他寄居前门外的桐城会馆，多方打探五大臣的出国日期，并写好给章太炎和致未婚妻的遗书数封，伺机而动。

1905 年 9 月 24 日上午，北京正阳门车站车水马龙，人流如潮。清廷选派的出洋五大臣将于这里乘火车离开北京。10 时，五大臣带着大量随从与侍卫登上了火车包厢。来送行的朝官显贵挤满了站台，四周军警林立，岗哨密布。

吴樾怀揣炸弹，早早赶到车站。但这时车站内外早已戒备森严，闲杂人等难以靠近。吴樾当机立断，临时买了一套无缨官服穿在身上，这才得以混入站内。但在五大臣的专车包厢前，他被站在包厢门口的侍卫拦了下来，询问他是哪位大人的随从。吴樾回答是泽公爷府里的。泽公即镇国公载泽，乃五大臣之首。不过卫兵觉得此人面生，便说道："既然是泽公爷府里的，怎么以前没有见过你啊？"吴樾说："新进府的，你怎么认识。"说着就挤到了包厢前段的夹道之中。因车上来来往往的仆从都是这样的穿戴，因此，谁也没有对吴樾这样一个生人加以注意，谁也想不到此人竟是一名身怀炸弹的刺客。

当吴樾在车厢夹道中发现了出洋五大臣的座位后，正准备掏出炸弹投掷时，谁想到牵引这趟专列的机车正在与列车连挂，只听"咣当"一声，车身猝然被撞后退，车上人均为之倾侧。吴樾所用炸弹为撞针式的，其针因受到火车连挂中的撞击，未等吴樾随手抛掷，早已自动爆炸。只听轰然一声，铁片四散。吴樾的下半身炸烂，肠腹崩裂，手足皆断，面孔血肉模糊，难以辨认。除吴樾外，炸死 3 名侍役。五大臣因相距较远，仅绍英与载泽受些轻伤，徐世昌官帽及袍带被弹片炸破。送行的清廷官吏亦有人受伤。

对吴樾狙击五大臣案，五大臣之一的戴鸿慈，在当天的日记中写道：

辰初（7 时）拜祖，亲友踵宅送行甚众。10 时，肩舆至正阳门车站，冠盖纷纭，设席少叙。11 时，相约登车。（载）泽公先行，余踵至。两花车相连，泽、徐、绍三大臣在前车，余与午桥（端方）中丞在后车。午帅稍后来，坐未定，方与送行者作别，忽闻轰炸之声发于前车。人声喧扰，不知所为。仆人仓皇请余等下车，始知有人发炸弹于泽公车上。旋面泽公，眉际破损，余有小伤。绍大臣受伤五处，较重，幸非要害。徐大臣亦略受火灼，均幸安全。

戴鸿慈的日记还记载：除绍英被送往医院外，其他几位大臣当即商定“改期缓行”。第二天，光绪再次召见戴鸿慈、徐世昌、端方等未受伤的考察大臣，询问当时情况。慈禧太后垂帘听纳，竟在大臣面前凄然泪下，感叹办事之难。这在戴鸿慈的日记中也有记载：“8 时，蒙召见。……余与徐、端两大臣各据所见奏对。皇太后垂廉听纳，复慨然于办事之难，凄然泪下。”

狙击五大臣案发生后，清廷大为震恐，慈禧太后急忙下诏令京城巡警查究刺客究系何人，主使人是谁。一时京城戒严，巡警四出。五大臣出洋日期被迫推迟，王公贵族与达官贵人们惶惶不可终日。而吴樾死后，因面目血污，模糊难辨，官府陈骨骸数日，也无人前来认领。

此后，清廷将吴樾面部拍成照片，行文至各省辨认，被认出为直隶高等学堂的学生吴樾。北京方面的侦探史某也从桐城会馆最终查清这件震动全国的刺杀案，发难者正是住在这里的安徽桐城人吴樾。

吴樾的壮烈牺牲极大地激励了革命党人。女革命志士秋瑾写道：“皖中志士名吴樾，百炼钢肠如火热。……爆血同拼歼贼臣，男儿爱国已忘身。”吴樾牺牲后一年多，1907 年 4 月，流亡日本东京的同盟会机关报《民报》，出版了临时增刊《天讨》，刊载了吴樾的遗文与纪念吴樾的文章。辛亥革命后，国人寻获到吴樾的遗骨，将其安葬于安庆平头山。

鲁迅的《即小见大》与四烈士墓

杨玉昆

1912年1月26日，北京西四红罗厂的一声巨响，封建时代随之终结，中国迈向了共和之路，这便是载入史册的"红罗厂事件"。彭家珍舍身炸良弼，完成了辛亥革命的最后一击。孙中山赞之曰："我老彭收功弹丸。"半个月后的2月12日，隆裕皇太后携稚子宣统帝下达了退位诏书。2月22日，南京临时政府以孙中山的"临时大总统令"，追赠彭家珍为"陆军大将军"，并批准为彭家珍修建专祠。在追悼"彭大将军"的灵位上，无数的挽联诗文龙卷风般地扑来，其中吴修龄有一副挽联是"个人肯为同胞死，一弹可当百万师"，形象地赞颂了彭家珍舍生取义的崇高品德和刺杀良弼加速清朝灭亡的历史壮举。1953年，彭家珍被新中国中央人民政府追赠为"革命牺牲军人"。

据北京市西城区档案馆资料记载：1912年8月，宋教仁为彭家珍及同样为革命牺牲的杨禹昌、黄之盟、张先培等4位烈士在俗称万牲园(即今北京动物园)的西郊农事试验场营建墓地，并举行了隆重的安葬仪式。杨、黄、张三烈士原葬北京北隅荒郊，墓地建成后迁入。整个墓地用艾叶青石建成，底呈正八角形，距地面约1米，正中立约8米的纪念碑，碑上刻"彭杨黄张四烈士墓"。底座的东南、东北、西南、西北各有7级台阶通向纪念碑。四烈士就安葬于正南、正北、正东、正西四面的石冢下，每座墓前均有碑文，记录烈士事迹。但这4块碑的碑文，却不是同时刻上的。指出这一问题的正是伟大的思想家、文学家鲁迅。

1922年11月18日，鲁迅先生在《晨报副刊》发表了一篇只有两百余字的短文，文章的题目《即小见大》，此文后来收入鲁迅的杂文集《热风》，而《热风》则收入《鲁迅全集》第一卷。这篇文章全文如下：

北京大学的反对讲义收费风潮，芒硝火焰似的起来，又芒硝火焰似的消灭了，其间就是开除了一个学生冯省三。

这事很奇特，一回风潮的起灭，竟只关于一个人。倘使诚然如此，则一个人的魄力何其太大，而许多人的魄力又何其太无呢。

现在讲义费已经取消，学生是得胜了，然而并没有听得有谁为那做了这次的牺牲者祝福。

即小见大，我于是竟悟出一件长久不解的事来，就是：三贝子花园里面，有谋刺良弼和袁世凯而死的四烈士坟，其中有三块墓碑，何以直到民国十一年还没有人去刻一个字。

凡有牺牲在祭坛前沥血之后，所留给大家的，实在只有"散胙"这一件事了。

这里对文章中的几处文字做一解释：

1. 所谓的北京大学的反对讲义收费风潮，发生在1922年10月，北京大学部分学生反对学校征收讲义费，发生风潮。该校评议会议决开除学生冯省三一名。其实冯省三只是风潮发生后临时参加的，并非真正的主持者。冯省三，山东人，当时北京大学预科法文班学生。这次风潮的结果是讲义费已经取消，学生是得胜了，而冯省三成了被人忘却的替罪羊。故而鲁迅一针见血地指出："然而并没有听得有谁为那做了这次的牺牲者祝福。"

2. 鲁迅所说四烈士坟，即指1912年1月16日，革命党人杨禹昌、张先培、黄之盟三人炸袁世凯，未成被杀；同年1月26日，彭家珍炸清禁卫军协统兼训练大臣良弼，功成身死。后来民国政府将他们合葬于北京三贝子花园（旧址在今北京动物园内），称为四烈士墓。在这里鲁迅先生尖锐地指出："即小见大，我于是竟悟出一件长久不解的事来，就是：三贝子花园里面，有谋刺良弼和袁世凯而死的四烈士坟，其中有三块墓碑，何以直到民国十一年还没有人去刻一个字。"

3. "散胙"，旧时祭祀以后，散发祭祀所用的肉。鲁迅在这里喻指：当大众品尝着牺牲者的肉时，早就忘掉了牺牲者的贡献。

由鲁迅的这篇文章可知，直到 1922 年，四块墓碑中还有三块建好后未刻碑文。什么原因呢？其实鲁迅先生已经暗示我们，并隐晦地指出了其中的原因：四烈士墓是民国初年孙中山就任临时大总统期间倡议修建的，其后袁世凯取代了孙中山，成为中华民国的正式总统，袁世凯本是清王朝的重臣，他显然对四烈士的壮举另有看法。彭家珍刺杀的是清皇族良弼，这是袁世凯的劲敌，袁世凯尚能接受，所以刻有碑文的这块墓碑应该是彭家珍的墓碑。另外三块墓碑，则为杨、黄、张三位烈士，他们刺杀的是袁世凯。如果给他们立了碑，刻了碑文，那又会把袁世凯置于何处呢？袁世凯当然不会同意为这三烈士立碑，而在袁世凯当政期间，谁又敢为这刺杀袁世凯的三烈士撰写碑文呢？但这四烈士墓又是中华民国的开国元勋孙中山以民国政府的名义修建的，袁世凯也不好明目张胆地把这四烈士碑捣毁，何况四烈士中的彭家珍的壮举是盖棺论定、谁也否定不了的。于是这四烈士碑便只能是一座刻字三座无字，就这样放到袁世凯称帝不成，一命呜呼。其后的北洋政府当政者无一不是袁世凯的部下，无一不是曾效忠清政府的臣子，谁也不愿意做这得罪袁世凯的恶人，故到 1922 年仍是三座无字，这才被眼里不容沙子的鲁迅指了出来。

至于这三座无字的碑究竟何时刻的字，肯定地讲，应在北伐成功、北洋政府倒台后，是南京政府指令刻上的。因此，补刻的时间最早也要在 1928 年下半年，北京改北平之后。经查，1928 年 9 月 10 日南京国民政府内政部给河北省政府的公函字第 171 号有如下内容：“……当以彭烈士家珍手炸良弼，为国捐躯，其丰功伟烈，允宜特别旌恤，用示优异。……又，查杨禹昌、黄之萌、张先培三烈士为谋炸袁氏被害，亦属有功党国。拟请依照同条例第七条第一项及第九条之规定，各给以一等军抚恤金六百元，并于诸烈士墓前合刊纪念碑，各酌给修墓费以示旌式，呈复国府鉴核在卷。”

可惜的是，四烈士墓碑在“文革”期间被以破“四旧”的名义砸毁，烈士墓遂被夷为平地，故烈士墓今已无存。粉碎“四人帮”后，拨乱反正，1990 年 8 月应四烈士后代的要求，在四烈士墓原址处，即今大熊猫馆后建了四烈士墓凭吊碑。原纪念碑现藏北京石刻艺术博物馆。

香山有幸埋忠骨
——祁耿寰墓

◘常　华

巍巍古刹碧云寺，1925 年成为孙中山先生的初葬地。4 年后，中山灵柩奉安南京，这里成为他的衣冠冢。在衣冠冢的周边，还长眠着孙先生极信任的两位属下，一个是参军祁耿寰，一个是卫士谭惠全。此二人，生前一左一右工作在孙先生的身边，死后则一北一南拱卫在中山衣冠冢旁边。

祁耿寰墓碑

祁耿寰的墓位于碧云寺北 1 公里玉皇顶，这是一处风水极佳的地方。势取群峰环抱，朝拱至尊之义。玉皇顶因山呈大圆形，圆漫如陀，故又称木兰陀。谭惠全的墓则在碧云寺南侧平原的万安公墓。这里远望山犹龙腾，逶迤而来，近拥西山丹枫秋叶之美；土性滋润、草木繁茂，地产龟蛇、蕴藏灵奇。

祁耿寰，又名醒尘，辽宁辽阳人，生卒年不详。中国同盟会会员，早期民主革命的先驱者。他是孙中山指派的中国国民党“一大”代表，曾任广州市公安局督察长，驻粤建国豫军总司令部参谋长，孙中山“大元帅府参军”。在对敌斗争中，数次挽救危局，组织了滦州起义等一系列战斗，沉重打击了清军，彰显了胆略和指挥才能。1911年11月，同商震等人组织了辛亥辽阳起义（祁任革命军西路协领），后失败，退大连。1912年（民国元年）任安徽省警察厅厅长、宪兵司令。因在当时的安徽省府安庆禁鸦片，还和英国人有过冲突，引发历史上的“太古号事件”。袁世凯篡夺革命果实后，安徽仍是硕果仅存的几个同盟会党人把持的地盘。1913年（民国二年）跟随柏文蔚讨袁护国，任讨袁军总司令，失败后亡命日本。1918年，孙中山在广州任海陆军大元帅时，祁是孙中山大元帅府的参军。广东督军陈炯明叛乱，他随孙中山登上永丰舰平叛，并提出正确主张和对策。他枪法出众，孙中山命其与卫士表演枪法，结果他五发五中，因而得到孙中山的嘉奖。20世纪20年代，他在去北京途中被叛徒所害。他临终嘱咐把自己埋在北京香山玉皇顶，因为当时孙中山的遗体暂厝离此不远的碧云寺，他要在此继续保卫孙中山先生。

一、墓地残破之现状

20世纪80年代，笔者在《漫话北京西山民国人物墓》一文中写道：“碧云寺以北的青松翠柏丛中，有一座规模不大、尚存墓碑的墓冢，这就是孙中山先生当年的参军祁耿寰墓地。石碑仆地，残破不堪。祁氏葬此，大概是要时时相伴孙中山衣冠冢吧！祁墓由于地处山峰上，人迹罕到，所以至今仍鲜为人知。”30多年过去了，情况依旧，无任何改观。

除祁耿寰的墓地外，此处还有三处墓地，都建于民国时期，其中两处为刘氏兄弟——文学家刘半农和音乐家刘天华的墓地，另一处为国民党宣传官员郑国材的墓地。据当地居民讲，“文革”期间祁耿寰和刘氏兄弟的墓地均

祁耿寰墓地

遭到破坏,20世纪80年代刘氏兄弟的墓得到修复,只有祁耿寰的墓地至今仍是墓体损坏,墓碑平倒在地上。

祁耿寰墓位于面积约50平方米的石台上,墓体呈长方形,面积约10平方米有余,由平整石块砌成,边缘已有损坏。倒塌的墓碑高约2米许,宽约80厘米,厚约30厘米,碑重估计有数吨,无起重工具恐怕动弹不得。

墓碑正面从右至左写有:"民国廿二年六月,祁烈士耿寰之墓,于右任题。"国民党元老于右任的书法以笔简形美、仪态万千、苍劲圆妙著称,据笔者所知,北京西山地区保留有于右任碑刻者仅三处,除祁碑外,还有辛亥滦州起义纪念园和孙岳陵园。

民国时期的墓碑十分讲究,有些墓碑本身就可算作文化载体,是很难得的文物,可以说祁碑弥足珍贵。而于右任为祁耿寰墓碑题字,也说明祁耿寰的身份很高。墓碑的上端中部有一个约20厘米见方的凹槽,据推测原来可能放有国民党党徽。碑的另一面理应有祁耿寰的生平与事迹的介绍,可惜已经被压倒在地,不得而见。

目前掌握的有关祁耿寰的资料很少,他的家世、殉职时间、下葬过程等都是谜,这有待于墓碑的立起,从背面的碑文中或许可以了解祁耿寰的生平事迹。相信在不久的将来,祁耿寰烈士的事迹定会大白于世,再次引起世人的关注!

最近这两年,越来越多的有识之士,对祁耿寰墓给予了关注和研究。柳哲先生(中国东方文化研究会副秘书长)就是其中颇有成绩者,他表示:"每每登临北京香山玉皇顶,一看到辛亥名将、国民党元老祁耿寰烈士墓破败不堪时,我就会黯然神伤,独怆然而涕下!"

如今,这块墓碑倒在地上,不时被游人踩着玩,更被当成餐桌或者打牌的桌子。显赫一时的革命前辈,今日竟如此落寞,令人唏嘘不已。

二、终于联系到后人

经过柳哲先生的努力,他终于和祁耿寰的后人取得联系。他们是祁耿寰的侄子祁光宇和孙女祁苏俊。祁光宇说,家人寻找祁烈士墓多年,但一直未找到。他们希望在政府的帮助下,修复祁耿寰之墓。由于时隔多年,能证明同祁耿寰有关联的资料已经没有了,祁耿寰在武汉有个女儿,但已去世,现在亲戚间也失去了联系。

家住安庆市宜秀区五横乡白麟村的祁苏俊女士表示,家人只知道祁耿寰的墓碑在北京,但不知具体位置。祁苏俊说:"爷爷有过三个夫人。大夫人是东北人,三夫人是武汉人,都早已失去联系。我们这一支是安庆的二夫人,也就是我奶奶许回香(音)一脉。当年爷爷和奶奶住在上海霞飞路,日本人即将攻占上海,爷爷为了奶奶的安全派人保护奶奶回安庆老家避难。奶奶告诉我们,爷爷送奶奶走时说:'我祁耿寰一生戎马,四海为家。如今局势动荡,跟着我很不安全,你要为我祁家留下一脉。待到局势平息,我就去接你。'只是奶奶这一回来就再也没有等到爷爷去接她,他去北京途中被叛徒所害。"

"奶奶领着儿女,回到老家罗岭凤溪村。作为烈士遗孤,董必武曾关注过奶奶的抚恤金事宜。只是后来一些证明材料已遗失。奶奶有一儿一女,儿子祁武甲也就是我的父亲,女儿叫祁霞飞,以出生时的街道'霞飞路'之名所起,如今都已不在人世。"祁苏俊称,由于祁家是镇上大地主,祁耿寰曾任国民党高官,有关祖父的资料都烧了,只留下一张画像。

三、希望修缮耿寰墓

值此辛亥革命百年之际,祁耿寰烈士墓亟待修复。笔者竭诚呼吁社会各界人士和有关部门,对此引起关注,以期早日启动祁耿寰烈士墓的修复,告慰烈士在天之灵!同时也呼吁有关专家能提供与祁耿寰相关的文献和资料。

据了解,祁耿寰墓地处西山试验林场范围,这是一片无人管理的墓地。而全北京有百十处这样的名人墓,规模上不算大,但仍有文物保护意义。在前些年的海淀区文物普查中,已对该墓做了登记,并计划列入文物保护项目,但要在经过审核和拨款后才能对墓碑归位。

据最新了解的情况:此事已引起政府有关部门重视,很快将实施"重新立碑的工作"。

谭惠全：忠诚的守陵卫士

◘常　华

谭惠全(1873－1961)，广东香山县(今中山市)人。他说一口白话(即广东话)，身形瘦小，是孙中山卫队中的一位资深卫士，曾参与保护孙中山突围。

“六一六事变”发生的1922年，他已经49岁。在叛军严密包围的情况下，孙中山撤退途中用枪的可能性很小，而谭惠全武功出色，曾经在卫队里教授武术，对孙中山也非常忠心，一直是孙中山的贴身卫士。1920年，谭惠全与夫人苏潮宽结婚时，宋庆龄赠送了被褥、毛衣、铁制小保险箱等礼品。

1925年4月2日，孙中山灵柩移往香山碧云寺金刚宝座塔内安放，谭惠全即来到香山，为孙中山守护灵柩。1929年，南京紫金山的中山陵修建完成，开始准备移灵。移灵前的1月30日，守灵处接到一个通知：派卫士谭卫全在碧云寺留守总理衣冠冢。5月26日，孙中山灵榇离京。谭惠全参加抬棺，送了先生最后一程。从此，谭惠全就在碧云寺精心守护衣冠冢，到1961年去世，一直守了36年。

一、宋庆龄亲自嘱托

1929年5月18日，宋庆龄风尘仆仆赶到西山碧云寺。致祭行礼后，宋庆龄瞻仰遗容，悲恸不已，抚棺大号。20日下午，协和医院的医生来到这里，率领守灵卫士把棺材里的油放尽，对孙中山的遗体进行处理。

22日早晨，宋庆龄和孙科等人到达碧云寺，为孙中山遗体裹白绸、换衣服，殓入棺中，准备奉安南京。孙中山原来穿的衣服放回原来的楠木棺材，封在碧云寺金刚宝座塔里。

从此，碧云寺暂放孙先生遗体的地方，就改成了衣冠冢。宋庆龄这时语重心长地对谭惠全说："你岁数也大了，就在这里保护衣冠冢吧。"此后，谭惠全就按照宋庆龄的嘱托，继续在碧云寺精心守护衣冠冢，直到他生命的最后一刻。

谭惠全先生为何能舍弃繁华世事的诱惑，潜心36年守灵，这是人们始终感兴趣的问题，毕竟在这个精神苍凉的时代，"守灵"二字令人震撼，况且是用36年的精力。其子谭志泉给出了答案："父亲一辈子跟着孙中山，感情深厚，对先生无比敬仰，他不求名利，守灵就是他的事业。"

二、水泉院中把家安

1925年3月，谭惠全带着家人在碧云寺坡下不远处的水泉院安了家，一住就是30多年。

水泉院原是皇家的"听水佳处"和行宫院。院内松柏参天，清幽安谧。有泉水从石壁隙中流出，潺潺有声。谭惠全一家就住在这里的三间北房。20世纪30年代，他的家中一贫如洗，无米无粮，孩子们常常饿得直闹，除了院子里那眼甘洌清澈的清泉可以享用外，再无进食的东西。其实凭借谭惠全的名望以及手艺，进城挣钱是一点问题也没有的，他不仅武功高强，还烧得一手地道的广东菜。当时，有些京城的广东饭馆都愿以优厚的报酬请谭老先生下山，但均被婉拒。

谭惠全在山上开垦了一小块荒地，种些玉米、蔬菜充饥，始终没离开碧云寺半步，全家的收入只靠其夫人缝缝补补挣点辛苦钱。一直熬到1949年新中国成立，谭惠全老人被安排在园林部门工作，有了固定收入，全家才彻底脱离了苦难的日子。

三、多事之秋麻烦多

碧云寺虽地处偏远的北京西郊，可在多事之秋，也没少遇麻烦，多亏了有谭惠全等卫士的恪尽职守，灵柩和衣冠冢才得以最大程度的保护。特别是在20世纪20年代中期，孙中山遗体暂厝不久，一场惊心动魄的遗体保卫战就打响了。

1926年奉系军阀李景林和张宗昌组成的直鲁联军，击败冯玉祥率领的国民军，攻入北京。当时，驻扎在西郊的奉军最多，纪律也最坏，散兵游勇横行乡里，肆无忌惮。

某日一伙士兵闯入碧云寺闲逛，走到灵堂前看见悬挂的孙中山遗像，一名兵士便漫不经心地问谭惠全："画像上是什么人？"谭回答道："是中华民国首任总统孙中山先生。"谁知这名兵士眼睛一瞪竟张口大骂"什么总统！"拔枪就要向遗像射击。谭惠全和守灵卫士见状赶忙好言相劝，那兵士才算作罢。如果没有人阻拦，匪兵们闹得兴起，极有可能冲击打砸孙中山灵寝，后果不堪设想。

四、秘密藏棺在山洞

有了前几番波折，为了以防万一，谭惠全和卫士们经秘密协商，大家决定将棺椁就地隐藏。但问题随之而来，转移必须搬动棺材，但现在这口棺材体积太大、自重太重，搬运起来很不方便。再说遗体一经搬动，又藏于野外，稍有不慎，就会给遗体保护带来损害。

谭惠全和李荣特地去协和医院请教并取回防腐药水。回到碧云寺，李荣顾不得歇息，马上带领几名守灵卫士赶往中法中学，取回了寄放在那里的孙中山原来的一副体积较小、自重稍轻的美式棺材。

香山一带荒岭密处极多，藏个棺材不是难事。经过一番仔细勘察，卫士们将孙中山遗体从金刚宝座塔内转移藏在了一个隐蔽的山洞内（有资料称是水泉山洞），逃过了奉系军阀们的破坏。

直到1928年国民党军队进入北京，守灵卫士才把遗体从山洞取出，重新放回碧云寺灵寝中。1929年南京中山陵落成，孙中山先生的遗体安然无恙地从北京转运南京安葬。

孙中山先生的灵柩停放碧云寺4年，在这段时间里，数度遇险，但都转危为安，令人感叹。谭惠全等人的事迹，让人敬佩不已。

五、对国父有恩的人

谭惠全的义举不仅日后受到周总理的首肯，也得到了邓颖超同志的称赞。1981年10月，其子谭志泉陪母亲苏潮宽来到人民大会堂参加活动，邓颖超热情问候。前不久，谭志泉把父亲保存了一辈子的“谭惠全”印章和勋章等多件珍贵文物无偿捐给宋庆龄故居，以期教育后人，传承历史。

1956年谭惠全在碧云寺接待来访者

1956年是孙先生诞辰90周年，中央举行了隆重的纪念仪式。全国政协主席周恩来，带领各界代表专程到香山参谒孙先生衣冠冢。

谭惠全先生高兴地出面接待了周恩来一行。当时，这位忠诚的卫士已是83岁高龄，留着长长的白胡子。他穿着一直精心保存的1912年孙先生发给他的黄呢制服，胸前是宋庆龄曾亲自为他佩戴的平叛奖章。周恩来见到谭惠全，一眼就看到了他佩戴的奖章。周恩来是很了解这段历史的。他立刻发问：“这是不是那个11年讨贼有功奖章？”谭惠全说：“是。”周恩来问：“那你当时是不是还有恩饷？”谭说：“有恩饷。”“多少钱？”“40块。”周恩来用手比出圆形问：“是不是银圆？”谭说：“是。”周恩来问：“那后来怎么样了？”谭惠全说：“后来就没有再发过。”周恩来当即表示：“这个钱人民政府要补发给你。”果然，从当月开始，政府专门为谭惠全加发40元。当然，这40块银圆变成了人民币。当时工资标准很低，谭惠全每月多发40块钱，一下子就变成园林系统最高的工资了。这笔钱一直发到谭惠全去世。

陪同周总理参观碧云寺

周恩来抵达碧云寺后，谭惠全一直陪在旁边介绍情况。周恩来详细地向他询问了衣冠冢保护的情况，非常赞扬他对孙先生的耿耿忠心。登塔的时候，周恩来还特意亲自搀扶他。

1961 年，忠诚的卫士谭惠全病逝，享年 88 岁。老人家去世前，留下遗嘱：把他安葬于离碧云寺最近的万安公墓。这样，他就可以时时陪伴在孙中山衣冠冢旁，继续守护孙先生……

悠悠岁月，物是人非。然而，耿耿忠心跨越时空，永久存留于人们的心中……

探访辛亥滦州革命先烈纪念园

◘祁　建

1911 年的辛亥革命，首义于湖北武昌。而在清朝统治的心脏地带，也爆发了大规模的反清武装起义，与南方遥相呼应，这就是辛亥滦州起义。

起义于 1911 年 12 月 31 日爆发，之后建立“中华民国北方军政府”，宣布“本政府设于北京，暂设滦州”，通电全国，照会列强，发表文告，百官就职，并立即发兵西进，直取津京。虽然中途被袁（世凯）党以重兵绞杀，烈士们先后在滦州、开平、雷庄、卢龙、丰润、秦皇岛、通州、任丘、石家庄、天津、北京等地壮烈牺牲，但这次起义直接震撼清廷中枢，是导致 1912 年 2 月 12 日清廷退位的直接因素之一。原国民政府曾发表政令，称：“辛亥光复，发轫于武昌，而滦州一役，实促其成。”李大钊烈士指出：“这是历史的纪念地！”台湾所存史籍称滦州起义为“武昌首义最得力之应援”，称滦州为辛亥“举义之圣地”。

滦州起义是辛亥革命的重要组成部分，是辛亥革命初期具有重大影响的一次起义，在整个民主革命进程中起着举足轻重的作用。劫后余生的冯玉祥将军为纪念这次起义的殉难烈士，于 1937 年 4 月在北京西郊温泉南显龙山建成了辛亥滦州革命先烈纪念园。冯玉祥在《我的生活》中说到滦州起义，“这样一个在帝制势力的重围下生长起来的革命运动，因为本身的脆弱，领袖人物的幼稚与急躁，以及奸人的诈骗破坏，终于瓦解，成为一场悲痛的失败”。

辛亥滦州革命先烈纪念园。多数北京地图上没有标注，沿着温泉路，冲着温泉镇一路找去，连问几人打听“滦州先烈纪念园”，无人知晓，直接问“老年医院”，水果摊的小老板一指马路对过：那就是。因为纪念园就在北京市老年医院的院里，医院就在温泉路路边上，那山坡上的纪念塔老远就能看到，是去凤凰岭、阳台山、大觉寺的必经之路，曾多次经过竟然没有联想到这里有文物可看。公交车温泉站就在医院的门口，交通很便捷。

园门东面，入门处一座花岗岩纪念坊，门额刻“辛亥滦州革命先烈纪念园”。两柱书楹联“此日园林簇锦绣，当年勇烈动山川”。背面门额刻“努力革命”。联为“尺山尺水永留血迹，一花一木想见英风”。前后落款均为“民国二十五年十一月冯玉祥”。

进门西行87米处，是一条规整的南北向轴线，纪念建筑物随山势一字排开，分布在轴线上。最南端是一座纪念堂，堂北有一座经亨颐撰并书“滦州起义纪略”方碑，碑四面刻字，记述了起义经过。纪念堂和方碑已先后被毁，现已无迹可循。现存的纪念物，最前面是一座方首方座的石碑，通高2.85米，碑身正面刻“辛亥滦州革命诸先烈纪念碑”，碑阴题为“国民政府优恤滦州殉难诸先烈明令”，下署“冯玉祥恭录”。碑首上镌青天白日徽和云朵纹。碑建于长、宽各5米的石台上，台前后有台阶。从纪念碑向北沿石级登上山腰，有一座八棱石幢，通高3.88米，幢身正面刻“辛亥滦州革命诸先烈衣冠冢”和王金铭等14人的姓名和追赠军阶，幢座各面均有题字。幢北有一石屏，空白无字，是清代卧碑磨去字迹立在此地的，据传烈士衣冠葬于其下。衣冠冢以北有一片宽广各约17米的自然山石斜面，上刻隶书题字，节录《礼记·礼运篇》“大道之行，天下为公”的一段文字。

这段历史的背景是，王金铭为起义军大都督，施从云为总司令，张建功为副都督，冯玉祥为总参谋长。誓师后义军宣布滦州独立和发布《讨清檄文》，并向西进攻天津。

由于张建功据城叛变和铁路被袁党曹锟破坏，义军乘坐火车出轨，清军5000名乘机进攻。双方激战两小时清军叫停，王金铭、施从云轻信敌言，前往敌阵议和，在敌阵前历数清廷罪恶，对手王怀庆唯恐动摇军心，立命杀之。1912年1月5日，王、施等多人就义于雷庄。白雅雨突出重围，欲赴天津再图大举，不幸在古冶被清军抓捕。在刑场上，白雅雨拒绝下跪，被王怀庆砍断双腿和头颅。就义前曾赋诗：“慷慨赴死易，从容就义难。革命当流血，成功总在天……”滦州起义虽然失败了，但因滦州迫近京津，大大动摇了清朝军心。此后，清廷深知其大势已去，恐惧日深。终于在一年之后土崩瓦解，结束了清朝200多年的封建统治。

顺着石阶爬到山顶，上面巍然耸立的纪念塔是一座七层八角的密檐石塔，塔身通高 12 米多。塔基的石座上镌刻着冯玉祥将军撰写的四个大字：精神不死。塔身八面各有四个题字：勇继黄岗；英光万古；气壮山河；光同日月；浩气凌霄；功垂不朽；彰勋阐烈；舍身取义。向世人昭示着烈士的英气和精神。

这个纪念陵园除了这些建筑以外，还有孙岳纪念馆，陈列有一些当年国民党政要题的纪念碑文，也有些抗日名将像佟麟阁、刘儒明等人写的碑文陵园西边不远就是著名的水流云在石刻。

整个山不高，面积也不大，然苍松翠柏环绕其侧，给人肃穆庄严之感，心里除了敬仰之外，还有些许自豪感油然而生。

站在山顶俯瞰大好河山，夕阳已经西斜，把山川涂抹上了一层暖暖的金色。遥望蓝天俯首大地，深深吸一口清冷的空气，再把肺腑中的浊气慢慢呼出，聆听自然的风声，感受脉搏的律动，你会觉得人生真是美妙无比，这时候谁又能忘记为了今天这一切而付出宝贵生命的先烈呢？回望逆光的塔影，更加雄伟沉静。

第三章 帝都人物

三任翰林院掌院学士的阿克敦

◘冯其利

阿克敦是满洲正蓝旗人，祖上是吉林长白山费雅朗阿地方的章佳氏。祖父雅尔泰，父阿思哈。阿思哈是满文，即“让人佩戴的物品”，阿克敦是满文“信或坚固”之意。

阿克敦进士出身，在康熙四十八年与后来成为大将军的年羹尧同科。阿克敦的特点是“特立独行，无所附丽”，大将军年羹尧想得到他的帮助，向他发出约请，阿克敦谢绝不往。

康熙五十二年，阿克敦充河南乡试考官。康熙帝认为他典试有声名，并且学问好，五十三年升侍讲学士，五十五年转侍读学士。史书说：“盖异数也。”

阿克敦三次出使朝鲜。康熙五十六年，朝鲜国王李焞病目，使求药材空青。康熙命阿克敦前往赐之。康熙六十年，他受命去册封朝鲜国王李昀弟李昑为世弟。雍正元年，偕散秩大臣舒鲁册封朝鲜国王李昑。书上说：“阿克敦容貌伟丽，风裁峻整，委蛇进退，动中礼节，外藩臣庶咸爱敬之。”

雍正帝即位后，让阿克敦任翰林院掌院学士，充《圣祖实录》副总裁，再任《国史》、《会典》副总裁。

雍正四年四月，阿克敦署理两广总督，五月摄将军印，六月署理广东巡抚，九月署理广西巡抚。由于他对盗贼不严缉，加之家人索要暹罗（即今泰国）米船好处费，雍正六年他被拟处绞刑，改判“斩监候”（死刑缓期执行）。这是他生命中的第一次危机。雍正七年，让他到江南河工效力自赎。雍正九年，让他以内阁额外学士身份随同大将军马尔赛出征准噶尔。

这时，新疆准噶尔部强盛，久为边患。阿克敦单车奉使直入其部。交涉中，策凌问：“如何永远和好？”阿克敦说：“欲和好，当定疆界，定疆界当在阿尔泰山梁。”为什么选阿尔泰山梁呢？是因为它是准噶尔与喀尔喀、厄鲁特各部的空闲之地，各部落不在此相杂处。交涉三日，最终确定阿尔泰山梁为界。雍正十三年，他返回京师。

乾隆帝即位后，让阿克敦守护泰陵（即雍正帝陵）。乾隆三年再次出使准噶尔。他提出在新疆开荒和在博尔济设立哨卡的主张。哨卡地势居高临下，每卡驻兵20余人。后来，他相继任工、刑、吏部侍郎。乾隆十年，再任翰林院掌院学士。十一年，授刑部尚书。

乾隆十三年四月，翰林院进呈孝贤皇后册文，清文译法有误，乾隆帝召见，阿克敦未等旨意下来已返回住所，乾隆帝大为震怒，夺阿克敦官职，下刑部监狱，以“大不敬罪”，拟斩监候。这是他生命中的第二次危机。进入五月，乾隆帝怒意已消，由狱中将其释出，署工部侍郎、内阁学士兼礼部侍郎。七月，署刑部尚书，授镶黄旗汉军都统。十月，三授翰林院掌院学士。十二月，授协办大学士。乾隆十四年，加太子太保，赏紫禁城骑马，赐御书“协中辅治”堂额。

乾隆帝出巡河南，阿克敦与履亲王允祹、和亲王弘昼留京办事。乾隆帝去承德，阿克敦与庄亲王允禄、恂郡王允禵、大学士来保留京办事。

乾隆十九年四月，阿克敦过70岁生日，赏“赞元锡嘏”匾额及如意、御膳。

乾隆二十年，阿克敦以目疾乞假，乾隆帝派御医视疾。因他屡次乞休，只好让他退休。二十二年正月二十三日，阿克敦病卒，享年73岁。乾隆帝遣散秩大臣率侍卫10人奠茶酒，赏银千两治丧，赐祭如礼，谥文勤。

阿克敦一生，三任实录馆副总裁、翰林院掌院学士，七充经筵讲官。立朝40年，有《德荫堂集》十六卷传世。

一等诚谋英勇公阿桂

冯其利

乾隆朝功臣阿桂(1717－1797)为翰林院掌院学士阿克敦之子。他有三位母亲:伊尔根觉罗氏、那拉氏、生母韩氏。他幼时沉静端重,好读书,喜历史。

乾隆元年,阿桂19岁时,阿克敦要打他,是什么原因呢?阿克敦时任刑部侍郎,一天正巧阿桂在侧,阿克敦问他:“朝廷让你刑部为官,如何管理?”阿桂说:“行法必当其罪,罪一分与一分法,罪十分与十分法。”阿克敦让下人拿棍棒来,要打他。阿桂下跪求教。阿克敦说:“按你的说法,天下无完人矣!罪十分治之五六,已不能堪,而可尽耶!”直到阿桂主管了刑部,还不忘记告诉同事这件事。

阿桂生于康熙五十六年(1717)八月三日。雍正十年入学,十二年补廪生(有粮食补助的生员),十三年选贡生(推荐给朝廷)。乾隆初年,以荫生在大理寺学习三年。乡试中举人,补兵部主事。

乾隆十三年,阿桂在金川作战。将军岳钟琪说他和张广泗蒙蔽将军纳亲,造成军事失利,被关押。第二年,乾隆帝说阿克敦仅此一子,释出恢复军机处章京职。

乾隆二十三年,阿桂在新疆为靖边将军成衮扎布的参赞大臣。成衮扎布说阿桂“遇事奋勉”。在乾隆二十四年阿尔楚尔之战中,阿桂表现突出。敌军横亘数里,交战不分胜负,阿桂率数百人由山麓绕出其右发起冲锋,敌军溃败。

乾隆二十四年,阿桂驻军阿克苏,二十五年移驻伊犁。他上疏:“守边是驻兵为先,驻兵以军食为要。伊犁河南水土肥沃,宜屯田。官兵协同耕种,建置城邑;预筹马驼,置台站。”三年后,绥定、安远二城,一如内地,数千里行旅晏然。

乾隆三十八年，定边将军温福在木果木师溃败战死，阿桂受命代将。阿桂指挥部属在7天内收复小金川全境。

阿桂在大小金川作战，充分展示了他的风采。一日傍晚，他率领数十骑在高岗上观察敌情，被数百敌军包围。他让士兵将衣服挂在树上，徐徐撤下高岗。敌军以为清军众多，等他们明白过来，阿桂已返回营盘。

阿桂屡经战阵，知人善任。将军兴奎初为普通士兵，阿桂任命他为副将。让他进取一座山梁，即日克捷。一等超勇公海兰察也起自行伍，被阿桂发现于新疆，首先启用。海兰察后来成为一代名将。阿桂起用的人才还有王昶、韩䵣、百龄、朱尔庚额。对有战绩的诸将，阿桂或奖以数语，或赏酒肉，部下往往效死力。

阿桂作战时夜里常喝酒，每次心中生出一计策，就端酒杯而起，并且必然有所号令。

乾隆四十一年正月，大金川索诺木约定明日投降，诸将劝阿桂当日生擒索诺木，以防变故。阿桂入帐中大睡。第二天早晨，索诺木如约来降。阿桂告诉诸将，所有路口均在清军控制中，担心是多余的。

乾隆帝认为阿桂“诚而有谋，英弗恃勇”，封一等诚谋英勇公。

乾隆四十四年，黄河决口仪封，乾隆帝让阿桂前去处理。阿桂以“不谙河务”为由拒绝。乾隆帝说：“如卿岂有不能者?!”乾隆四十六年秋，黄河决口河南青龙岗，阿桂与河道总督李奉翰负责堵塞决口。两端筑坝将合龙，副将李荣吉认为“水势大，宜缓”。合龙后，李荣吉说：“大坝危险，不敢离开。”过两天，大坝复决。这时，李荣吉已坠入黄河中。阿桂悬赏千金救之起，解下御赏端罩盖之，并上疏自劾。乾隆帝认为：“治河舍阿桂复有何人？惟安心静镇，别求善策。”

阿桂公忠体国。安南国王阮光平至京，派人给阿桂送礼。阿桂让用人象征性拣取一两件。让下人出去说：“中朝相公问陪臣好。汝国王朝觐，赏赐皆出自皇上。不要以为中朝相公不识‘顺逆’二字。”

阿桂有远见卓识。乾隆四十七年，欲给官员养廉银两，阿桂认为不可行。他认为：“国家经费骤加不觉其多，岁支则难以为继。一年近三百万两,二十余年即需七千万两。”

阿桂晚年仍然喜好读书。有一天,马号下人来报告,说:“上赐马跑了!”阿桂正在读书,说:“觅之。”下人找回来后,再来报告,他说:“好。”继续读书。

乾隆末年,和珅势力渐张,阿桂遇之不稍假借。尽量避免与他同处在一间办公室。在皇帝面前,也与他保持距离,必离其十数步。阿桂晚年两耳重听,和珅与他说话,慢应之,终不移一步。

嘉庆元年,阿桂 80 岁,乾隆帝内禅嘉庆帝,阿桂奉册宝。领班千叟宴,上疏辞兵部职任。

嘉庆二年八月,阿桂去世。嘉庆帝亲临其丧,赠太保,祀贤良祠,谥文成。

屡起屡踬的直隶总督那彦成

◘冯其利

一等公阿桂之孙那彦成，有其祖父的遗传与性格，如生性好学，工诗能书，遇事有主见，对权要也不买账，“无所附丽”。在总督任上，三次考绩，皆特旨优叙。他的一生，虽然屡起屡踬，仍是中外向往其风采的人物。

先向大家交代一等公阿桂之子。

长子阿迪斯，三等侍卫。乾隆十三年，受阿桂牵连，夺职，发往广西右江镇。第二年复职。后任兵部侍郎，承袭其父的一等诚谋英勇公。在成都将军任内，川西发生盗匪，夺官发配伊犁，赦归不久，病卒。

第二子阿思达，笔帖式[1]，在乾隆三十一年病卒。

第三子阿弥达，乾隆帝改名阿必达。乾隆十三年，同样受阿桂牵连，夺兰翎侍卫，发往广东雷琼镇，第二年复官，任二等侍卫。后曾赴青海西宁祭告河神，探寻黄河源头，辑入《河源纪略》，官至工部侍郎。

阿必达有二子：成都将军那彦宝，直隶总督那彦成。

那彦成生于乾隆二十九年，三岁时其父阿必达去世。依靠母亲那拉氏抚养成人。嘉庆四年，皇帝赐“励节教忠”匾于其家，挂在大门门额。

由于那彦成生性好学，工诗能书，在乾隆五十四年中进士，选翰林院庶吉士，散馆授编修。乾隆五十六年，升侍讲，入直南书房，迁国子监祭酒。五十九年擢詹事府詹事，充日讲起居注官，十二月晋内阁学士。嘉庆元年入直上书房。

嘉庆三年二月，命那彦成在军机处行走。五月，迁工部右侍郎。四年正月，调户部左侍郎，授翰林院掌院学士，充教习庶吉士，升工部尚书，充实

① 满语，也作“笔帖黑色”，意为办理文件、文书的人。

录馆总裁。二月，充经筵讲官、国史馆副总裁。三月，赐紫禁城骑马。七月，管理户部三库及总管内务府大臣。从那彦成的官职升迁，可见嘉庆帝对那彦成的信任。

其实，嘉庆帝对那彦成还有所偏爱。湖北发生白莲教起义，以那彦成为钦差大臣、以明亮为参赞大臣统兵围剿。有胜仗后，上谕说："那彦成虽未到阵前，而先声夺人，故得此捷音。"

嘉庆五年，白莲教再次起事，那彦成第一次遭遇斥革。首先，让他退出军机处。五月，那彦成抵达京师，奏对不称旨，革去都统、尚书、经筵讲官、花翎。以翰林院侍讲身份，在实录馆效力。两年后，部分恢复职任，

嘉庆八年七月，任礼部尚书。九年六月授军机大臣，摄陕甘总督，十一月调两广总督。

两广总督任上，那彦成迎来第二次斥革。他计擒广东盗匪李崇三，槛送京师。招降黄正嵩以下五千余人。但他对首先投诚的有奖励并授职任，因此被降为兰翎侍卫，调伊犁领队大臣。之后，被免职，到伊犁当兵。两年后，再授三等侍卫、领队大臣、西宁办事大臣。

那彦成是何年时来运转的呢？嘉庆十八年，天理教林清、李文成起义，进犯直隶、山东，那彦成带领杨遇春、杨芳等名将将李文成歼灭。赏太子少保衔、三等子爵、双眼花翎、紫禁城骑马，再授直隶总督。

嘉庆十九年，清廷派人到一等公阿桂墓地赐祭一坛，用示特殊眷注。

说起来，阿桂墓地在什么地方呢？在大兴县亦庄小羊房村西，现在还有这一村名。1986 年我到小羊房村拜访过杨玉田（1913 年生）、陈贵林（1913 年生）、马德泰（1902 年生）、张宝和（1919 年生）等老年人。

阿克敦和阿桂墓，坐北朝南，有驮龙碑两通，俗称"双石碑"，占地八九十亩。阿克敦墓碑在西，高 3.72 米。阿桂墓碑在东，高 4.32 米。双石碑北有三间四柱石牌坊一座。北边有月台，月台上有三个宝顶，阿桂长子阿迪斯附此。

阿克敦墓碑有奇异之处，碑截子里有活动物体，称为"石胆"。石胆上下浮动，早晨在上部，晚上在下部。

小羊房村南有阿桂第二子阿恩达、第三子阿必达之墓，还有那彦成墓。

仅有一块驮龙碑，俗称“单石碑”。有五个三合土宝顶，又称“五大坟”。这块坟地坐东向西，占地60亩，东边有山子环。

小羊房村北，还有他家后人小坟地一块，不过五六亩。

话题扯得远了，再回过头来说那彦成。

嘉庆二十一年，那彦成迎来了第三次斥革。有人追究那彦成在陕甘总督任内与藩司陈祈商挪用赈银并诬奏捐廉事，夺那彦成现职，下狱，论死。以其赔补了银两，改戍伊犁，因其母年事已高，在家终养。其母九月去世后，皇帝念其在河南消灭天理教有功，未让他去伊犁，在家“闭门思过”。嘉庆二十三年，再任侍读学士、詹事、会试副总裁、仓场侍郎、赏戴花翎。嘉庆二十五年，任理藩院尚书、吏部尚书，赏紫禁城骑马。

进入道光朝之后，那彦成一帆风顺。道光元年五月，兼翰林院掌院学士。七月，调刑部尚书。二年十月，复授陕甘总督。五年十月，调直隶总督。七年十一月，张格尔起事，命他以钦差大臣去新疆。那彦成主张裁革苦累回民之陋规，并勒石永禁。

那彦成于道光十三年二月去世，享年70岁。以尚书例赐恤，予祭葬，谥文毅。

1995年1月2日，我还在东城区西石槽胡同拜访过一等公阿桂的后人章敬祖（行五）。地铁五号线建成后，西石槽胡同部分拆迁，章佳氏不好找了。

雍正帝在藩邸发现的人才：大学士尹泰

冯其利

尹泰与一等公阿桂都是满族章佳氏。明代中叶之前居住在吉林长白山俄漠和苏鲁。明代中叶，赖都巴颜率子孙近距离迁徙，五子分居五处。长子居住费雅朗阿地方，即一等公阿桂的所属宗支。第三子辉色居住在宜汉阿拉地方，即尹泰的所属宗支。换言之，尹泰与一等公阿桂有共同的祖先。

第三子辉色曾孙赖塔（有重名），即尹泰的曾祖父，清初来归，编入满洲镶黄旗。尹泰的祖父伊奇纳（或写伊启纳）原任防御（武职正五品），有世职拖沙喇哈番（即云骑尉）。尹泰的父亲尹布（当时起名字太随便，不讲究，猛一看像平辈人），原任詹事府左春坊左庶子（文官正五品）。尹泰的父祖均任政府中的中级官员。

先说说尹泰在康熙朝的经历吧。他初任翰林院笔帖式，再迁内阁侍读（正六品）。康熙二十七年，授翰林院侍讲（从四品），充日讲起居注官。康熙三十四年，任国子监祭酒（从四品）。三十七年，改锦州佐领（等于是所属部队调防）。五十二年，以病免职，遂居锦州。

皇四子允禛时封亲王，奉旨至盛京（即今沈阳）谒陵。途中遭遇大雨，遂滞留锦州。在锦州停留期间，见到家居养疴的尹泰及其子尹继善，从他父子的谈吐中，发现他们是国家有用的人才。

雍正元年，召尹泰进京，授内阁学士（从四品）。这是尹泰原有品级。迁工部侍郎（正二品），左都御史（从一品），可以看出雍正帝使用人才之迫不及待。

雍正二年，尹泰充会典馆总裁，通常有才学的官员一般担任的多为副总裁。三年，让尹泰署盛京侍郎兼奉天府尹（相当于沈阳市市长），这里边有对他的倚任。

尹泰最初的建议是什么呢？他说应注意查抄坊间书吏伪造的上谕、奏对等非法出版物。他说应停征承德地区豆类，应按亩征粮，按丁征银。他认为东北风高土燥，应建地窖存谷，以节省建仓库的费用。

雍正四年，尹泰未及时派员按收丈量庄头余地，解奉天府尹(市长)任，仍以左都御史(从一品)协理奉天将军工作。雍正六年，又遗漏入官财产，夺官，看来他工作不够细致。但很快又复职。

雍正七年，与尚书陈元龙同授额外大学士，等于是候补。寻授东阁大学士兼兵部尚书。乾隆帝即皇帝位，让尹泰担任《世宗实录》总裁。乾隆元年，尹泰已 85 岁，以老病乞罢，再三挽留。让其子尹继善在京侍养。乾隆三年，命以原官致仕，寻卒。赐祭葬，谥文恪。

需要告诉大家，尹泰的墓地不在北京。因为康熙三十七年，他家改锦州佐领后，即在锦州定居，墓地也在辽宁。自尹泰祖父伊启纳起，在辽宁省锦县东北 20 里建立墓地。《奉天通志》第 2 册卷 95，“陵墓”记载锦县墓地葬有他家四代人，到尹泰之子大学士尹继善为止。

尹泰是历仕康雍乾三朝，是奉职唯谨的惇厚长者，但封建宗法制度在脑子中根深蒂固。尹泰家法严格，生子尹继善的侍妾江苏省江宁人徐氏，在尹继善官至云贵总督时，身份依然未变。

雍正帝有一次询问尹继善：“汝母受封乎？”尹继善叩头免冠，将有所奏，欲言又止。实际上，尹继善不敢说。雍正帝立即明白了其母的身份，说：“朕即有旨。”

尹泰认为尹继善未经他的允许而奏上，是奴欺主性质，根本不考虑他已是云贵总督，国家的一品大员，用家法杖责尹继善，还打掉尹继善佩戴的孔雀翎。徐氏跪求乃已。

雍正帝先让宫女四人来改换徐氏的服饰，再让有身份的八旗命妇来贺喜。由内阁学士捧玺书宣读圣意：“大学士尹泰，非籍其子继善之贤，不得入相；非侧室徐氏继善何由生？著封徐氏一品夫人。”先让尹泰拜徐夫人，再让他们行合卺礼(成婚)，内务府梨园也来演戏庆贺。

这是历史上关于尹泰的一段趣话。

封疆大吏之贤者：大学士尹继善

◇冯其利

尹继善是大学士尹泰45岁所生子。父尹泰是吉林长白山人，母徐氏是江苏江宁人。人们常说生活地域越远的夫妇，生子越聪明。

尹继善的相貌，也遗传了父母的优点。书上说他："白皙少须，丰颐大口，语声清扬。孔瘢如硃砂鲜。目秀而慈，长寸许。"

尹继善为雍正元年进士，改庶吉士，授编修。雍正六年，任江苏巡抚，这里有雍正帝对他的期许。他发现官吏侵蚀，动手清查积欠。乾隆二年，授刑部尚书。乾隆十三年，授户部尚书、协办大学士、军机处行走兼正蓝旗满洲都统。乾隆二十七年为御前大臣。

尹继善为人宽和，工作能力强，办事干练，颇有能名，被乾隆帝称为"巨擘"。他曾一个月内摄将军、巡抚、河督、盐政、学政等九印，而案无余牍（文件），还有空闲与诸生论文课诗。

前后任封疆大吏30年，一督云贵，三督川陕，四督两江，工作无可挑剔，鲜有败事。

乾隆二十九年，授文华殿大学士，仍留总督任。三十年，入阁，兼兵部尚书，充上书房总师傅。乾隆三十四年，兼翰林院掌院学士。

尹继善敢与名臣对抗。雍正九年，总督李卫（1686－1738）进京，这位曾经弹劾年羹尧、田文镜、鄂尔奇的人物，被雍正帝称为"督抚楷模"。尔后，传旨在洪泽湖开天然坝（按：黄河原经过徐州、淮安）。谕旨："李卫奏（黄）河水小，天然坝宜开。"尹继善复奏："李卫不问河身深浅，但问河水大小，非知河者也。河浅坝开，宣流太过。洪泽湖不敌黄河水强，为害滋甚。"尹继善反驳李卫的说法，说他是外行，有人为尹继善担心。雍正帝高兴地说："卿有定见，朕复何忧。”赐尹继善御用衣冠，加太子太保。

尹继善强调学人优点。有一次，雍正帝问尹继善：“汝知督抚中当学者乎？李卫、田文镜、鄂尔泰是矣。”尹继善说：“李卫，臣学其勇，不学其粗；田文镜，臣学其勤，不学其刻；鄂尔泰大局好，宜学处多，然臣不学其愎也。”李卫虽官总督，不甚识字，而尊重文化人。他主要依靠幕僚邬先生。而有“巡抚第一”之名的田文镜，惩贪除暴，不避嫌怨，然苛刻搜求，务以严厉相向，豫（河南省）民深恨之。而鄂尔泰的固执也是名声在外。尹继善在雍正帝面前就这样敢说实话。

江南为尹继善的第二故乡。他在江南近30年，视江南为第二故乡。老百姓听说他出来巡视，奔走呼号相庆贺。尹继善不侵官，不矫俗，不蓄怨，不通苞苴，严肃傔从，所莅肃然。

尹继善在乾隆年间办理过邪教案、卢鲁生伪稿等案，案件皆株连万千，他除苛去烦，不妄杀一人。

乾隆三十六年，皇帝东巡，尹继善留京办事，四月卒，享年76岁，赠太保，以银5000两治丧（一般督抚大臣赏1000两），赐祭葬，谥文端。

乾隆帝第八子仪亲王永璇为其婿，让永璇为他奠醊。

说到亡故，尹继善与老朋友谦让的事值得一提。广西桂林陈文恭是尹继善的好朋友。陈文恭病了，尹继善前去看望。说：“我们都是老年人，不知谁先作古人？”陈文恭客气惯了，说：“还让中堂。”尹继善当时没说话，心里说，这事你让我干什么？陈文恭退休途中，听说尹继善去世，想返京吊唁，家人反对，到韩庄而薨。一对好友，相继亡故。

满族喜塔腊氏人物

◘冯其利

裕禄是喜塔腊氏代表人物，满洲正白旗人。

裕禄的父亲崇纶(1792－1866)和长兄裕长先后为湖北巡抚。

还有一位汉军正白旗人也名崇纶，许氏，字佩如。也是1792年生人。官至理藩院尚书兼总理各国事务衙门、工部尚书。1875年卒。

喜塔腊氏的崇纶，道光年间由内阁中书任军机章京。咸丰元年，为云南按察使，二年为广东布政使，升湖北巡抚。咸丰四年，太平军包围武昌，他因作战不利，被革职留任。崇纶奏请就医，被撤职。逃往西安，服毒自尽。

崇纶长子裕长，字寿泉，光绪二十六年(1900)为湖北巡抚，寻病死，享年62岁。

崇纶第二子裕德，字寿田。道光二十一年(1841)生。光绪二年，进士，改庶吉士，授编修，迁侍读。光绪八年为咸安宫总裁，转内阁学士，督山东学政。光绪十六年擢工部侍郎，转刑部。光绪二十年，为左都御史。光绪二十四年，任理藩院尚书，调兵部，抚平哲盟扎萨克图三旗叛乱。光绪二十五年，查办四川盐政，严惩贪官。光绪二十九年，为协办大学士，授体仁阁大学士。三十一年(1905)，改东阁大学士，卒，享年64岁，谥文慎。

裕德的优点：持躬谦谨，礼贤下士，时论称之。他有洁癖，住所无纤埃微尘，衣服无叠痕。

裕德的欠缺：他虽是进士出身，却知识面略窄，对《史记》等书不甚了解。

崇纶第三子裕禄，字寿山。同治十三年，任安徽巡抚。光绪十三年，任湖广总督，调两江，复还湖北。后任礼部尚书、军机大臣。1900年与八国联军作战，兵败自杀，年55岁。

裕禄“应事明敏，群称其能”。江南提督李世忠，罢职居安庆，是恶势力代表。安徽巡抚裕禄疏请诛之。他到安庆召李世忠于衙署,喝酒时拿出密旨,绑出斩之。而仍恤其家。

裕禄思想守旧,清廷提出修筑京汉铁路时,他力陈不可。因忤旨,光绪十五年调盛京将军。中日甲午战争发生后,安东凤凰城失守,光绪帝欲罢之。大学士荣禄向慈禧太后说情。调裕禄福州将军兼管关税。裕禄新任肥缺,年收入白银40万两。

光绪十七年,热河民众群起烧毁教堂,他出兵平乱。直到光绪二十六年,他还主张镇压义和团,并捕杀其首领姚洛奇。他得知慈禧皇太后信任义和团,转而支持义和团。他召集义和团阻止八国联军北上,攻打天津紫竹林租界,保卫天津。天津失陷,革职留任。七月与八国联军战于北仓,在杨村(武清)自杀。有材料说他"中炮死"。

清华大学精密仪器系钟寿民教授的母亲是直隶总督裕禄之孙承禔的长女慧贞,她1992年6月17日给我写过裕禄后人世系。她家大排行:三爷、四爷、八爷、九爷。四爷熙棣,夫人为完颜氏。熙棣长子承祐,二子承禔。承禔长子延绪、二子延康、三子延泽、四子延厚、五子延荣,六女延龄。还告诉我,市民委原副主任张寿崇之母为承禔第二女。

说起满族喜塔腊氏的后人,必须说一下中国戏曲界名人、京剧四大须生之一的奚啸伯先生(1910-1977)。2010年,还有奚啸伯先生百年诞辰纪念活动。奚啸伯祖父为大学士裕德,父亲为度支部员外郎熙明,字润甫。他谱名承桓,乳名小白。

关于奚啸伯后人,曾听马铁汉、刘嵩崑老师说过,忘了。北京市档案馆有位同事小奚,我找了她。他介绍我访问奚啸伯先生的近本家侄子、同仁医院的奚延震大夫。他父亲是奚孝儒(1968年故去)。奚大夫告诉我,奚啸伯之子奚延宏,孙奚中路(上海京剧团武生)的情况。我又去电话问他家祖坟地点。奚大夫于8月16日来短信,说在东四环路豆各庄,他哥哥去上过坟。

卒之日囊无余储的查慎行

◘李忠义

查慎行，字悔馀，原名嗣琏，字夏重，以酷爱苏东坡“僧卧一庵初白头”之句，自号初白庵主人，浙江海宁人。康熙四十二年(1703)进士，未散馆特授编修。查氏为海宁世家，科第连绵，代有闻人。慎行的两个胞弟嗣瑮、嗣庭和族侄查升，都是康熙年间的翰林。嗣庭就是雍正初年以“维民所止”命题而罗文字狱之祸的主考官。慎行诗宗苏轼、陆游，是清初诗坛仅次于王渔洋(王士祯)、朱竹垞两大家之后较有成就和影响的诗人。他在未入仕途以前，即以诗名蜚声朝野，及为内廷侍从之臣，多次被康熙召见，赋诗应制。因康熙特别欣赏他的“笠檐蓑袂平生梦，臣本烟波一钓徒”之句，遂有“烟波钓徒查翰林”之称，一时传为美谈。在京，初居宣武门外上斜街，后居北半截胡同“听雨楼”。慎行在内廷7年，任武英殿校勘官3年，康熙五十二年(1713)，因病辞官回籍。嗣庭案发，慎行受其株连，被逮捕入京，等候发落。雍正以慎行平日为人端谨，“每饭不忘君，杜甫流也”，特赦归田里。查慎行雍正六年(1728)病逝，年77。“卒之日，椸无新衣，囊无余储，惟手勘书万卷而已。”查氏著述颇丰，有《敬业堂集》、《敬业堂续集》、《周易玩辞集解》、《补注东坡编年诗》、《苏诗补注》、《人海记》等。

《人海记》二卷，是查慎行客居北京30年来，耳目闻见，随手缀录的笔记。《人海记》卷首有查氏《小序》说：“苏子瞻(苏东坡)诗云‘惟有王城最堪隐，万人如海一身藏’。与东方曼倩陆沈金马之意略同。余自甲子夏北游太学，又九年，举京兆秋试，又十年唱第南宫。其后供奉内庭七年，从事书局者三年。追癸巳夏移疾迄归，年已六十有四矣。通计三十年来，客居京师，岁月过半。其间耳目闻见，随手缀录，零丁件系，不下数百条，雪窗检点，裒辑成卷，命曰《人海记》。”“人海”盖指京都而言。

《人海记》篇幅不多，内容记载明清史事掌故、北京风土物产、南明政权轶闻以及作者在内延侍从和塞外随驾游猎避暑时的见闻。后者由于是作者的亲身经历，具有很高的史料价值。例如，书中“南海淀”一条，记“南海淀今为御苑，设甲兵守之。间遇上元，于此放烟火”。此御苑即畅春园。康熙四十二年正月十四至十六，查慎行与查升、汪灏奉旨看放烟火，在《西苑烟火》一条中详记其事，具体生动。他说：“黄昏，上御楼，西向坐。先放高架烟火，谓之合子。最奇者为千叶莲花合子。即毕，人气尤静。须臾，桥东爆竹发药线，从隔河起，飞星一道，倒曳有声，倏上倏下，列入栅中，纵横驰突。食顷，火光远近齐着，如蛰雷奋地，飞电掣空。此时月色天光。为烟气所蔽。观者神移目眩，震撼动摇，不能自主。移时，烟焰尽消，而九曲黄河灯犹荧荧如繁星也。”如果不是身历其境，是不可能写得出来的。这里的西苑也是畅春园，不是西华门以西的泛称。

《内府书画》条目记载：内府收藏书画，余在内庭曾经眼见者，不计其数。今录其尤妙者，共三十五种，以备遗忘。绢本小楷曹娥碑[后有昌黎、怀素二跋，又宋高宗跋，书澄心纸上，又谢端、宋本、乔篑成三跋，又虞集前后共十跋，今上御题跋一]，赵子昂鹊华秋色图卷子[宋笺，高六尺，长六尺，书九行，为周草窗作，后有董文敏五跋]，褚河南西升经，乐毅论楷书墨迹[不书姓名]，张择端清明上河图绢子[绢本，长丈余]，燕文贵仿王摩诘関山霜霁图卷，郭熙蜀山积雪图卷，赵子昂百骏图卷，右军黄庭经小楷卷[唐人临本]，米芾山水卷，陈所翁九龙图，赵千里后赤壁图卷，黄筌设色花卉，吴彩鸾细楷唐韵，顾野王草虫卷，阎立本步辇图，阎立本洛神赋，燕文贵长江万里图卷，刘松年江上雪霁图，东坡墨竹，虞世南庙堂碑真迹，黄公望江山胜览图卷，宋僧牧溪果蔬鸟雀图卷，钱舜举白云红树图，赵千里大禹治水图卷[首有稚登八分，后有曾肇诗，陈继儒跋]，徐熙钩染花翎毛长卷，唐六如水村图，管夫人白描大士像，唐陆柬之书文赋真迹，刘松年五百阿罗汉卷，赵雍画马[有董其昌跋]，李龙眠白描五百罗汉卷，李北海大照寺碑真迹，周昉美人玩月图，黄子久秋山雨意图[后有元人李忠、倪贤二跋]。查慎行的记述为研究古代书画谱者提供了珍贵的参考资料。

1989年9月，北京古籍出版社据光绪七年(1881)湖北崇文书局刊《正觉楼丛刻》本标点印行。由石继昌先生点校。

石继昌，字守常，本为满族汉军旗人。论其远祖，为明末清初之石廷柱。廷柱随清军征战，后从龙入关，累立战功，官至少保兼太子太保镇海大将军都统一等伯。终清一代，石氏历代显宦。1949 年后，石家败落，石先生靠为人缮写誊录，赖以生活。20 世纪 50 年代后期，中华书局选取明清笔记，点校刊印，闻先生熟悉清朝人物史事，以及刊本稿本情况，特邀其入编辑部，从事选题、校勘、整理等工作，贡献颇多。“文革”期间，石先生失业，献出京畿道及花市等处房产以求安。所幸当时标语、大字报铺天盖地，他每日在琉璃厂一带，推车扫地，拣烂纸出卖，贴补家用。王孙沦落，真验了“斯文扫地”一句古话，最艰难时，竟将所藏明清笔记珍本稿本两大书柜，悉数忍痛卖出，仍难疗饥。70 年代后期至 90 年代初，石先生才学有所用，点校古籍，撰写文章，很有文名。

穿补丁衣服的道光帝

◘ 李润波

在中国历史上，除开国皇帝外，几乎所有当朝皇帝均充分享受九五之尊，日常生活豪华奢侈，以这种无上“尊贵”的生活方式来增加帝王的神圣感，很少有生活要求简约的皇帝。但道光皇帝却有这方面品格，尽管于大局无补，但毕竟是一个皇帝的行为。

爱新觉罗·旻宁(1782－1850)，即清宣宗，通称道光帝，是清入关后的第六个皇帝。在位30年，终年69岁。在位期间正值清朝衰落，他为挽救清朝颓势做了一些努力，如整顿吏治，整理盐政，通海运，平定准格尔叛乱，严禁鸦片，起到了一定积极作用；他本人厉行节俭，勤于政务，但作为一个帝王他的资质不高，加之社会弊端积重难返，清王朝在道光帝的统治时期进一步衰落，和西方的差距也越来越大，1842年清朝在鸦片战争中失败，签订丧权辱国的《南京条约》，此后10年道光帝苟安姑息，得过且过，没有任何学习西方、振兴王朝的举措。民国初的北京画报上载有几则关于道光帝生活简朴的逸闻。

一、用砚用笔

道光帝即位后，内府依例给他40方砚，砚后镌有“道光御用”四字。道光帝认为太多，闲置可惜，只留下3个，其余都分给了臣下。

以前皇帝用笔须送紫毫中最硬的。笔管上刻有“天章”、“云汉”字样。道光帝觉得特制笔并不合用，于是让户部尚书英协揆到琉璃厂东街买一般常用的纯羊毫、兼毫两种。

二、皮　衣

那时的皮衣讲究四周围带出风，就是里子比外边多出一圈皮子来。有一次，道光帝发现自己的黑狐袍子出风被老鼠啃坏了，找内务府总管说给修修，内务府说要用一千两银子。他觉得太贵，决定剪掉。第二天大臣们得知这件事，纷纷将自己的出风去掉，免得规制超过皇帝，招惹麻烦。

三、补丁裤

道光帝穿的套裤，行围打猎时膝盖处磨破了，于是让人在上面补了一块圆绸补丁，这就是一般说的打掌。臣子们发现皇上衣服上打补丁，也纷纷效仿。一次，道光帝见军机大臣曹振镛裤子膝盖处有补缀痕迹，便问："你的套裤也打掌吗？"曹振镛回答："裤子易做，但花钱多，所以也打补丁。"道光帝又问："你裤子打掌要多少钱？"曹说："要三两银子。"道光帝说："你们在宫外做东西便宜，我在宫内就要五两，以后我也去外边打。"

当然，道光不仅在生活细节上吝啬、抠门，在为政治国方面也是如此。道光初年，新疆发生准格尔叛乱，数万清军万里远行，征战数年，终于平定了叛乱。道光八年（1828）夏，清政府在午门举行献俘礼，现场山呼海啸般的"万岁"声令道光帝心潮澎湃、陶醉不已，他立即做出一件"壮举"——宴请平叛有功的将士。

几天后，宴会在清漪园（光绪年间改名颐和园）万寿山下的玉澜堂举行。将士们筷子一挥，几碟小菜立即见底，吃又没得吃，退席又不敢，只好面面相觑。

后来，在探讨新疆设防方案时，将军们提出的布防方案就是通不过。本来，将军们已经考虑到了道光帝的吝啬，准备上奏仅要一万八千名士兵镇守新疆，但道光帝一下子就给砍去了三分之二，只批准清军留守六千人。将军们愤然回击，提出专守新疆东部，西部自治不予设防的方案。道光帝又大骂他们放弃新疆防守，指责其居心叵测。

在鸦片战争中，道光帝急于妥协，也不能不说与吝啬的个性有关。总之，在讨论诸如海防、边务、黄河治理等问题时，大臣一提到拨款，道光皇帝立即面露不悦之色。道光皇帝崇尚节俭，一则是生性吝啬，视节俭为理想、乐趣；再则，是以此作为挽救财政危机的一种对策。那么，道光帝的“节俭”有助于解决国家的经济危机吗？尽管道光皇帝为国家节省了一些经费，却无助于经济危机的解决，财政状况也未见彻底好转，反而每况愈下。作为一国之君，不去大刀阔斧地开源兴利，而在一饭一衣上锱铢必较，这就不是节俭，而是舍本逐末的抠门儿、吝啬了。

拉贝：一位尘封的英雄

◘常　华

拉　贝

一个人去世40多年后，突然引起了世界上众多媒体的关注，称他为"英雄"、"南京的奥斯卡·辛德勒"，他，就是约翰·拉贝先生，一位在侵华日军制造南京大屠杀惨案的日子里，出任南京安全区国际委员会主席的德国商人。他以正义感和人道主义精神，在南京参与了反对日本法西斯暴行的斗争。这位可敬的国际友人，中国人民永远不会忘记他。

这位为挽救25万中国难民而殚精竭虑、不惜以身赴义的德国朋友拉贝先生，在中国做了如此惊天动地的义举后，默默地回到故乡，不事张扬地度过了自己贫困交加的晚年，于1950年逝世于柏林。

约翰·拉贝(1882－1950)，出生在德国汉堡。父亲是船长。拉贝早年丧父，因此初中毕业就离开了学校。他当了两年半的学徒，后来又在汉堡的一家出口商行当伙计，为时一年半。经老板推荐，他前往非洲东南部的葡萄牙殖民地莫桑比克，在洛伦索马贵斯(即现在的莫桑比克首都马普托)的一家享有盛名的英国公司工作。在那里他学会了一口纯正的英语。1906年，他因染上疟疾，不得不离开非洲回国。但是1908年他又离开了德国，这一次他踏上了前往北京的旅程。

约翰·拉贝在中国生活了30年，其中有20年住在北京。北京是他结婚成家立业的地方，漫漫的20年中，北京的大街小巷留下了他的足迹，而北京也给他留下美好和难忘的印象。他的儿子、女儿、外孙女都在中国出生长大。

一、电影《拉贝日记》轰动世界

电影《拉贝日记》是从人类的视角来关注南京大屠杀历史的一部力作，也是将一个遭遇了南京浩劫并承担起了拯救责任的外国人拉贝放在了历史焦点上的作品。这个新的思考和观察南京浩劫的角度其实是至关重要的，也是中华民族和人类共同记忆的发掘和打捞。

在这里，拉贝既是一个保持着人类的基本善良情感和对他人责任的人，也是一个中华民族在自己的历史中不应该被遗忘和不应该被淡化的人物。

二、拉贝在京生活20年

拉贝日记中的《南京日记》，真实地记载了1937年11月12日到1938年初日军在南京的残暴罪行，同时记下了他对中国、对中国人民无限深厚的感情。

《拉贝日记》总计20本，其中反映老北京历史风貌的记述有5本。在5本中，有4本约翰·拉贝定名为"我眼中的北京"，另1本是用"慈禧的最后诏书"定名。这5本日记记述了约翰·拉贝1908年至1930年在北京生活、居住和旅行的见闻，用文字和照片、图片反映了老北京的城市景象、社会生活、名胜古迹等。

拉贝日记北京卷封面

约翰·拉贝在北京漫漫的20年中，在他的日记中详尽地记载了清末民初北京的风土人情、自然景观、名胜古迹、时政要闻。约翰·拉贝以一个外国人的身份，以及其客观的眼光，真实地记载下 1908 年到 1923 年北京的历史状况，他摄取的史料和图片，没有一点儿自己的猜度和评论，全是取自生活，取自现实，全是原汁原味的第一手资料。由于没有肆意的歪曲和带着某种轻蔑态度的截取，所以日记的真实性是毋庸置疑的。

三、住过东城灯市口

1908 年 8 月 18 日，拉贝来到北京，次年 10 月 25 日，他同女友道拉在北京结婚。起初他在著名的“康采恩公司”——德国西门子驻京办事处担任会计兼任文书的工作，他的勤奋和才能很受上司赏识，很快就升任西门子驻北京代表处的负责人。1925 年，西门子公司在天津建造的自动电话局需要大批工作人员，西门子的北方总部就由北京迁到了天津，拉贝在天津工作了 6 年。

从 1931 年起，他担任西门子驻南京办事处经理，那时南京已经是中国的首都了。1938 年 3 月，西门子洋行将拉贝召回，把他调到西门子在柏林厂家的管理部门工作，自那以后再也没有对他委以重任。拉贝 65 岁退休，两年后去世，那是 1950 年 1 月 5 日。

据《拉贝传》记载，拉贝曾在 1911 年到东城“苏子胡同”应聘西门子公司职务，最终得到一个会计的职位。经考证，这里的苏子胡同就是苏州胡同，英语中误读之。

1913 年西门子驻京办事处搬到了灯市口(今北京灯市口大街 75 号)，公司在办公楼附近为拉贝盖了一所住宅，他受聘担任代表处销售经理。

1917 年北京发生张勋复辟帝制时，城区枪战不断，拉贝就曾在自己的家中收留了一大批难民，并为他们提供食宿返回动荡的故乡。

1918 年 11 月 11 日，德奥同盟国战败投降。拉贝和所有德国人一样被遣返回国。1919 年 3 月，他和妻子带着 8 岁和 2 岁的两个孩子，返回了德国汉堡。再系中国情结是 1921 年中德复交后，他又回到北京，出乎意料的是，他留下的房屋和财产，还是原封不动地保存在那里。这件事让他终身难忘。他逢人必讲中国人的善良。

拉贝在北京生活期间，只是一个普通外国职员，他的足迹可以深入到胡同深处，他的眼睛可以看到当时发生在北京的一切，这就保证了这部日记从市井到城郊，无所不至。又因为拉贝是一个外国人，当时在北京享有一些“洋人”的特权，一般北京人难以涉足的宫廷园囿、使馆禁区，他都能通行无阻，这就增加了日记反映的范围，比如当时中国人难以入内的景山、中南海和东交民巷使馆区等，在拉贝那里都留下了真实的图片。

出于对中国文化的热爱和对自己生活的记录，拉贝在工作之余，拍摄和收集了大量的照片和绘画，并对北京社会生活的方方面面以图片和文字的形式进行了详细的记载，为北京历史文化遗产研究提供了丰富的图片和文献档案。

五、不应被忘记的人物

拉贝的晚年十分凄凉，几度入狱。1950 年，也就是抗战胜利的第五个年头他就逝世了，当时无人知晓，没有任何形式的悼念活动，他的墓碑上也仅只书写下“一个好人，一个不屈的人，约翰拉贝”。他所做的、所写的、所成就的，几乎可以说是人类历史上最伟大的部分，但他从来没有认为自己是个英雄。

他临终这天的上午还在公司做零工。中午中风，被他的同事送回家，夜间与世长辞。他被安葬在夏腾堡公墓，为他送行的只有他的妻子、孩子和几个朋友。因为拉贝落葬的公墓已被关闭，中国政府为了纪念他，于 1997 年 5 月，由我国驻德使馆柏林办事处将他在柏林的墓碑运至南京，安放在侵华日军南京大屠杀遇难同胞纪念馆，使他得以魂归第二故乡。

是的，这是中国人民的敬意！对于一个反对战争、拯救过中国人生命的异国人，中国人民是永志不忘的！

第四章
日下往事

大蒋家胡同往事点滴

◘翟鸿起

2010 年 1 月，学苑出版社出版了拙作《老耄说贾》，书中记叙我 15 岁到 21 岁（1946.6－1952.11）在前门大街路东大蒋家胡同（今大江胡同）139 号天津百货售品所北平分所批发部 6 年的店员生活。使我没想到的是：2011 年，有两位女士通过这本书几经探寻，找到我家。

一位是当年天津国货售品所总所总经理、爱国商人宋则久（1867－1956）的重孙女宋女士。另一位是北京晚报城市发展部的叶女士，她的姥爷当年在大蒋家胡同开一个修理自行车的小铺，如今姥爷已故去，姥姥已是 91 岁的老人了。

时光流逝，两位女士的光临，使我记忆中的大蒋家胡同 65 年前的往事又重演了一遍。这 6 年多的店员生活正是我由少年过渡到青年阶段，也正好是解放前 3 年、解放后 3 年，当时的社会风情、商业概况、人情往来以及那条胡同里的贩夫走卒，呼之即显形同昨日。

抄手胡同的枪声

1947 年秋。售品所西橱窗正对着鲜鱼口抄手（今新潮）胡同，北口路东是一家山东饭庄，字号鸿庆楼。这是一家“冷庄子”，平时不卖散座，只应婚丧嫁娶、喜三满月、收徒拜师、寿诞庆宴。

这天正值良辰吉日，光婚事就有三档子。到了吉时，花轿执事忙活起来，吹鼓手、八面大鼓，快到落轿处时都敲了起来，震得橱窗的玻璃沙沙作响。隔着玻璃窗见到执事队伍中有两个人撕掳在一起。喜轿队伍过后，见胡同南口电线杆子下有一人倒在地上，大腿部鲜血浸透了裤子，人们围着观看，不知发生了什么事。有一人说：“还不赶快到段上报案去！”

事后才知道那个受伤的是某商号管账的，到银号提款。抢匪借锣鼓声打了一枪，此人身中一枪，钱被抢走了。几天来，大蒋家胡同的人们都在议论这件事，我这个目睹者也成了临时讲解员。

“爱喝不喝！就是凉水多！”

人们听到这个吆喝声，可能猜“是卖酒的？”真猜对啦！真是卖散酒小贩的吆喝声。

这可怪啦，应该是“卖酒的不说酒薄；卖瓜的不说瓜苦”啊！他怎么大声嚷嚷着“就是凉水多”呀？

在商店的6年里，几乎每天9点前后，由东往西走来一位40岁左右年纪，头发像一蓬乱草，身穿粗蓝布大褂，腰系褡包，前大襟掖在褡包里，绑腿，足下一双鞡鞋，两肩前后跨4个酒鳖子。这是一种特制的非金属的扁形酒壶，人们都管这酒器叫酒鳖子，因为那酒壶样子像是个大甲鱼，取了“鳖”字的音。

小贩走步不算潇洒，晃动着两臂，右手扣在耳朵上，半仰脸，止步高喊：“爱喝不喝，就是凉水多！”旁若无人，一路吆喝，往西走去。每次听到东边传来吆喝声，我必到门口看他走过去。当时我想，他卖的酒，究竟口头怎样？我们店有规矩，禁酒、禁烟、禁赌，我无权评论。可是我换了个想法：6年多，或许年头更长，若是根本没人买他的酒，他可就早改行啦，这也许就是答案。

“这儿还有俩咸鸭子儿啊!”

一位老汉手推双轮车,车上装两个筐,一个筐里是浅绿色外皮的腌鸭蛋,另一个筐装的旧报纸,老人卖鸭蛋,兼卖包装纸。一边推车一边吆喝:“我这儿还有俩咸鸭子儿啊!”“嘿! 薄的厚的!”走到肉铺门口方“嘿! 肥的瘦的!”老人家乐呵呵的,吆喝着往西去了。

“卖耗子——药!”

这个吆喝声中“子”字拉的是长声,尖嗓刺耳,听见这一嗓子,您再看他的那身打扮。头顶一个瓜皮帽,前开气儿的长袍,外罩马褂,脖颈后一根食指粗、一尺来长的小辫,花白头发,脸上皱纹一大堆,戴一副圆光直腿眼镜,两个大眼像对铃铛,脚下一双一道脸儿的半高靿皮靴,左手提一个两面开的郎中包,右手小指的指甲有一寸多长,护卫队扎煞着,一步一摇,走三四步,右手罩在耳朵上高喊一声:“卖耗子——药!”有人会问,他那耗子药管用吗? 回答说:“若没人买他的耗子药,他吃什么呀!”玩票? 我看不像。

大蒋家胡同里卖酒的、卖咸鸭子儿的和卖耗子药的,这“三大怪”就这么叫出了名。

“盲人”占卜卖“土”

1948 年初,一天晚 8 点,我在话匣子边,小声听当晚的剧场实况。朦胧中听到门外有当、当、当的打铜板的声音。”哎? 这不是算卦的过来了吗? 这大晚上的谁还算卦呀? 不行,我得出去看看,到底是怎么回事! 师兄刘士孝问我:“你要出去? 干吗?”“你没听见? 刚过去的不是算卦的吗?”

我俩从后门出去,是小蒋家胡同,往南看不远几步,一个向南走的盲人，右手拿马杆点着地，左手持一个木制吊槌儿，用手拨动小槌，打出当、当、当的清脆响声，缓步向南走着。我和刘师兄靠西墙根，蹑手蹑脚一步步跟在盲人身后。那盲人打着铜板走到前面路西一家门口，打铜板的点子开始变了节奏：当，当当，与此同时，路西一家好像有人开门插棍。这时刘师兄不知怎的咳了两声，还捂着嘴。几乎同时，铜板的节奏又变回原来的当、当、当了。那盲人也往南径直走了，西边的家门也没了声响。

我和刘师兄顺来路往回走。店的后门对着东墙有个巡警阁子，是值班人站岗用的。那时有几位老人原是“公议水会”的人员，有了消防队以后，老人中有的回家乡了，孤身老人由各商业联合会将他们组织起来按点值班。

老王头从阁子里走出来。“二位干吗去啦？快九点了吧，还不歇着去？”

“刚过去那瞎子是怎么回事？晚上会有人算卦？”

“哪儿啊！刚过去的根本不是瞎子，是卖‘土’的。”

“卖土？什么土？”

“快歇着去吧！管这事干吗！”

第二天下午，老王头值白班。

“昨晚上那算卦的，你说是卖土的？什么土啊？”

“土，就是烟土！”

“啊！大烟啊！”

“怎么啦？就是卖大烟的！”

“官家为什么不管呢？不是说严禁烟土吗？”

“你们哪知道这里边的事啊！真要是本段上查出贩毒的来，报上去，可就把自己的饭碗给砸了。上边不但不嘉奖，反说你平常不尽责任，按事故往上报，谁干那砸自己饭碗的事啊！真是的！哪说理去！”

老北京的商业广告

◇翟鸿起

1946 年初，北平市的商业出现了短暂的活跃局面，广告也随之而来的热闹起来。那时的广告有几种形式，广播电台的相声、评书、京剧清唱等节目直播，间歇时插播广告。由广告社在电台承揽时间段，再与演出节目的演员联系好，一般以一季度为一阶段。电影院幻灯广告是广告社负责制作出幻灯片，商家联系影院，安排日期、时间、次数，付款后返回看广告的影票数张。商店门前或公共场所设立大广告牌以及招幌式的小型广告牌，报纸版面广告，一般商家承担高额的制版费和出刊费有困难，较少见。我家住的六部口，就有家“徐阶元广告社”。

电台直播节目中插播广告，由演员播报，广告词直白得很，接近百姓生活，通俗有趣，今天听来颇有味道。

一、彩票广告词

高德明、绪德贵对口相声，由高德明播报。

身不动，膀不摇，坐在家里成富豪。您想发财吗？快到前门外大栅栏东口正通奖券行买彩票吧！每月开奖一次，那头奖正候着您哪！

二、亿兆百货店广告词

您要买羊肚手巾、洋胰子①请到亿兆百货店，他家货色齐全，备

① 羊肚手巾：老式毛巾就是块粗布。新生产的毛巾表面有线阁，形似羊肚，故名。洋胰子：即指中国生产的香皂。

有礼券[1],馈送亲友,特别方便。亿兆百货店的地址就在前门大街大蒋家胡同口外路东。

三、天和堂一品膏广告词

妇女月经不调,请贴天和堂的一品膏。天和堂就在前门外西河沿劝业场二楼,认准喽"天和堂一品膏",谨防假冒!

四、牙疼金鞭散广告词

牙疼不算病,疼起来真要命。快服牙疼金鞭散,立即止疼,立竿见影。牙疼金鞭散各大药房均有出售。

五、新茂隆牛角象牙店广告词

您要买牛角象牙制品吗?请到新茂隆牛角象牙店去买吧!新茂隆牛角象牙店的地址就在前门外西河沿东口,走完钢砖[2]马路,一抬头路南的二层小楼,那就是新茂隆牛角象牙店。

评书《聊斋》,赵英颇自己插播广告。

六、儿科良药"娃娃宁"广告

小孩有了病,大人心不静。要想病体好,快服"娃娃宁"。"娃娃宁"各大药店均有代售。

① 礼券:商号备好为方便顾客送礼、随份子,特制的有面值的凭单,大红卡片、烫金字,装在红封内,以现金兑出使用。

② 钢砖:即耐火砖。

七、催奶圣药寿星牌生乳灵广告词

小孩要是没有奶吃，实在太可怜啦！请赶快到大同药房买催奶圣药“寿星牌生乳灵”。大同药房的地址就在西单牌楼北大街路东，请认准门口的老寿星商标，谨防假冒。

××京剧团清唱京剧插播广告词。

八、骆驼牌爱耳染色(sè)广告词

您想染衣裳，请买骆驼牌爱耳染色。每袋能染白布五尺或旧衣裳一身儿。不掉色(shǐ)、不澥色。您记准喽骆驼牌爱耳染色，各大百货商店都有代售。

九、天坛门脸[1]顺昌隆绸布店广告词

买真丝的绸缎、被面，到煤市街顺昌隆绸缎店，品种多、图案全，顺昌隆绸缎店在前门外煤市街、施家胡同西口往南路西，认准喽天坛门脸，那就是顺昌隆绸缎店。

十、专治气臌水臌广告词

西单牌楼北大街义达里贤孝巷，著名中医满达元、满伯庐二位大夫，专治气臌、水臌，不吃白斋[2]，药到病除。

前门东车站广场南面东西向有个大面积的广告牌。印象最深的是上海

① 天坛门脸：用三合板做的祈年殿彩绘模型。

② 白斋：中医在治疗过程中，对某些病症饮食有忌口，如忌食盐，谓“白斋”。白：无咸味。斋：佛教中称素食为斋，及膳食别称。

梁新记牙刷厂的画面。

硕大的一把牙刷，一个卡通人手持一把大老虎钳子，夹住牙刷毛，用力地拔，那卡通人头顶画三个大大的惊叹号，广告牌下面横向偏斜有四个大字“一毛不拔”。

商号门前也有类似广告的幌子和招牌。前门外廊坊二条东口与珠宝市交叉路口东北，有一家镶牙馆。门口侧面悬挂一块二尺多宽、一米多长的木牌，刷白漆，两面都画一个老人头，张着大嘴，嘴里没有一颗牙齿，头顶上写大大的一个“镶”字，两面均看得见。一位妇女领着个四五岁的孩子路过店门，孩子指着广告牌问：“妈妈，这是干什么的？”

“镶牙的。”

“什么叫镶牙？”

“牙掉了，要镶上假牙。”

“那人是不是淘气，摔了一跤，把牙都磕掉啦？”

“……”

我所在的百货售品所，于1950年接待了上海某风雨衣厂的小开汤先生，为了在京推销风雨衣，汤先生与售品所合作在报纸上做了一次广告，颇有内涵。

当时的北京还没有这种风雨衣，知者甚少。上海产的这款风雨衣的商标是三个英文字母“ADK”，质量相当好，价格较高。就是因为策划了有内涵的广告，才产生了社会效应，打开了销路。当时有四家报纸刊载了风雨衣的广告。

画面上细雨濛濛。一对情侣，身穿ADK风雨衣，背向读者，挽臂闲步。从右上角向左下方，印有唐诗人张志和的《渔夫》诗句“斜风细雨不须归”，照应了产品，既有风也有雨。

老北京的乞讨群

◘翟鸿起

“乞丐”这个词是书面词汇，过去称乞丐为“要饭的”、“要饭花子”、“叫街的”、“要小钱的”、“要百家饭的”。那时的乞丐多是有组织的所谓职业乞丐，社会上的乞丐帮，各走各的道，互不相扰。

前门外大蒋家胡同自西口说起，往东近 200 米的地界，南北两侧就有商店 20 余家。每天上午糖市的摊贩一个挨一个，胡同东头有玄帝庙，那是南城纸烟集散地，商贾云集，人来人往，也是乞丐行乞的必行之路。

在商号门前的乞讨者有残疾人、老年人及妇女儿童，而经常光顾商号的相当一部分是中青年，他们的行动有规律，大约一星期到 10 天为一周期。每到商号门前便高喊一声“掌柜的(děi)，您发财哪！”各店专门备有零钱打发他们，不拘多少给点就行。老商号明文规定，只要有讨钱的都要给。经营者们认为你那店前乞讨者都不愿站下了，说明你那买卖哪还有人气啊！那可就快黄啦！

传说明朝开国皇帝朱元璋，年少时就曾乞讨过。乞丐帮认为他们的祖师爷是朱元璋，皇上！要饭的是受过皇封的，所以他来讨，你就得给，天经地义。有祖师爷不说，还有传承，乞丐帮也讲究收徒传艺。

在所有的乞讨方式中，莫过于写帖儿讨钱的方式最轻松，而且最能欺骗人了。1946 年后社会上乞讨者日益增多。就在鲜鱼口附近看到过一个老人和一妇女乞讨，而当我知道了他们的真情后，倍感惊讶，敢情都是骗人的。

一个老人，几乎天天在鲜鱼口内肉市北口外，一家关了张的小店门前，头枕半块砖头，面朝行人，躺在地上，且不时地哼哼哎呦的。一张旧纸铺在面前，上写他的两条腿受了伤，无以为生等等。一天傍晚我路过这里，只见那老人，起身后把地上的钱收进衣袋，卷起那张白帖，抖了抖身上的土，迈开两腿往胡同口外走去，腿脚那叫一个利索，比我走得不慢。

另一个乞讨者是一中年妇女，她的情形比那老汉还邪乎，若不是亲眼所见，真不敢相信。

鲜鱼口外便道上，一个中年女子，蓬头垢面，穿一身黑，半蹲半坐在地上，身前一张纸上写的比那老汉还可怜：父母双亡，遭人坑害，寻亲无着……手里拿着一块手绢，不时地擦着两眼，那张纸上已有人给了钱。

一天已近黄昏，我从鲜鱼口外都一处小馆门前走过，无意间往店里扫了一眼，突然感到饭座上有位似曾见过的人，于是我装作食客进店想看个究竟。只见那个妇女在小桌旁，低着头吃着炸三角。没错！就是那个在鲜鱼口外写帖讨钱的女人。

当时若不是亲眼得见，就是有人同我说，我都不会相信。哪能那么巧啊！有人会说：一个女人装作凄苦的样子，在大街上讨钱，哪个人拉得下脸来呀！碰到熟人咋办？一般人做不到，待一分钟都不可能。想到这儿我才明白啦，这种奇特的乞讨方式，正是利用人们的正常心态，诓来信任，自然产生可怜心，结果那写帖乞讨者便得以生存，而且较其他乞讨者活得更潇洒。乞讨成了一种行当，就是专业。怪不得几位师兄听我说了经过，他们异口同声地说："这有什么可奇怪的？人们甘心情愿上那个当，那不是活该吗？他们还以有善心自居哪！小师弟，你明白了吗？"

1947 年春，在一次庙会上，又见到了鲜为人知的乞讨者行乞方式，那叫新鲜邪门儿，也是女乞讨者。

距庙的山门一里来地，聚集几位中老年妇女，每人手拿一个自制布甩子，又叫布掸子。一根手工镟制的木杆，杆头有一圈小凹槽，用一尺见方的红、绿两块布，调着角搭在一起，取最中心点捆在木杆的一头，将线绳缠紧在凹槽处，然后反过来，就成了布掸子，用来掸去身上衣服外面的灰土。那时家家都有，就连瑞蚨祥绸布店，柜台上也论份卖掸子布。

这些妇女拿布掸子专为进香还愿者、逛庙的善男信女掸尘土，为你服务。说句现在时尚话，是被服务，不管你愿意与否。见你快走到庙门，跟在你身后，抬手就给你掸身上的尘土，然后紧跟你身后，口中默念着："结个善缘。顺顺当当的，硬硬朗朗的！”手背朝下伸在你面前。进香的人一般都知道，要点服务费，顺手给一点零钱，无多有少，她也不拘，给了钱她又去迎接另一位香客。

如有人跟她较劲，你自愿给我掸尘土，我说声谢谢就得了，为什么开口要钱，还说什么善缘，我看是钱缘！真要是这样，可得留神，她转身走时抡圆了布掸子把，说时迟那时快，“当”的一声你后腰眼就着实挨一下子打，也不算太疼。你想，刚开春，脱下棉袄，挨这么一下子，你回过头来，身后几位妇女若无其事，你也没看见是谁打的你，只好吃哑巴亏。

您猜怎么回事啊？我可看得真真切切。

那妇女在掸子把的另一头钻有一个小洞，拴一根约两米长的小线，线的那头拴一个中型茶杯口粗的厚铜钱。当她明白被服务的人不给钱，她拿紧木杆中间，抡起拴好的铜钱，朝你后腰打去，那叫一个准。

最最使人惨不忍睹是往腮帮子上楔钉子的乞讨者，这也是我亲眼得见。

我所在的商店东边，有一家唯一食品作坊，做批发买卖。那日来了个青年乞讨的。真巧，店内没有准备零钱，那乞讨者便在门口打板唱起来。

“掌柜的，财源茂盛啊！竹板打抬头看，掌柜的开的是食品店，有面包糖果和饼干……”

年轻的店伙计冲他说：“没零钱，赶下家吧！”

“掌柜的没零钱，块儿八毛的不新鲜……”

“别唱啦，掌柜的没在家！”

“您说掌柜的没在家，您拿大票给我花……”

“快赶下家吧！”

乞讨者一听，有点火啦！把板子收起来，从怀里拿出一个小铁锤和一个铁钉子。

店里年长的伙计看见乞讨者拿出那两样东西，知道要麻烦。赶紧从柜子里拿出了一千法币，递给那乞讨者。不料他嫌少“回回手吧您哪！”什么意思呢？让你回手再添点。年轻的店伙计看见后，心想“你还嫌少！”说：“就这些，爱要不要！”

乞讨者也恼火了,便使出了他的撒手锏。说时迟那时快,他右手拿着钉子往左腮上一捅,把脸贴到了门框上,只听"当"的一声,他用榔头把自己的左脸钉在门框上了。街上的行人过来好几位看热闹,还真有没开过眼的。一会儿工夫又有好几位围在了店门口,门框上钉着这么一位,这买卖还怎么做。

正这时候,对过儿厚德生油盐店的大伙计老贾跑过来,分开人群,冲着店里那二位大声喊:"这是怎么回事啊? 这买卖还做不做。"说完从柜台里头拿了五千块,冲着乞讨者说:"得咧,快赶下家吧!"这才解了围。

事后老贾说:"你们当他真的往腮帮子上钉啊! 那儿原来就有个小窟窿!"

孩子发型父母心

◘崔普权

在清代,民间幼童自3岁起开始留发,其发式多是融祝愿性与戏谑性于一体而内容寓意丰富的发型。

20世纪20、30年代,北京十分流行一首儿歌:“小小子儿,坐门墩儿,哭着喊着要媳妇儿,要媳妇干啥?点灯说话儿,吹灯做伴儿,明早儿给我梳小辫儿。”这一时期的孩童辫型,大多是整个剃光,只在脑后脖梗处留一撮头发,发长一寸半左右,一般不系小辫。但留的长些了,则梳上一个很细、有三四寸长的辫子,扎上红头绳儿,以红色辟邪而称为“鬼见愁”,俗称“小辫留儿”。传说如有邪魔想把小孩摄走,家里人只需抓住他的小辫便可平安无事。此种说法是与当时人们迷信的观念分不开的。

儿童发型的名称是颇具祝愿性的,如在脑顶中间与左右两侧各留一小块头发,谓之“三星”,指福、禄、寿三星;若在脑后也有一撮头发,则称为“四喜”,指福、禄、寿、喜。

发型中也有纯趣味型的:如在头的两侧各留一块头发(约三四寸长),用头绳松松地扎起来,名为“拨浪鼓”;有的在脑顶正中留一块头发,梳理成一个冲天锥形的小辫,谓之“朝天杵”,俗称“蜡头儿”,意为蜡头短,会很快燃尽,长大了就可以不“顶灯”——不怕老婆。旧时相传惧内者常顶灯,即妻子罚丈夫跪在地下,头顶烛台或油灯。油尽灯灭之后才准起来,辖制不许乱动。其实把小孩的这种发型称为“蜡头儿”,并非是要灌输什么思想,倒是大人为了取笑而已,如老人以此戏语寻家庭中的欢乐,或年轻夫妻以此开玩笑、打哑谜。

有的小孩在脑顶左右并排留两小撮头发(约三寸来长),各梳一支小辫儿,形成一对“朝天杵”,好像寺庙前的旗杆,此种发型若男童梳则称为

"天齐庙",若女童梳则称为"娘娘庙",意为让天齐大帝或碧霞元君保佑小孩没灾没病地健康成长,实为一种希望。

早时的人对自己的子孙多爱起贱名,如"小臭子"、"屎蛋"、"狗娃"等,并认为由此可降低小孩的身价,不被邪魔看中摄走而又能够"好养活",这种说法同样在孩童的发型上也有表现:在孩童的头上留一些短发,因像马桶盖子,故而此种发型俗称"马子盖",此名虽听着不大雅观,却是长辈人对晚辈人的一种爱护。

有的人家则是给孩童的头上留个"红顶子",其实就是较"马子盖"长些的散发,犹如戴了早时清廷官员的帽缨子,以此希望孩童有出息。

在前月亮门留一长形的头发,谓之"马鬃",以示孩童像马匹一样地健壮;此外还有喻义儿童活泼、健康的发型,如"歪毛"、"淘气"等。这些发型如今在农村还可以看到,"朝天杵"和"天齐庙"式的发型在城市的幼儿园也还可以看到,只是如今人们梳理这种头型只是随心所欲而已,全然不问或不知其中的寓意是什么啦。

在北京的古文化街琉璃厂有一家专门制作胎发笔的笔店,是将婴儿出生后在满月时所剃的第一次头发(因出生时就有稀疏的头发而称为胎发)精制成毛笔,此笔的毛发太软,并不能使用,只是为了留个纪念而已。

在清代,有钱人家为孩童剃满月胎发是极隆重的事,同时也是"办满月"的一项重要程序。要专门请来剃头的师傅,剃头时还要点燃"状元红"的蜡烛,桌面上要铺红桌布,放置寿桃、寿面等物品。剃头时还要边剃边唱:"一进大门步步宽,脚上踩着紫金砖,紫金砖上生莲子,莲子上面落凤凰,凤凰不落无宝地,状元定出在你府上……"剃胎发往往不全部剃光,而是在脑顶面门处留一寸见方的头发不剃,称为"孝顺发","百岁发",实为保护面门。

古语道"身体发肤,受之父母,不敢毁伤",旧时剃下的胎毛也是要慎重处理的,有的结成毛团,交由母亲保管;有的送进自家的家族祠堂;有的用红布包裹送至娘娘庙(取保佑长生之意)。随着科学的发达,人们移风易俗,对胎发也采取了新的保管方法,制成胎发笔不失为一种好方法,待孩童长大成人之后,将这只有特殊意义的笔交给他,不是很有意义的一件事吗?

兜肚

崔普权

兜肚，是一种贴身的、护住胸部和腹部的菱形的布巾，用带子套在脖子上，布的左右两角钉有系往背后的带子。正宗的兜肚绘有蛙的图案，因为蛙的图腾是女娲氏部落的标志，用五彩线绣出蛙的图案的兜肚和耳枕是送孩童出生、满月的礼品，很受人欢迎，既美观又具有实用性，可谓是保健型的护身符。兜肚在不同的地区有不同的叫法，如肚兜兜、裹肚、蛤蟆兜、肚褡等。

山西、陕西等地区，兜肚几乎是人们一生的陪伴物，夏季老年妇女有的身着兜肚在自家院中做活计，甚至死后还以兜肚做最贴身的衣物。

在山东，民间的儿童兜肚上，用七彩线绣上五种虫蛰儿：蛇、蜈蚣、黄蜂、蝎子和龙。意为这五种动物能辟邪驱虫。据说这种兜肚在农历五月初五端午节时给孩子们带上最灵验。

在漫长的历史时期里，兜肚始终没有离开我们，但在不同的政治气候下，兜肚上刺绣的内容在不断地变化着：义和团的兜肚上绣着“抗洋反夷”、“刀枪不入”。日伪时期的兜肚上绣有“平平安安”的字样和蝙蝠图案。1949年以后，少年的兜肚出现了“努力学本领”、“抗美援朝”的字样，在这之后又相继出现了“人民公社好”、“我是大寨娃”等政治性极强的文字图样。

兜肚自婴儿满月起就系在婴儿的身上，这时的兜肚大都是亲友们作为贺礼赠送的。我国南方一般带到五六岁，北京则时间更长些，有的地方（如山西、陕西的农村）则终生佩戴。一些地方新郎新娘结婚时还特意要穿上平时已经不穿了的红兜肚，以示吉祥、迎瑞避邪。在陕西临潼、骊山一带，这种兜肚是终生的服饰，直至死后入殓，最贴身的衣物还是兜肚。

据民俗学者考察，挂肚兜的风俗起源十分久远，这种兜肚系在人身上的形状，很像一只青蛙伸展四肢抱住人体。这恰恰反映了远古时代女娲蛙图腾为保护神的一种崇拜和信仰。所以时至今日，不少兜肚上的绣花图案还是青蛙。在民间把它作为实用性服饰后，青蛙的图案则成为了民间工艺刺绣艺术的一种表现方式，只是为了美观而已，这是因为许多人已忘记了关于蛙图腾作为保护神的说法和寓意。

今天的兜肚，刺绣的图样很多；大红牡丹以寓孩子富贵荣华；鲤鱼跃龙门以寓孩子出人头地；蛟龙出海以寓孩子事业有成……

进入20世纪90年代，随着服饰的发展和时代的进步，今天只有较偏僻的农村尚保留这种兜肚的穿着，一般的民间已不再穿兜肚了。而兜肚则以演出服的形式出现在舞台上，借以突出节目的地域性和民间喜闻乐见的轻松活泼及喜悦。更有一种做工精美的兜肚作为旅游工艺品登上了大雅之堂，深受国内外游客的喜爱和欢迎。在山东泰山、陕西骊山、山西云岗等旅游景点的摊位上，琳琅满目，五彩缤纷地张挂着绣有各色图案的红兜肚，这些出自民间、乡间艺术家的手制工艺品。受到外国游客的围观和赞许，并买回去馈赠友人，兜肚从而走出了国门。制作者在丰富旅游商品的同时，也从中得到了那绣在兜肚上的企盼着的“生活美满”、“富裕吉祥”。

旧京饭馆话走堂儿

◘崔普权

如今饭馆的店堂服务人员多被称为服务员（生）或小姐。而旧时，饭馆中的服务员被称为堂倌、走堂儿和跑堂儿的。您可别小看这跑堂儿的，俗话说：“饭庄分两半，跑堂与红案。”您瞧，一个好堂倌快顶饭馆的半个买卖啦。这个行当要的是心快、眼快、手脚快，嘴得会说话，能言善哄，动作要干净利索，不能让吃主空着肚子走，非得把兜儿里的钱掏出来，否则不算完。有经验的堂倌会来事，懂的礼节多，应酬周全，尤其是那鸣堂叫菜和口念唱账的功夫就像饭馆中的交响乐。

这鸣堂叫菜有很多的讲究和学问，其顺序先后可分为六种：

一、引客鸣堂。见食客登门，满面春风地迎上去接引，根据经验和食客的要求，介绍本店的拿手菜、风味菜，有意识地刺激来客的食欲，使之坚定在此就餐的决心，并引导到适当的位置上就座。

二、介绍鸣堂。送上茶水、手巾把儿（如有儿童还得送上玩具），在本来很干净的桌面上继续擦拭着，同时有针对性地给顾客介绍菜肴和酒馔，此时以鸣代步地把顾客订下的菜单，一一唱付给后灶的红案厨师，其声音高昂清脆，字眼清楚，尾音长甜，在鸣堂中显出自己的热情。

三、应允鸣堂。此为后灶厨师的鸣唱，多用内行语言（如客人要用鸡，恰好后灶无货，此时不便用明言鸣堂），后灶接前堂鸣堂叫菜后，根据手边的材料和贮藏原料，针对顾客所需菜肴的有无，用后灶特有的声腔回付告之前堂，以便准备和更换其他菜点。

四、吆喝鸣堂。厨师将菜烧好，立刻唤前面的堂倌来端菜，在鸣唱中要说清上菜的顺序、摆放的要求（如鱼头冲主客、鸡头不呈女宾等等），并说明“单上”、“双上”、“分上”：如香酥鸡，将蘸料放在主菜旁为“单上”；拔丝山药，同时上一碗涮筷清水为“分上”；如浇汁锅巴，将炸好的锅巴与浇汁分上到桌面再合为一起为“双上”。

五、结算鸣堂。在算账时，当着食主的面，不用算盘，不用笔，先唱菜名、尺寸（指菜碟的直径尺寸，以说明菜量），再唱酒水、主食和汤，除店家赠菜（旧时多有赠小菜的习惯，以显店家的诚意，如花椒油小菜、醋蒸绿豆芽等以调剂口味，需事先说明）不唱账外，都逐一报出价钱，并算出总数，还要把顾客的给钱数和找回的钱数一并唱出，做到心明眼亮，接受顾客、厨师、钱柜三者的监督，以显示公正无私，无暗送人情和私下有交的嫌疑。此为鸣堂最精彩处。

六、送客鸣堂。在送上牙签、漱口水、辅助儿童着衣后，同时唱出客套话：“几位您走好，今个儿您在这儿赏光使小店敝舍生辉，还望今后您多照应，祝您的宝号日进斗金。”此时也有一种低语音，如：“不知您老口轻，鱼偏重了，下次您来时一准让您满意。”顾客付小费亦多在这时，需用喜悦的高语音唱出：“某某爷会过了，费赏多少多少。”钱柜需同时鸣唱：“谢过了，走好您哪儿！”以示小费虽不入账，但数人匀摊。

鸣堂是一门学问。除上所述，还有许多忌讳的语言，如：要饭需说添饭（以避乞丐），舌头需说口条（以避嚼舌头）等等；如果来的食主是常客，已经熟悉其口味，再鸣堂时多有关照的意思：“拌凉皮一道七寸，拉薄剁窄双份芥菜，抻面一碗，多搭两扣走细条……”使顾客听着亲切舒服；如上菜时间长而引起顾客不满，则说：“火候不够，不能给您呈上来，您是讲究的吃主，想必为了口儿正，能多担待点，我这就到后面给您再催催。”如果顾客要的鸡无货，则格外殷勤地小声说：“您是老主顾，我不能蒙您，照直跟您说，鸡是有，可个儿太小，做香酥肉发柴不对您的口味，昨儿个刚进的塘沽海蟹真肥真叫鲜，您合计合计，不行就换一换。”

堂倌鸣堂是从推销揽客、售菜结账、服务收益总过程的一种形式的体现。鸣堂的吆喝还显出了生意的红火，起到了招徕顾客的作用。难怪在清代书籍《都门纪略》中有如下赘述：“走堂，市井茶馆酒肆，俗尚年轻，向客旁立，报菜名至数十种之多，字眼清楚，不乱话，不粘牙，堂内一喊，能令四座皆惊……”

两绘梅兰图

◘崔普权

在北京东单附近的一座小二楼的居室里，一幅张大千先生所作的“梅兰图”，格外引人注意。画的主人，著名京剧表演艺术家、梅兰芳剧团团长梅葆玖先生向我介绍了这幅画的来历。

1948 年 8 月，张大千应邀前往印度国际大学讲学，途经上海，适逢梅兰芳先生率团在此演出，张大千、梅兰芳、谢稚柳三人相聚于著名画家吴湖帆先生的画室，品茗雅谈之际，兴致很高，遂合作了一幅梅兰图和《浣溪沙》词一首，以赞梅先生在抗战期间，蓄须明志，拒绝为日寇演出的民族气节。词中写道：“试粉梅稍有月知，兰风清露洒幽姿；江南长是好春时。珍重清歌陈族落，定场声里动芳菲，丹青象笔妙新词。”

可惜这幅画早已遗失，为此梅葆玖先生常叹息不止。1981 年，梅葆玖先生托友人转请大千先生复绘“梅兰图”。大千先生念及梅兰芳已仙逝长眠，十分哀痛，尤其是当他看了葆玖演出梅派剧目的戏单和录像带之后，更为思念故人。同时也为葆玖姐弟能够继承父业、弘扬国粹而喜悦。

葆玖先生完成演出返回北京后，得知大千先生欲索要他的戏装和便装照片，就各择两张满意的呈寄大千先生，此后不久，他便收到了大千先生寄自宝岛的复绘“梅兰图”，此幅宽近二尺、长三尺许的“梅兰图”，左绘一枝高洁淡雅、芬芳若漾的梅花，右画一束挺拔秀丽、青翠欲滴的幽兰，右上部就是前面提及的那首《浣溪沙》。大千先生在复绘的“梅兰图”上，题写了长达百余字的跋：“三十三年前，在海上与朋辈弄笔为欢笑。湖帆先撇幽兰一握，畹华（即梅兰芳）为补梅花，乃索予倚小令题之，稚柳且为予点易数字，畹华携归缀玉轩（梅兰芳的斋号）。顷者，其公子葆玖莅香江，云此画已成陈迹，不在人间矣；其尊人与湖帆俱相继弃世，倩友人要为补写。葆玖孝思如此，畹华当含笑九泉，而予车过腹痛，老泪纵横矣！”

百字题跋，追昔抚今，情深意切，感慨万千。这幅画凝结着张大千先生与梅氏父子的半世友情。葆玖先生视此为至宝，于今不舍装裱成轴，偶置于框中拜读而追思遥想。1993 年，梅葆玖先生赴台进行文化交流和京剧演出，总算有机会相谢了，然而大千居士已驾鹤西游十年矣。葆玖先生说：“我与姐姐在大千先生安息的摩耶精舍之梅亭敬献了一束鲜花，深躬到底，遥寄大师的冥福，不禁浮想联翩，往事尽涌心头……”

京师骆驼运输忙

◘崔普权

被誉为“沙漠之舟”的骆驼，以其体壮力大、性情温和、驮重量大、耐饥饿、善行走等特点，很早就被人们驯化为古时的运输工具。

“无数铃声遥过碛，应驮白练到安西”，这是唐代著名诗人张籍笔下所描写的古“丝绸之路”上骆驼队过沙漠的动人情景。与此同时，北京也有了数量可观的作为运输工具和输送商家货源的骆驼队。史载：安禄山叛乱时，就是用骆驼运送物资的。到了元代，北京还出现了骆驼市和骆驼车，元代诗人乃贤这样描述由骆驼拉的车：“翠幰金车锦骆驼，芙蓉绣褥载双娥。”据《燕都杂记》记载“金宣宗南迁骆驼三千送犀玉于汴京”，汴京即今河南开封市，可见当时北京的骆驼已支援外埠驭用。此外在以后的《明景帝实录》、《同治都门纪略》、《京华百二竹枝词》等史籍中，都记录有京城骆驼送货的文字。

外埠回来的骆驼运回来大多是煤炭、水果、山货、皮毛等，而出京的骆驼则根据所去地域的不同需要而区别驮货，如煤油、盐、布匹、药材、茶叶、粮食等。起止处大都是两地的外馆或货物集散处，如安定门外西黄寺的外馆、通县的张家湾码头及粮食店、果子市、磁器口等货物集散处。

北京地区的骆驼有一定的地域性，集中在城外西侧，东至阜成门，西到永定河，北到玉泉山，南到卢沟桥的广大地区里，旧时几乎村村庄庄都养骆驼。其中尤以衙门口、北辛安、模式口、麻峪、三家店等地更为集中，很像今天兴起的“专业村”，最多的村庄有1000多头骆驼，最富的骆户有20把骆驼（每把为7头）。有人计算过说：如把当时北京的骆驼，一头连一头地排成队，能绕北京城（指二环）转三个圈。这是否可信不得而知，但有一旧景是真的：由外埠归来的骆驼在伫立等待开城门时，常常会排出十几里远，犹如一道长城，十分壮观！当城门一开，驼铃齐鸣，叮咚作响，步入内城，在大街小巷中行人和车辆也不得不为它让路。进入民国以后，此景依旧，为此警察厅曾专门规定："骆驼以三头为一组，不得队队相连。"后来因有了铁路和载重汽车，此景渐消。

生活在都市中的千家万户，家家都离不开用量很大的煤。京西的门头沟出煤，其时有大小不规范各式煤窑300多个，它们生产出来的煤，绝大多数是由骆驼运送出来，供北京的居民和工厂使用。据华学澜的《庚子日记》记载"10月16日记云：卸煤十四骆驼共五千六百十斤"，由此可见，每头骆驼的驮量为400斤。尽管科学技术已经发展到能使人类翱翔太空的先进领域，现代化的交通工具也在日新月异地变化着，但人们应该记住，在北京城的发展史上，骆驼曾做过巨大的贡献。

驮运的骆驼多为骟驼，也就是去势后的公驼，其体格及力气都超过公驼，且性情温顺。公驼俗称儿驼，性情浮躁，行进途中常引颈长鸣，声彻数里。赶路驼的驼户颇为顾忌公驼的鸣叫，害怕因此而招来劫匪。故而多用骟驼。行进中，领头的骆驼往往是驼队的先导，接下是一只又一只地分别用一根缰绳作牵引，拉骆驼的把式骑在领头的骆驼背上，眼看前方，耳听后方。把式只要听不到最后那只骆驼的铃声就可以判定是骆驼队出现了意外情况：不是缰绳断了，就是遇上了劫匪。因而每把骆驼中最后一只骆驼脖颈上的铜铃称作"报安铃"。

跑长途运输的驼帮通常为了防止劫匪而成帮结伙而行，多时人员逾百骆驼近千只。按队伍的排列，第一组叫锅头（亦称大头），负责途中休息宿舍，生火做饭；第二组叫水头（亦称二头），负责打水、炊茶、准备干粮；其余的为拉列子，是驼队中的普通驼夫，不仅负责拉骆驼，还负责拾粪、捡柴、值夜、放牧等事宜，成天忙忙碌碌，不得稍有歇息。

骆驼怕热，夏天一般都被骆驼的饲养者送到口外放青（北京的骆驼多到居庸关、古北口一带），时间40天左右。放青回来的骆驼已蜕过毛，膘肥力壮。秋风一起，正好开始运煤。

骆驼老了往往被卖到汤锅（专门宰杀大牲畜卖熟肉的铺子）中宰杀，这从感情上来说，未免是有些残忍了。采访中石景山区麻峪村的一位老驼户仍对他的骆驼最终的下场而垂泪，"只是当时生活所迫而不得不走此下策"。

从“九九歌”到“九九消寒图”

◘李松龄

古时，我国将每年夏至后的八十一天及冬至后的八十一天，各分为九个段落，每一段落为九天，分别称作“夏九九”及“冬九九”，并按次序定名为“头九、二九、三九……九九。”九尽寒尽，伏尽热尽。现在人们通常所说的“九九”是指“冬九九”，故有“数九寒天”之说。

冬至是由天文节气演变成的传统节日，亦称冬节、长至节、贺冬节、亚岁等。古代的冬至节习俗，上起百官朝贺，吉服放假，红笺互拜，下至百业停工，相互宴请，馈赠礼品，“一如元旦”（明刘侗《帝京景物略》），俗有“冬至大如年”之谚。其中习俗之一，就是从这天开始数九。

关于数九的习俗，究竟起源于何时，迄今尚未见到确切的文字记载。但我们从敦煌汉简和居延汉简中，却发现有“九九”的残文。虽然这与数九习俗，未必有必然的联系，但起码说明当时人们已有“九九”的说法了。我们现在见到记载数九文字最早的书，是公元550年梁朝宗懔所著《荆楚岁时记》，书中有“俗用冬至日数及九九八十一日，为寒尽”之句。

据史籍记载和各地民俗志书所见，从长江南北到黄河上下各地都有数九之说，只是同中有异，版本不一。在我国北方流传最广的一首是：一九二九不出手，三九四九冰上走，五九六九沿河看柳，七九河开八九雁来，九九加一九，耕牛遍地走。三言两语就把节气的寒冷程度与自然景物的变化关系说清了，歌词朗朗上口，便于流传记忆。

而在南方则根据当地的气候特点，另有说法。浙江一带流传的是：一九二九，相呼不出手；三九二十七，篱头吹筚篥；四九三十六，夜宿如露宿；五九四十五，穷汉街头舞；不要舞、不要舞，还有春寒四十五；六九五十四，苍蝇躲层次；七九六十三，布衲两肩摊；八九七十二，猪狗躺海地；九九八十一，穷汉受罪毕；刚要伸懒腰，蚊蝇虼蚤出。

《帝京景物略·春场》中说：一九二九，相唤不出手。三九二十七，篱头吹觱篥。四九三十六，夜眠如露宿。五九四十五，家家推盐虎。六九五十四，口中呬暖气。七九六十三，行人把衣单，八九七十二，猫狗寻阴地。九九八十一，穷汉受罪毕。才要伸脚睡，蚊虫獦蚤出。

江苏常州等吴文化地区流传的是：头九二九，相逢不出手；三九四九，冻得索索抖；五九四十五，穷汉街上舞；六九五十四，蚊蝇叫吱吱；七九六十三，行人着衣单；八九七十二，赤脚踩烂泥；九九八十一，花开添绿叶。

江苏丹阳地区为：头九二九不出手，三九四九冰上走，五九中心腊，河里冻死连毛鸭，六九河边看柳，七九六十三，路上行人把衣单，八九七十二，猫狗喜荫地，九九八十一，送饭地里吃（意即农忙了）。

总之，这些不同时期、不同地域的九九歌，虽然说法不尽相同，但都离不开对冬去春来季节交替变化和耕作、生活情景的描绘，巧妙地利用自然界的一些生态反映和天气征兆，表明了冬九九中的气候变化发展规律。既可以判断寒暑更迭信息、农耕的时令以及在生产、生活上如何适应的要求，又可以满足人们对民俗文化娱乐审美的精神需要。

随着岁月的流逝，在民间又产生了“九九消寒”的习俗。而且这种习俗愈来愈丰富多彩，形式也不断翻新。我国最早有“画九”之法。相传南宋爱国志士文天祥被元军押到京城，时值冬至日，他在狱中面对冬季凛冽寒风的考验，胸怀着“人生自古谁无死”的大无畏精神，在狱中的墙壁上画了一株红梅，共有九枝，每枝九蕾，每天将一蕾改缀成花，九九八十一天画满九九八十一朵花，既计算着被囚的时日，又表达了自己凌霜傲雪的英雄气概，寒消之日，慷慨就义。后人为了纪念这位可歌可泣的民族英雄，依据文天祥的意趣，逐渐演变成了不同版本的消寒图。最有代表性的当是刘侗在《帝京景物略·春场》中说的那种：“日冬至，画素梅一枝，为瓣八十有一。日染一瓣，瓣尽而九九出，则春深矣。曰‘九九消寒图’。”更有韵致的是，斯时妇女晓妆染梅，明人杨允孚《滦京杂咏一百首》咏及此俗，其自注云：“冬至后，贴梅花一枝于窗间，佳人晓妆，日以胭脂日图一圈，八十一圈既足，变作杏花，即暖回矣。”所以杨氏诗以咏之：试数窗间九九图，余寒消尽暖回初。梅花点遍无余白，看到今朝是杏株（见《日下旧闻考》）。

清朝入主中原，定都北京之后，随着满汉文化的日益融合，作为填写“九九消寒图”这种岁时风俗，在宫廷中颇为盛行。据清吴振棫所著《养吉斋丛录》记载：“道光初年，御制‘九九消寒图’，用‘亭前垂柳珍重待春风’九字，字皆九笔也。懋勤殿双钩成幅，题曰‘管城春满’。内直翰林诸臣，每年冬季都要填写这种九九消寒图。”先由宫中懋勤殿制成待填描写的消寒图。该图四周采用木框插榫而成，并裱以纸绫。其“亭前垂柳珍重待春风”九字，寓迎春之意。每年冬至节前挂在室内，届时由室主人从头九第一天开始填起，逐日填廓，每字九笔，每天一笔，每填写完一字便过一九，句成而九九八十一天尽。图上所注“管城春满”四字。据韩愈《毛颖传》解释：笔受封于管，号“管城子”。“管城子”乃笔之别称，寓笔成春满庭之意。

人们创作了很多这种词句，如：“故城秋荒屏栏树枯荣”、“庭前春幽挟草巷重茵”、“亭前屋後看劲柏峰骨”等字样，也凑成八十一笔，只是用字笔画略作繁减，每日一笔，即可完成一幅消寒图。最雅致的是作九体对联，如上联为：柔柳轻盈香茗贺春临，下联是：幽柏玲珑浓荫送秋残。上联写有“春泉垂春柳春染春美”；下联对以“秋院挂秋柿秋送秋香”；每联九字，每字九画，每天一幅在上下联各填一笔，冬尽联成，称为九九消寒迎春联。

后来觉得每天简单描写一笔，意犹未尽，便在写完当日一笔后，再用其他色笔，在笔画上记录当日的晴阴冷暖。像“亭前垂柳珍重待春风”一幅，“亭”字的第一笔上写的是“今日风”；第二笔上记的是“晴暖有风日也”；第三笔上填有三字“晴暖日”；第四笔上则是“早晴晚阴”；第五笔上又是“晴暖日”……但后来所记内容更为详细，如“春前庭柏风送香盈室”一幅，在墨笔画上，用白色细笔填写当日天气情况。春字的第三笔“终日凉风侵入皮肤如刀刺”，在其他笔画中见有“清晨阴冷过午后方见日、祭灶天凉糖瓜入市、腊月正当廿四日天光阴冷万象将更新、午后起寒风尘沙扑面日”的内容，但也有“万寿无疆”“浪费笔墨今日休”超出记载天气意义的字样。总之每日记载详略，要视当日笔画长短而定。因此，当一幅“消寒图”填完之后，则成了是年冬季天气情况的档案记录。“每岁相沿，遂成故事。”（吴振棫《养吉斋丛录》）

清代流行填写消寒诗图

◘ 李松龄

迨至明清之际，流行填写消寒诗图。关于消寒诗图，目前见诸文字记载的是明代刘若愚的《明宫史》，其中提到宫中年年都要由司礼监刷印“九九消寒”诗图，“每九诗四句，自‘一九初寒总是冬’始，至‘日月星辰不住忙’止”。并说此制亦“不知缘何相传，年久遵而不改”。可惜他没有把诗全记下来，他认为是瞽词俚语之类，“非词臣应制所作，又非御制”，不值得记，“其实这正是风俗志中的好材料，由‘一九’说到‘九九’，可能都有些具体内容的”①。说到司礼监刷印九九消寒诗图，我们在《清代文书档案图鉴》书中，见到一块清代刷印九九消寒图的印版，上书：津飛紅苑流香春送風(见下图)。

宫廷刷印消寒图的印版

① 邓云乡：《燕京乡土记》，上海文化出版社，1986年版。

在清朝道光年间，山东潍坊有位名叫王之瀚的文人，在前人的基础上，写就了一首“九九消寒图”诗，加以形象、生动的景物描写，把当地气候变化情况及风俗刻画得淋漓尽致，堪称“九九歌”的佳作。诗云：“一九冬至一阳生，万物自始渐勾萌，莫道隆冬无好景，山川草木玉妆成。二九七日是小寒，田间休息掩紫关，千家共盈享年福，预计来年春不困。三九严寒水结冰，钓罢归来蓑笠翁，虽无双鲤换新酒，且见床头樽不空。四九雪铺满地平，溯风冽冽起新晴，朱绨公子休嫌冷，总有樵夫赤足行。五九元旦一岁周，茗香酿酒答钟麻，太平天子朝元日，万国衣冠拜冕旒。六九上元佳景多，满城灯火迎星河，寻常巷陌皆车马，到处笙歌表太和。七九至数六十三，堤边杨柳若含烟，红梅几点传春讯，不待东风二月天。八九风和日日迟，名花先发向阳枝，即今河畔冰开日，又是渔翁垂钓时。九九鸟啼上苑东，青春草色含烟蒙，老农教子耕宜早，二月中天起卧龙。”这首九九消寒诗不仅介绍了节段的气候特点，还叙述了民情风俗及农事活动，被世人称之为农村的“数九科教诗”。

在中国第一历史档案馆所藏的宫中杂档中，有一幅《消寒诗图》，使用年代不详。全图每九诗四句，共三十六句，共计252个字，特引述诗文如下：

头九初寒才是冬，三皇治世万物生，尧汤舜禹传桀事，武王伐纣列国分。
二九朔风冷难当，临潼斗宝各逞强，王翦一怒(怒)平六国，一统江山秦始皇。
三九纷纷降雪霜，斩蛇起义汉刘邦，霸王力举千斤鼎，弃职归山张子房。
四九滴水冻成冰，青梅煮酒论英雄，孙权独占江南地，鼎足三分属晋公。
五九迎春地气通，红拂私奔出深宫，英雄奇遇张忠俭，李渊出现太原城。
六九春分天渐长，咬金聚会在瓦岗，茂公又把江山定，秦琼敬德保唐王。
七九南来雁北飞，探母回令是彦辉，黄夜母子得相会，相会不该转回归。
八九河开绿水流，洪武永乐南北游，伯温辞朝归山去，崇祯无福天下丢。
九九八十一日完，闯王造反到顺天，三桂令兵下南去，我国大清坐金銮。

消寒图：雁南飞哉柳芽待春来

在这首“九九消寒诗图”中，从远古的“三皇治世”，到“大清坐金銮”，提到了我国几千年历史长河中的一些重大事件，时空跨度大，内容丰富，读来耐人寻味。在这幅诗图中，诗句又交叉双环绕的葫芦形，围绕着“雁南飛哉(栽)柳芽待春來”九个字转写下来，每字亦均为九笔，每日一笔，“九九八十一日尽”。消寒诗图每年逢冬至之前，便挂在宫廷的居室中，是一种用文字笔墨来娱乐计时消遣之作。

单士元先生在《小朝廷时代的溥仪》一书中，也介绍了溥仪在小朝廷时期使用过的两首消寒诗。然美中不足的是该书未收入这两首诗的图样，而且文字经与原图核对，亦发现有所出入。现将该诗图文抄录于次。

寒梅吐玉

头九初寒才是冬，武昌起义黎颂(宋)卿；提倡革命张镇武，炮打龟山萨镇冰。

二九朔风冷清清，孙文独立在南京；张勋带兵抄革命，铁良一去影无踪。

三九大寒天气凉，朝中急坏摄政王；洵涛保举袁世凯，因病请假世中堂。

四九天寒冷凄凄，北军代表唐绍怡；电告南省全独立，因此改换五色旗。

五九迎春过新年，袁大总统掌兵权；电告各省休争战，南北共和乐安然。

六九天长要打春，遍地都是三镇军；正月十二遭兵变，大炮攻破齐化门。

七九河开地气通，连烧代(带)抢是大兵；总统当日传命令，拿住土匪不放松。

八九雁来到惊蛰，同谋幸福算白说；生命财产难保守，五族平等假共和。

九九八十一日完，二次革命闹的(得)欢；黄兴运动北伐队，上海各处设机关。

管城春满

冬至头九天气寒，项城有意坐金銮；中华帝国号洪宪，施行专制改江山。

二九朔风冷凄凄，杨度进奉滚龙衣；谋杀总统沈金鉴，假造民意梁士怡。

三九天寒冷似冰，筹备大典帝制兴；滇黔桂粤皆反对，阴谋炸死郑汝成。

四九霜雪飞满天，误国害民朱启钤；拆毁民房修马路，万古千秋骂汉奸。

五九天寒冷难当，黄陂不受武义王；溥伦赏食双王俸，拐款独立龙济光。

六九迎春地气通，南海改建新华宫；商界承办提灯会，帝国万岁信口称。

七九河开河不开，各省反对不来财；中交两行停兑现，民国灾祸一齐来。

八九雁来到惊蛰，登极(基)坐殿算白说；九五未登身先丧，遗下臭名骂董卓。

消寒已尽九九完，黎大总统掌兵权。

从上述两首消寒诗的图形来看，均做成葫芦形。《寒梅吐玉》为36句，252字；《管城春满》为34句，238字。所编词句多系记录辛亥革命后北洋军阀政府之事。

逊清皇室消寒图与消寒益气歌

◘李松龄

溥仪小朝廷时期，使用过两种“九九消寒图”，现藏中国第一历史档案馆《溥仪全宗》案卷中。将“九九消寒图”做成“井”字形，九方格：每格内有九个圆圈，共为八十一个圆圈，一天画一圈，通过阴阳鱼记录反映冬九九每天的天气情况。据清人富察敦崇所著《燕京岁时记》载：“消寒图乃九格八十一圈。自冬至起，日涂一圈，上阴下晴，左风右雨，雪当中。”《京都风俗志》亦有“冬至日，俗谓之属九，或画纸为八十一圈。每日分阴晴图一圈，记阴晴多寡，谓之九九消寒图，以占来年丰歉”之句，当指此图式。

然而与记载不同的是，在该图的左右上角，注明此图的画法是：上清（晴）下阴左风，右雨雪点当中。据查考，这与民间流行的“点九图”图案画法口诀相一致。民间九九消寒图民谚则云：“下点天阴上点晴，左风右雾雪中心。图中点得墨黑黑，门外已是草茵茵。”即按“上点晴、下点阴、左风、右雨、雪中心”的规则，在该天圆圈四周，或上、或下、或左、或右画一横杠，或中心加点，简明清楚。也有用不同颜色来标注的，完颜佐贤《康熙遗俗轶事饰物考》一书中记载：“晴涂红色，阴蓝色，雨涂绿色，风涂黄色，雪可以空白不涂，或填铅粉。九九完成，已是冬去春来，每格笔画颜色不同，五颜六色，美不胜收。”而溥仪填的这张消寒图，先用铅笔画好圆圈，在圈内则利用我国古代的阴阳鱼图案来表明天气情况。这也是宫廷为了有别于民间的一种做法。

阴阳鱼图黑白两色组成，在一个平面圆中，黑白之间的界限是一条波动的曲线，造成静中有动，有分有合；一半是黑，一半是白，构成阴阳相对，黑象征阴，白象征阳。在黑的一半中有一白眼，在白的一半中有一黑眼，形状似鱼，故名阴阳鱼。黑中有白，白中有黑，充分体现了阴中有阳，阳中有阴的无穷变化。所以,用阴阳鱼图案点画消寒图是有一定道理的。

我国古代很早就知道全年什么时候最冷。春秋时代的《管子·幼官》中所列举的三十个节气内,就把最冷日期定在“大寒至”、“大寒之阴”、“大寒终”三个节气内。其中每年1月21日至2月4日为最冷,称为“大寒之阴”。消寒图上的“上晴下阴”,不仅有晴天与阴天,更含有天气稍暖与寒冷之意。

溥仪小朝廷时期,幽居深宫,忧苦寂寞。为了排遣寂寞,侍臣们为他编制了《消寒益气歌》。《消寒益气歌》每九有一歌名,即:七星拱一,左右合和,三星在户,四平八稳,一门五福,六合得正,奇财子禄,八方朝贡,九五至尊。其全部歌词照录如下:

阿弥陀佛第一声,一九阳回日日增。有位古佛释迦祖,一个木鱼一本经,一意渡(度)众生。

阿弥陀佛第二声,二九阳回万物生。二位仙师和合子,二人同意念真经,事事都亨通。

阿弥陀佛第三声,三九阳回喜气盈。三位星君福禄寿,三阳开泰阳明通,吉人靠天公。

阿弥陀佛第四声,四九阳回四相通。四面观音四面渡(度),四时吉庆喜相逢,养气自然平。

阿弥陀佛第五声,五九阳回向阳生。五位古佛正中坐,五伦顺序五路通,无处不兴隆。

阿弥陀佛第六声,六九阳回地气通。西来六祖达摩子,面壁十年渡(度)众生,感化不非轻。

阿弥陀佛第七声,七九阳回动春风。七夕仙子从天降,福禄寿考汾阳公,德厚享高龄。

阿弥陀佛第八声,八九阳回细柳青。八洞仙人八种宝,齐向瑶池祝寿星,仙酒醉长生。

阿弥陀佛第九声,九九阳回遍地青。九星斗姥云端坐,九如散与帝王宫,九洲(州)复大清。

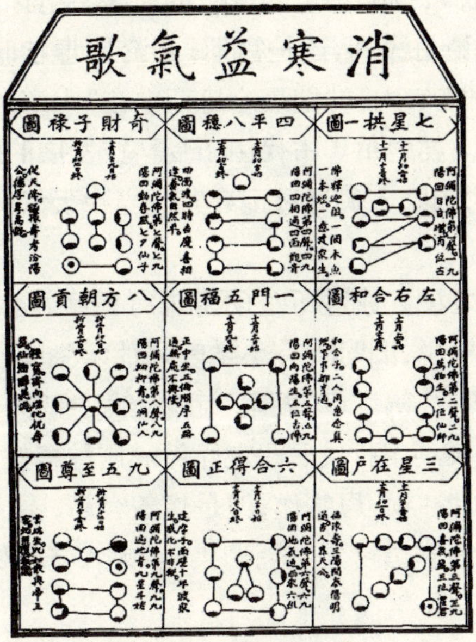

这张《消寒益气歌》，每九的九个圈构成的图案与这九歌名相合。例如：左右合和图，左右各四圈，底部用一圈联合起来。三星在户图，则是三圈在中，其余六圈构成门户之门字形。八方朝贡图，八个圈分布四周与中心圈相连。另外，与其他消寒图不同的是，有的在同一天的圈内，竟记有三种符号，记录了是日天气变化的复杂情况。《消寒益气歌》是另一种形式的消寒图，原实物长 39.1 厘米、宽 28 厘米。与上述九九消寒图相比较，除画法、形式不同外，有两点相同之处：一是起止时间相同，都是从阴历十一月初五始，到次年阴历正月二十五日止；二是在三九、七九、九九日期内，都有同一天记载为雪天。可见这两张消寒图是记载同一年冬九九的。又根据“九九消寒图”中“七九”格内有“十五年正月初七日全”的字样，依照关于大清皇帝退位之后优待条件所定“尊号仍存不废”的规定，无疑系指“宣统十五年正月初七日”，由此判断这两张图记载的九九公历应是：1922 年 12 月 22 日至 1923 年 3 月 12 日。其歌词内容，除按每九顺序配有相应描述节令气候的词句外，在一定程度上反映了溥仪的思想，不仅有宗教迷信色彩，还做着“九洲（州）复大清”的复辟美梦。

从民间“九九歌”、“画九”、“写九”的产生，到盛行于宫廷的各种“九九消寒图”来看，无论是民间，还是宫廷；无论是北方，还是南方，都有这种习俗，其原因可归结为：

一是农业生产需要之举。古代由于受科技发展的限制，没有为农业生产的专业气象服务，因之人们通过记载九九当中天气的变化，可印验谚语，预卜来年丰歉。

二是寓教于乐之举。通过可对幼童进行识字、写字和历史知识、自然常识的启蒙教育。据说，旧时曾有小学教师让学生编制“九九消寒图”；程序是：学生先查字典，找出许多“九笔”字来，然后编成一“九言词句”，经教师修改，制成红笔空心字图，最后评定优劣。这种寓教于乐的形式，激发了学生的学习兴趣，便挖空心思制作；但是想着容易，凑起来却十分困难。有一学生，凑了一句“盼春信待看某俏柳染”。大为老师赞赏，说他知道“某”是“梅”字的古体。

三是娱乐消遣之举。画九、写九实为高雅的文字游戏，在文化娱乐生活相对比较贫乏的古代，和灯谜、酒令、对联等有着异曲同工之妙的画九、写九，便自然而然成为文人墨客、富足之家的一种雅兴娱乐消遣之举。

四是熬寒无奈之举。在日历远未普及的年代，千里冰封寒风凛冽的冬天也是穷苦百姓最难熬的日子，画九、写九也透露了冬闲中最广大百姓熬冬盼春的几分无奈。

正是上面这些原因，“九九消寒图”这一民俗，千百年来得以传承、普及。但也正是由于上述原因，又使“九九消寒图”这一民俗，如今已大为衰落，甚至渐呈消亡之势。这是因为如今的专业气象预报已能相当准确地预报天气，无须人们再以笨拙的方式记录天气，以预测来年；这更是因为如今人们的物质文化生活内容也已相当丰富，“九九消寒图”这一民俗的趣味性已远远不能满足人们的娱乐和欣赏需要。这些都是其不以人们的主观意志为转移的必然衰落的原因。近年来，从政府到民间都采取了一系列措施。如北京民俗博物馆以挖掘和传承优秀的传统民俗文化为办馆宗旨和历史使命，每年冬季在馆内悬挂“九九消寒图”，游人纷纷驻足图前，感受着传统民俗文化“九九消寒图”带来的乐趣。

北京自来水

◇李润波

回家拧开水龙头，洁净的自来水涓涓流出，做饭、洗衣何等便捷，但自来水绝非“自来”，而是源自于人们的智慧和艰辛努力。

在北京的几千年历史长河中，城区居民都和农村一样，自打土井，取用浅层地下水，所以水质很差。清光绪十一年（1885），北京内外城已有土井1245眼，但水质很差，多为咸苦味道。民间饮用水质亟待提高。而真正能够彻底改变用水状况的办法，就是实行供水方法的革命，即仿照西洋办法，通行自来水。遗憾的是，这种办法竟然没有人想到。那么，北京市民何时何因使用自来水了呢？北京正式使用自来水的时间是宣统元年腊月（1910年1月），而建通自来水的初衷，并非出于提高饮用水水质，而是为了方便灭火。

据史料记载，光绪三十三年到三十四年间，京城发生多场大火，由于运水不便，扑救不及，造成很大损失。三十四年三月初，慈禧太后在颐和园召见袁世凯时，恰逢一太监来报，说城东北一带发生了火灾，扑救了两天还没有彻底扑灭，慈禧太后闻讯非常焦虑，顺便向袁世凯询问有无防火良策，袁世凯说，英法等国家的城市安装自来水可以防止，我们也可以修建自来水。不久，袁世凯指示亲信农工商部大臣熙彦、杨士琦联名给光绪皇帝上了一道奏折，说近年京城火灾经常发生，一旦波及皇宫，后果不堪设想，建议在京城建立自来水，并认为“京师自来水一事，于卫生消防关系最要”，并推荐“在直隶历办工艺局厂，成绩昭著”、“谙熟商情，声望素孚”的前署直隶按察史、长芦盐运使周学熙负责京师自来水事宜。不到十日，慈禧“谕允”。不久，农工商部再次上奏折，请示筹办京师自来水公司的“大概办法”。这个提案很快被批准，公司性质为“官督商办”，公司名称为“京师自来水股份有限公司”，任命周学熙为公司总理。

周学熙，字缉之，号止庵，安徽至德人。其父周馥曾任两广、两江总督。周学熙最初在浙江为官，后为山东候补道员，1900 年入袁世凯幕下，主持北洋实业，是袁世凯推行新政的得力人物。1905 年，周学熙出任天津道，1907 年任长芦盐运使，办商品陈列所、植物园、天津铁工厂、高等工业学堂等，卓有成效。所以被推举。

周学熙到职后，于光绪三十四年五月（1908 年 6 月）开始行动，先在前门内西城根的十几间房子设立办公地点，并在此组建股份公司，同时又从天津请水务管理行家抓紧勘察水源。经过几番勘察，认定京城东北与顺义交界地带的孙河段水质最好（上游清河、沙河含沙量大，颜色黄，下游通州温榆河段生活污染大，有臭气），仅雨季水色发黄，其余三季水质清冽，而且水量稳定。水源确定后便在东直门建水厂，在各主要街道铺设管道。由于我国没有生产金属管道和抽水机的技术，所以全部由德国进口。经过 10 个月的艰苦施工，于宣统元年三月（1909 年 4 月）终于铺设完毕。总计铺设了大约 30 公里长的管线，使用不同规格水管 16000 多根，安装水龙头 480 个。

京师自来水股份公司刚成立时，自来水并没有真正流进千家万户，而是在几条胡同之间，设立一个公共水站，还在报纸上登广告，招聘水夫，由水夫看管水龙头，自来水要先灌进水车里，再送到各家各户。

然而自来水虽好，可老百姓并不买账，甚至采取排斥态度。原因很多，一方面来自观念上的，时人见自来水用药消毒，便说是“洋胰子水”；由于水管埋于地下，便说是“专走地道，不见阳光”的“阴水”等等。二是原有的利益集团，过去北京城市供水依靠水井，而水井有专门管理的山东籍井户，共计 2000 多人，他们是反对自来水的强大势力，也是制造谣言最卖力者。三是皇亲贵族都不吃自来水，仍到玉泉山直取清水，也加深了市民对自来水的怀疑。有些略有“见识”的人虽然认为水质本身没什么问题，但又从另一个角度去理解，认为使用自来水是洋人的又一阴谋，因为自来水使用的是进口设备，一旦推广使用后，全城水井都要填死，然后人家把水管一闭，全城人都要渴死。

面对四起的谣言，自来水公司不得不频频出招破解，如在报纸上刊登说明，免费品尝，半价优惠，对老幼病残用户还管送水上门……渐渐地，人们体会出了自来水较土井水的确清洁方便。

去年，笔者在平谷区世纪阅报馆里展示了几则当年的《正宗爱国报》广告和一则非常珍贵的《京师自来水公司广告》，引起很多观众的极大兴趣，从这几则广告可以了解很多原始信息，如自来水接通后市民疑心重重，怀疑自来水里的白沫有问题，1910年3月的一则广告做出解答，说"这龙头咋放出来的水，带一点白色儿？这个白色并不算什么毛病，拿显微镜瞧瞧，全是极小的白水泡，所谓白水泡儿，是因为水由孙河汲上东直门水楼子，借楼子上的压力，再送各街市龙头。水楼子高，压力大，又遇到冷天，水管子里有些冷气，被水压力催得紧，一时散不尽，就跟着水一块出来了。不过一分钟的时候，那水泡就化得干干净净，这个水也全变清了。有不知道的，还以为是管子洗不净，又有说跟洋胰子水一样，殊不知这个道理一说便明白了，大家就不致误会啦！"从当年的报纸广告看，当时自来水并不是全日供应，而是分上、下午两个时段，上午8点到11点，下午1点到4点。

现在北京自来水博物馆有座漂亮的建筑叫来水亭，东直门水厂建成时叫"模范水亭"，与水塔、蒸汽机房都是同一年代的建筑，建成于1909年秋，用于接收孙河取水厂处理后的水，沉淀消毒后送入清水池。这座建筑是由天津德商瑞记洋行设计的，属于欧式建筑，具有巴洛克风格，建筑时运用了中国传统的建筑手法糯米灌浆、磨砖对缝，因此这座建筑是中西合璧的精美建筑杰作。亭内曾经建有一尊坐北朝南的白衣观音菩萨，身高2.7米，身后有假山，身前是净水池。遗憾的是这尊观音在"文革"时被拆毁。

虽然水厂的烟囱八角造型很别致，制造精良，但却并不是当年京师自来水公司建筑群最有特色的建筑。最有特点的建筑是自来水厂内的铁质水塔。水塔构造是极富特色的钢结构，塔高54米，塔身分为六层，呈六面形，镶有12条装饰龙，装有风铃，容积750立方米。1942年该塔停用，1957年拆除。目前北京自来水博物馆内根据当年德国设计师蒂诺·萨格曼先生的后裔所赠照片，以1∶10的比例复制了一个水塔模型。

俗话说，吃水不忘打井人。现在，不仅北京城，而且在郊区各个农村的自来水，也早已四通八达，市民都吃上了优质、安全、便捷的自来水，我们可不要忘记了百年前先人们的努力哦！

刘家河商墓遗址发现始末

◘李润波

平谷历史悠久，很早就有人类栖息，因而文物古迹遍布全区。半个世纪以来，曾有多次考古发掘，其中有两次重大发现，震惊中国考古界：一是1977年在南独乐河镇刘家河村发现的商代中期古墓遗址；一是1985年在金海湖北侧上宅村发现的上宅文化遗址。本文重点介绍刘家河商代墓葬遗址的发现情况。

1977年夏，村民张治才在村东池塘南岸挖腐泥，用尖锹向下一蹬，剜出一只锈迹斑斑的坛子，铁锹恰好卡在坛口上，看了看觉得脏乎乎的，没什么用，随手扔进了池塘。再挖，又挖出一只黑黝黝的、淌着臭水的盆状物，也抬手抛进水中。一会，又掀出一个坛子，觉得有点用，放在一边。继续搜索，又发现五六件坛罐，有的已开裂，但从破裂处依稀可辨，是个金属物，初以为是铁器，于是将这堆器物运回家。午饭后拿到水池刷洗时，胞弟张治来从门口过，问明情由后，张治来认真辨别，看出是铜器。于是立即到村东池塘打捞家兄丢弃的那两件器物，但未找到。此时消息传开，许多村民蜂拥而至池塘，老人和小孩围在周边观看，成年人则挥舞锨镐乱翻。结果张治云最先挖出一个铜盘和几件玉器，张治来挖出几根金首饰（金臂钏、金耳环、金发笄等），另有人挖出一个小方鼎。年纪最小的王晓立（16岁）挤不到前端，便在池塘西南角另辟场地，结果他这里反倒挖出不少，其中一个大酒壶（即商代酒器铜盉），引人注目，三条短腿上支个大肚，一侧有执把，上边有盖，盖与把连着一条短铜链，围拢的人都觉得稀奇，村民传看时，一位刘姓老爷子想试试铜链糟不糟，一用力，给揪了下来，引发一阵哄笑。再向下刨几下，又一个有三条尖腿的坛（铜鬲），沉甸甸的，外面还有许多深纹，非常别致。一会，又发现一个大坛子，埋得太深，拔不动，于是到周边寻了一把镐，一点点才撬出来，双手托着，觉得很沉，观看器物外面，还等距离镶嵌着三个羊头（即轰动考古界的三羊铜罍）。因为挖掘过程中一直让伙伴刘新力看着，所以挖完后将一件铜盆送给了他。刘新力父亲刘启章（村支书）也在现场，但没挖到东西，见王晓立只给儿子一件，嫌少，又从大堆中挑了一个铜鼎，认为栽花用挺合适，拿走了。到家后，刘启章找个杵子想把底下凿个眼，以便通气和排水，没想到这家伙挺结实，根本鑿不动，再用劲又怕炸口子，只得作罢，放在窗台上。

那天傍晚，李顺江从水坑里捞出的两件（即张治才最初发现并扔掉的）破铜器，第二天借个自行车去韩庄废品回收站，打算卖掉，结果被收购员一口回绝，嫌锈太多，说不好上缴。托了一个熟人才勉强收下，19 斤折算 8 斤，给了 12 块钱，卖主千恩万谢地回了家。因为所收的铜盆沿上有个小鸟，盆中还有龟鱼图案，挺独特，所以废品站工作人员没将其丢到大堆而是放置一旁（即令考古专家震惊的鸟柱龟鱼纹铜盘，后被收回）。

一晌午就得 12 块钱，相当农民一个月出工收入。消息传开，引起轰动。但得知回收站扣分量狠，大家觉得不如卖给小贩试试，于是那几天持有古物者天天期盼喝破烂的过来。王晓立的父亲王文博当过会计，颇有些头脑，认为这些东西是古物，不应卖给小贩，如果拿到北京去卖，兴许能多卖俩子儿。但到哪去卖呢？猛然间想到了曾在北京做过短工的刘少珍。刘少珍在北京工厂烧过锅炉，对北京情况比较熟悉。他说，前门外路西有个收古玩玉器的，可以到那先试试。隔日，王文博将女婿李满（黑豆峪人）找来，一起整理，担心太脏卖不出去，爷俩用了一整天时间，将这些铜器葬土和浮锈刮掉，然后翁婿二人将大件装在布口里，由身高力大的李满扛着，小件由王文博自己用稍马子（一种两边有袋中间相连可以搭在肩上的装具）装上，连大带小共 13 件，进了北京城。李满曾在王府井做过小工，知道那里有家瓷器店，于是先背到那里试一下，结果那位掌柜的不敢要，说这些是重要文物，应该送给故宫，能卖好多钱。爷俩闻知，便又一口气赶到故宫北门。故宫门卫挺负责，说周日专家休息，于是将 60 多岁老专家（大概是唐兰先生）找来。老专家将翁婿让进里院的一个库房里，将带去的东西一一放在铺有地毯的地面上，老先生手扶花镜，看得眼都直了，边看边喃喃地说，这可都是无价宝啊。不久，来了一位值班领导，沉着脸说：“你们的情况我都知道了，东西放这儿，你们先回去等信吧！”结果只给开了个收条。王文博怯生生地问能给多少钱，答说一分也不能给，想要钱找市文物工作队去，这东西归那里管，我们得转给他们。爷俩感觉希望不大，只得回家。临行时，王文博问能否给点路费，答说没有这项开支。结果临走只送《毛主席语录》和文物宣传手册各一本。爷俩回家后，觉得窝囊，不但没卖出钱，还白搭了车费和人工。然而又无奈，回来后，李满从剩下那堆里挑了一件人面铜饰拿回黑豆峪，说是逗孩子玩。

此期间有段插曲。刘家河村民闻知王文博去了北京，以为要发横财，于是出现多种心态，有的将自己手里的铜器擦净也打算进京，有的托在外边工作的亲戚找销路，也有几个蔫大主意的不动声色，等待王家回来后听听情况再行定夺。唯有书记刘启章，风闻王家到北京卖宝，觉得这是大伙发现的东西，不该他一家发财，于是到独乐河公社举报发现过程，并由公社向县里反应，县文化科又向市文物工作队报告情况，北京文物工作队给各文博单位通了话，谁见到先扣留。故宫博物院接到电话，说正在他们那里，于是，负责人过去将他们的东西扣留。当晚回来，大家得知东西被扣，解恨者有之，泄气者亦有之。

隔日，市文物工作队王武钰（现首博常务副馆长）等 4 位专家进驻刘家河，找知情者座谈，详细了解情况并开始安排发掘。经现场观察，墓室仅存南半部的墓底。遂根据已掌握情况，向群众做工作，在平谷公安局协助下，将流散到个户的文物一一回收，并与当事人进行核实，将器物恢复原位，补照了器物照片，完成了墓穴的绘图工作。然后，将这些器物拉到北京，经过一个时期整理，又将那些出土物拉了回来。不过这次回来可变了样了，一件件整理得干干净净，残破的也修复得不见任何痕迹，用进口软丝木箱单件包装运来，为的是搞一次展出。这次展览共进行两天，在小学校展一天，在零售小铺外展一天。展览期间，还奖励了最初发现者张治才一套新出版的毛选五卷，奖王文博父子现金人民币 5 元，宣传手册一本（足见当时国家文物政策缺陷）。

展出完成后，便安排发掘。村里有 4 个生产队，每队出 4 人，每人日工资3元，其中交队里2元，上满工分，自已落1元。当时瓦木工日工资才2.5元，小工一般是1.2至1.5元，这次听说日工3元，都争着去。根据文物工作队要求，发掘过程中让民工挖哪儿就挖哪儿，结果几个月过去也没太大发现，只收集些零散铜器片、玉片。但在池塘东却发现一炭坑，内埋约两立方米水木炭。专家推测可能那时就有看墓的。

据最后整理统计，由刘家河商代古墓中出土回收的较完整随葬器物有40余件，包括金、铜、玉、陶四类。其中金臂钏、金耳环均属国家一级文物，也是我国发现最早的金器，对于研究中国历史文化和艺术具有较高的价值。铁刃铜钺，迄今为止，在我国共出土三件，实存两件。其中一件于1931年在河南省浚县辛村出土，已于解放前流失到美国，现藏美国华盛顿弗利尔美术陈列馆。另两件，分别出自河北省藁城县和平谷区的南独乐河镇刘家河村。其中藁城县的铁刃铜钺已被专家解剖，用于研究，平谷所出，现为中国仅存。三羊铜罍属国家一级文物，价值连城。现藏故宫博物院。提梁卣现藏中国历史博物馆。斝是商代典型酒器。鸟柱龟鱼纹铜盘属于水器，用于洗手洗面，相当于现代的脸盆。盘中注水后，呈现龟潜鱼跃的动感图像，现藏中国国家博物馆。

敲大兴县太爷的竹杠

◘方 彪

县太爷虽说在官制上是个七品芝麻官，可是又是一县之主，号称民之父母。在非常时期，清廷实行非常之法，容许“绅捕人不必一一报官；官杀人不必一一就例”，所以小民们又把“百里父母官”称为灭门的知县，平民百姓一旦得罪了县太爷，即有杀身之祸。可是，也有小民敢在县太爷头上动土的。

北洋军阀统治时期，曾任交通总长的曾毓隽先生，在光绪年间是大兴县的父母官。大兴县号称京县，隶属于顺天府。

曾毓隽曾干了一任大城县的百里父母官，和庆王爷、李莲英都拉上了关系（庆王府的王庄和李莲英的老家都在河北省大城县）。曾毓隽进京荣任大兴县县太爷后，自负在北京城中没有打不开的关节、蹚不出的路子。可是这位父母官，却叫属下小民敲了竹杠，老老实实地送上了几百两银子。

曾毓隽在大兴县的任上，就曾被都老爷（御史）参过一本，其中有一条罪名是“形迹诡秘”。凡是形迹诡秘的父母官，实乃非嫖即赌，或嫖赌兼有之。

清代的大兴县衙门，位于现在的东城区交道口大兴县胡同内，该地距孔庙不远。县太爷聚赌之所就在与孔庙一壁之隔的国子监西侧。为了减小目标，曾毓隽总是着便装，乘一辆民间骡车由国子监胡同西口前往“竹战之所”。这样可以不经过孔庙大门，因为孔庙大门两侧均立有“官员人等至此下马”的御碑，县太爷一旦下车步行走过孔庙的大门，弄不好就会被人认出来，久而久之，说不定就会惹麻烦。竹战息兵之时，已近半夜，从孔庙门前驱车而过，也就不必下车步行了。出国子监东口后，到雍和宫南侧的小巷内去眠花宿柳，天明前悄悄从后门回衙，启明后升堂处理公务。

某夜，竹战鸣金后县太爷尽兴而归，骡车走到孔庙门口时，突然几个“文秀才”装束的人跳了出来，挡住了骡车的去路，跪在地上向孔庙叩头，曾毓隽急命车夫掉头逃走，可是车后面也有几个“文秀才”跪在地上向孔庙叩头，把县太爷的骡车夹在了中间。曾毓隽知道中了“埋伏”，只好下车问个究竟。“文秀才”们回答说，是为了躲债，只好夜间来朝圣，先师有灵使我们遇见了父母官，只好请县太爷救济救济，好在我们的债也不多，每人50两银子就可了结。手眼通天的曾知县，这时只好乖乖认敲，当场写了银票，了结了这桩公案。

20世纪60年代初期，曾毓隽先生应全国政协文史资料办公室之邀，由津到京小住。段伯泉先生问起敲县太爷竹杠这桩往事，曾先生笑而答曰：“身在矮檐下，怎能不折腰；若怕御史参，怎能不认敲。”

给大人挡驾

◘方　彪

“给大人挡驾”，是门官老爷的一句口头禅。直到民国初年，北京城内还能看见这样的街景：一辆马车疾驰而来，车还未到“宅第”门口，一位管家打扮的人就向“门官”递上一张“帖子”（大型名片），这时马车已驰过“宅门”，就见“门官”站在大门口，举着递上来的帖子高呼：“给大人挡驾！”

现在的人们对这幅旧京街景很不理解，提出两点疑问：一是来者既然前来登门拜谒，为何递上“帖子”后驱车而过？二是客人既然已经驱车扬长而去，“门官”为何还举着“帖子”高呼“给大人挡驾”？其实这是由清代延续下来的一种官场礼仪。

官场之上的人际关系很复杂，归结起来，主要受以下几方面制约：首先是级别，只有虚衔无实权的大学士是门可罗雀。其次看是否“参与枢机”。“小军机”们的级别是区区四品，可是尚书、侍郎、总督、巡抚等高级官员却愿意和“小军机”交朋友，“巴结”要卿。再次是师生关系、同年关系、同乡关系……这张关系网是由科举制度和乡情编织起来的，覆盖面很广。

官场之上的习俗是礼多人不怪，但是失礼则是万万不可的，休说是失礼，就是缺礼也会招来一身麻烦。外省的总督、巡抚、布政使、按察使进京述职时都要遍拜大学士、军机大臣、都御史、六部、九卿以及亲王、郡王、贝勒、贝子等，因为这些人的级别高、权势大，怠慢不得。但若是挨家挨户地登门入室，非拜上两个月不可，于是对于无要事面谋的“宅门”，也就递上“帖子”驱车而过，表表敬意而已。这种礼节性的递上帖子，称之为“虚递”。

按照当时的“通例”，凡是准备登门入室的来客，递上的帖子称为“实递”。递帖子的“家人”(差官、武巡捕、戈什哈)飞马跑在前面,官车(绿、红幛呢棚骡车)到府门前停下来时,“门官”已报告了主人。主人若是见客,门官单手举着帖子在前边引路,高呼“××大人(或官衔)到”。如果主人不见,“门官”向递帖子的人说明原因,然后双手举着递上来的帖子,弯着腰高呼“给大人挡驾”,用此表示歉意。

正月初一时京官们要互相拜年,这是一种纯礼节性的活动,所以递上的帖子均是“虚递”,门官也均是“给大人挡驾”。

清末开办了一所“贵胄学堂”,顾名思义,这是一所王公、勋戚、官僚的子弟学堂。每届新生入学之时,按照当时官场上的“通例”,家长要拜谒“山长”,所以届时贵胄学堂的督办、监督的私宅门前车满为患。由于当时还没有交通警察出面维持秩序,建立“临时单行线”,所以经常发生“挤车”,造成不愉快。特别是步军统领来拜谒时,仪仗的马队能塞满半条胡同,使其他官员的车辆难以入内。这些来访都是纯礼节性的活动,帖子当然是虚递,于是门前一片“给大人挡驾”之声。

岑春煊暗通康梁

◘方　彪

岑春煊祖上是苗族土司，父亲岑毓英曾任云贵总督，由于家世显赫，岑春煊进入仕途后一帆风顺，官拜山西藩台（布政使）之职。八国联军攻陷天津后，他带兵勤王，部队到达榆林堡时，恰和仓惶逃离北京的慈禧太后相遇，成了护驾的功臣。岑毓英和李莲英私下“过往甚密”，所以岑春煊和这位大总管见面后开口就叫“大叔”，“叔侄”二人在“两宫西狩”的途中密切配合，颇得老佛爷的欢心。岑春煊护卫着慈禧到达西安后，即升任了陕西巡抚，后又晋升为两广总督。慈禧让岑春煊出任两广总督的目的是严防康有为、梁启超等保皇党人利用香港为基地，为光绪重新执政进行地下活动。

岑春煊到达广州后，康、梁之辈已远走海外，孙中山先生领导的革命党人举起了“驱逐鞑虏、恢复中华、建立民国”的大旗，走上了政治舞台。岑春煊血腥镇压革命党人，并密奏慈禧说：康、梁之徒皆已远遁，孙文乱党势正嚣张……慈禧见到奏折后密谕：康、梁逆党狡猾多端，切勿掉以轻心；孙文乱党，匹夫闹事，成不了什么大气候。看来老佛爷一直把康、梁视为最主要的敌人，因为光绪一旦重新执政，自己的后果实在不堪设想。

革命党人唐才常，在一次偶然的机会里，从岑春煊幕僚口中，得知了慈禧密谕的内容。于是心生一计，来个借刀杀人，除掉岑春煊。使用的方法很简单，利用慈禧对摄影技术一无所知的愚昧，制造了一张岑春煊、康有为、梁启超的合影照片，四处散发。伪造的照片果然很快地传入了宫中，慈禧见后“怒从心头起，恶向胆边生”，认为岑春煊忘恩负义，私通康、梁的目的是待自己“万年之后”好向光绪请功。于是大骂岑苗子（岑春煊是苗族人）狗胆包天，立即传谕给军机处，命岑春煊开缺（撤职）来京面圣。

李莲英这时真是慌了手脚，因为宫中上上下下都知道他们的“叔侄”

关系，所以不敢“进言”，想运动别人出面向老佛爷说明真相，可是谁都“退三舍以避之”，怕解释不清时自己也落个私通康、梁的罪名。百思之后，想出了一条以其人之道还治其人之身的妙计，伪造了一张慈禧端坐在莲台上扮装观世音菩萨、李莲英等人扮装成童子侍立在两旁的游戏之照，拿到御前对慈禧说：“老佛爷什么时候闹过这种游戏，现在外面的照相馆都摆着这张照片，也太不像话了。”慈禧本想当“西天佛祖”，故授意太监们称她为“老佛爷”。可是伪造的游戏之照却把她谪降为南海观世音，意在让她以慈悲为怀，而且让六根不全难成正果的太监当她的“万寿灵童”，分明是有揶揄之意。所以慈禧看罢勃然大怒，传谕追究。无奈照片的初版系洋人所摄，只好不了了之，岑春煊的大祸也就迎刃而解了。若没有李莲英巧妙相救，岑春煊到京后非交三法司（刑部、大理寺、都察院）会审不可。

李莲英伪造的这张宫中游戏之照，在社会上流传得很广。许多刊物上都登载过，但都以“宫廷史照”出现在读者面前，实为大谬。

胥吏　师爷　衙役

方　彪

北京是辽、金、元、明、清五朝古都，衙署甚多，胥吏、师爷、衙役更多，于清而言，史家有爱新觉罗氏与胥吏共天下之说。胥吏者，国家机关的办事人员也，也就是基层公务员。清廷定制，各衙门的主官称“堂官”，系机关首长。“佐贰官”相当于现代的副职。下属官，相当于现代机关职能部门或下属行政单位的长官。上述官员皆有品级，系朝廷命官。任命、升黜、回避、致仕均有严格的定制，以最基层的县衙而言，据《光绪会典》载，全国共置1314个县衙，首长系知县，佐贰官系县丞和主簿。但大多数的县不设佐贰官。全国仅设县丞345人，主簿55人。县的属官有典史、巡检、儒学教谕、训导等。知县之下设典吏若干人，分掌承发房（秘书科）、吏、户、礼、兵、刑、工六房及仓库。佐贰官之下各设攒典一人协助理事。

明清两朝官吏自成体系，官是官，吏是吏。官又称流官，流者，不固定也。总督、巡抚代天子牧民，不能久专封疆，为百里父母官亦然。为官要回避本省籍，亦要回避亲属。终清之世，对官的管理甚为严格。清制明定吏员分京吏、外吏。京吏有供事、儒士、经承三职。外吏有书吏、承差、典吏、攒典四职。帖写、帮差系临时添设的吏员，类似今日之临时工。上述吏员统称胥吏或书吏，书吏只准充当五年，期满后严禁冒名、更名充役。书吏五年任满后，考核其行无过失者，可参加吏部考试，中取者一等为从九品，二等为未入流。故胥吏对考官并不感兴趣，而是更名、冒名，不但终身为吏，而且父子相承，兄终弟及，代代为吏。对吏的审核，可以说是形如虚设。吏不但成为世业，形成世家、世族，而且在纵横行政机关中，通过乡亲、姻亲、师友等关系形成盘根错节的关系网——“铁打的衙门流水的官，书吏代代稳如山”。

清廷的官员，首先是科举出身的正途之士，不是两榜进士，难入大学士之列。地方上的亲民之官亦然。正途出身的官员是孔孟之徒，系封建社会的卫道士。迂夫子们是稳定政局的中坚力量。其次是贵胄子弟及凭军功、河功进入仕途者。再次是捐纳入仕之徒。三者的共同特点是不懂业务，虽居其位，难行其政。具体而言，就是官是外行，吏是内行。外行领导内行的过程中，外行有可能变成内行，亦有可能被内行所控制，或是外行、内行以利相合，以势相合。以县衙门而言，县太爷大多是进士公出身，腹中的五车诗书皆是孔孟之道和八股时艺、时文。书呆子莅任之后，面对着刑名、钱粮、水利、河工、驿政、工役……如坠十里雾中。胥吏皆是土著之士，又操世业，在省、道、府各衙门中有自己的关系网，处理业务工作游刃有余。在这种情况下，书呆子只能依靠胥吏。县衙各房（科）的典吏，相当于现代县署中的科长。攒典相当于县行政机关的股长。县太爷虽为百里之民的父母官，但对于胥吏的劣行，廉政者只能在力所能及的范围内进行"控制"；等而下之者，睁一只眼闭一只眼；下而劣之者，以若辈为工具，鱼肉百里之地。胥吏对廉政之官的策略是制造困难，让书呆子完成不了上级下达的硬指标，轻者落个政迹不佳，重者乌纱难保。对下而劣之者的策略是抓住其把柄，贪官也就只能就范，上有贪官，下有恶吏，小民只能被其殃。

中央机关的六部、二院（都察院、理藩院）、五寺等机关，其业务比县衙门要复杂得多，清代的京官大多是"一哨双岗"——满汉各占一缺。汉官是书呆子，不理事；满官是八旗贵胄，更不理事。堂官（首长）只知伺候皇上不理事，司官（中层干部）只知伺候堂官也不理事。于是诸事委于胥吏，司官们皆尊称胥吏为"先生"，先生若是罢教，"学生"也就要丢官。先生若不指点，学生难饱官囊。先生若是给学生瞎马骑，学生有葬身沟壑之虞。先生之尊，绝非虚语。户部胥吏不但敢敲督、抚的竹杠，年羹尧、福康安、左宗棠领取出征军饷之时，也敢索取回扣。年、福、左亦按例奉上，没有"坏了规矩"。年、福、左之侪系朝廷重臣，有位极人臣之尊，执出将归相之势，但对于书吏亦无可奈何。

据《清实录》载，顺治九年（1652）12 月 21 日，顺治皇帝亲率八旗劲旅包围了北京崇文门外磁器口街吏部书吏李应试的豪宅。逮捕一个区区小吏，竟然要皇帝御驾亲征，真是咄咄怪事。但从上谕可知，此吏非皇帝亲征不可。“朕惟旌善必褒硕德，除恶务去穷寇。乃有元凶李应试、潘文学盘踞都下，多历年所，官民震慑，莫敢撄锋。李应试，别名黄膘李三，原系明朝重犯，漏网出柙，混充吏部书吏，专一豢养强盗，与匪首潘文学结为亲家，勾聚猾吏奸枭，交结官司，役使衙蠹，把持衙门，包揽不公不法之事，远近盗贼竞输重赀，南城铺行尽纳例银，明作威福，暗操生杀，所喜者，党徒即为其市恩，所憎者，凶徒立即将其杀害，在崇文门自立规则，擅抽课银。其恶侄杀人，死者之家，不敢申诉。诸如此类，罪不胜数。诸汉官畏其恶，不敢上言。甚至一些汉官争相巴结，向其投刺会饮，联宗认亲。连大学士陈之遴，当朕亲询之时，陈亦闭口不语，再三训戒，陈始言说，李三广通线索，言出祸随，臣之身家性命难保。李、潘二犯把持衙门，毒害小民，举国痛恨。着将李应试、潘文学及其子侄，立即枭斩，蠹吏高思敬、高三、王国祯、顾琳、槐启章、李之栋、李东明、刘文登等，一并正法，诸犯家产全部籍没入官。”

李应试案能惊动天庭，以至让皇帝御驾亲征，其根本原因并不是朝廷要澄清吏治，而是清初特定的政治环境中，李应试的活动已造成了不利于爱新觉罗氏统治的因素，汉官对其惧怕，正是朝廷的失控。所以顺治皇帝才断然“亲征”。此案并没有彻底清除李应试盘根错节的关系网，亦未进行大规模的“株连”，较之于文字狱，可谓一切从轻发落。因为爱新觉罗氏与胥吏共天下是既定国策，胥吏绝不会和爱新觉罗氏抱不合作的态度，不是“异己分子”，更不是“异端”。

胥吏是在编干部，各衙门均有定额，不可超编。以清代而论，全国之吏总计有三万余人。胥吏把持衙政，首长当然也不甘受制于小吏。于是各级官员莅任时均有幕僚、幕友、幕宾相随。时人称之为师爷、老夫子、文案。不论称谓如何，地位如何，均是首长私人聘用，非官、非吏，但精通刑名、钱粮、文移……之道，用现代术语来讲就是“懂业务”。师爷们在衙门中享西宾之尊，首长不以下属待之。究师爷的出身，多是久试不第的文人或是难再更上一层楼的秀才、举人。久攻举业难跃龙门，转而探究文案之学，入幕为宾，另辟入仕之途。师爷和聘用的首长同进同退，其关系当然在属官、属吏之上。上乘者和首长是师友之际；下乘者亦是友属之间。首长可利用军功、河功等名义保举师爷进入仕途，封疆大吏的师爷入仕“绝非七品官耳”。“东翁”敬“西宾”，师爷对首长的属下也就有官大一级之势。左宗棠以举人的身份入四川总督骆秉璋之幕，甚得信赖。一日与总兵樊某相遇，责问总兵大人为何不给他请安，樊总兵回答说：“朝廷定制，有二品大员给举人请安吗？”左听后大怒，即打了樊总兵一耳光。樊不还手，意在办左一个殴打朝廷命官之罪，从轻处理也要终身流放三千里之外。但左精于刀笔之道，这场官司的结果是樊总兵为此而丢官。樊氏叹息道：“区区举人，既辱我身又夺我官。”发誓要把儿子培养成进士，以压左举子一头。樊氏二子不负父望，皆跃龙门成了进士公。其长子就是清末大儒樊山（清末江苏布政使）。

京城街面上还有“嘎杂子怕南蛮子”之说。嘎杂子大多是“京师游手之徒”，多为八旗子弟，其头面人物多是“黄带子（宗室）”、“红带子（觉罗）”，嘎杂子怕南蛮子，说明了绍兴师爷在京城之中不但甚有来头，而且甚有根基。

北京民谚有“车、船、店、脚、衙，无罪都该杀”之说。衙者，衙役也，又称之为差役。于县衙而言，三班衙役也就相当于现代的刑警、治安警、司法警、税警。中央机关（刑部等机关除外）的衙役大多无警察的职守，近似于机关服务人员。老百姓痛恨衙役，认为若辈无罪都该杀。清廷对衙役也待之以“另册”，凡属衙役及其子孙，不得参加科举考试。此项政策执行得很坚决，据《清实录》载，道光七年（1826）廷议衙役参加科举考试问题。主张松动者认为步军统领衙门的番役（刑警）缉捕得力，其子孙准应试武场，出任武职，但仍不准由文途考试出仕，以示限制。持反对意见者认为番役专司缉捕，原与各项执役人等无异。最后的结论是“番役及其子孙均不准应试武场，出任武职，以符旧制而清流品”。有清一代重文轻武，以文辖武，终科举之制，衙役及其子孙未能步入金榜题名的殿堂，属于身世、家世不清白的另册之人。于中国封建社会而言，无权参加科举考试，也就是没有公民权。被剥夺公民权的衙役，对于享有公民权的人民而言，却是望而生畏，畏而生敬之侪。直至 20 世纪 30 年代中期，范长江所著《中国西北角》一书中，所记载的衙役之威，实令人生愤生叹。范先生认为，衙役者，“行政警察”也。衙役的班长也就是“班头”。其位实可谓微哉。但“班头”下乡，村民照例摆设香案相迎，县长却享受不到如此殊礼。原因是“不怕官就怕管”，冒犯了“班头”，后果不堪设想。县城之中的豪宅，不是官绅之邸而是班头的府第。老百姓祭祀凶神恶鬼和设香案迎接“班头”的心态，皆是求消灾免祸。但其敬畏程度，“班头”甚于凶神恶鬼。

进入20世纪以后，清廷实行新政，进行官制改革，裁撤了一些机关，增设了一些机关。新设的机关受西方官制的影响，系近代政治环境中的产物，已无官、幕、吏之别。封疆大吏们在清末的政治环境之中，更需有些务实革新的精神。湖广总督张之洞，安徽巡抚冯煦，首先对下属办事机关进行了改革，废除了幕宾制度，署衙之中分科办事，设有秘书、助理秘书、参事等职，取代了诸吏之缺。以后各省先后循章办事。但直至20年代中期，甘肃的县衙仍是“清风依旧”。一切衙务由师爷、各房典吏办理，以至于30年代中期，班头仍能有香案相迎之尊。此时“民国”肇基已有四分之一个世纪的历史，但“班头”这一余孽仍然恣睢陇原大地。

官、幕、吏、衙是国家机器正常运行的保障，但爱新觉罗氏诸帝可信任、可依赖的人太少了。加之国内外各种矛盾交织在一起，难于得到缓和，只能使其趋于“平衡”。于内部人事机制而言，满官、汉官要平衡，宗室、满官要平衡，科举入仕者、积功入仕者要平衡，凭捐纳入仕的富民也要分一席之地。需要入仕的阶层、集团、群体之间达到了相对的平衡，皇上的“内部天下”也就相对太平了。诸官入仕之途虽异，但考核的根本标准是一个“忠”字。诸臣之中有多少忠臣，皇上心里是有数的，能够不造反，也就是可信任、可依赖的“忠臣”了。从客观上来讲，不论是满臣、汉臣，忠臣、奸臣，直臣、佞臣，迂臣、腐臣……只要不完全控制国家机器，就不可能造反。所以爱新觉罗氏与胥吏共天下，对于“官不理事”的态度是听之任之。以胥吏之微虽然可以左右衙务，但不可能发布衙令，故不可能造反。但胥吏把持衙政，亦不利于长安久治，所以清廷在定制上尊官抑吏，造成官、吏之别，在主管干部和业务干部之间划一道鸿沟，让外行领导内行，但内行又取代不了外行。于是内行和外行互相制约，均不可能控制国家机器。外行领导内行的过程中，外行对内行不能失控，不能完全受制于内行，而是内行、外行互相制约。为了达到这一目的,“师爷”也就成了外行对内行的“控制器”。但是师爷不是在编干部,承上方能启下,启下才能承上。承启之间,也就在衙务之中占有了一席。衙役是国家机器的最底层,直接和“小民”打交道。在统治者的眼里,“小民”也就是“刁民”,不论是杀鸡食肉的暴政,还是养鸡食蛋的仁政,均是吮民之血、吸民之髓。没有点狠劲、恶劲,实难在御杯之中呈上“千家血万姓膏”,所以“无恶吏难治刁民”。恶吏就是豢养的恶狗,对恶狗的最佳使用原则是永远让他当狗。一旦恶狗“修”成了一张人皮,呼风唤雨之能绝非主人所能控制。所以衙役及其子孙没有“公民权”,永远名标“另册”,另册也就是狗册,既然永世为狗,主人也就不会追究其恶,狗不会咬主人,从这点上来讲,主人对狗很放心,对恶狗更放心。因为恶狗结怨甚深,一旦失去狗籍,将死无葬身之地。狗不会咬主人,但凡是狗一定咬人,于小民尤甚。所以爱新觉罗氏不喂狗。衙役的年俸为六两二钱,不但不能养家,而且不能果腹,任凭饿狗到处“打食”——咬小民。

综上所述,爱新觉罗氏的干部政策是官、幕、吏、衙各有所用,四者互相牵制,国家机器的运转也就完全总汇于皇上一人。殊不知上有政策下有对策,在互相牵制的过程中,也就互相扯皮,互相推诿。政难通,令难行,形成互相勾结、互相利用的黑幕。将小民置之俎上四马分“肥”,任意宰割。食肉茹血,各占其份。

老百姓认为“车、船、店、脚、衙,无罪都该杀”。车、船、店、脚是商中之小者,衙役是国家机器中的微者,商中有巨贾,国家机器中有高官,但高官巨贾和老百姓不直接打交道,其阴、毒、横、狠,小民难以领教。官贪商奸是历史上的正常现象,小民识浅见短,归恶于直接欺讹、压迫自己的车、船、店、脚、衙。所谓无罪也该杀,是若辈没有无罪的。殊不知豺狼当道,何问狐狸。

当清廷认识到官、幕、吏、衙分御,不利于一元化领导之时,开始进行官制改革。但时不与爱新觉罗氏,中国历史的一页在武昌起义的炮声中翻了过去。

为“花会”正名

◘高　巍　张红红

跟朋友提“花会”这个词儿，有99%的人想到了养花的协会，当解释说，“花会”就是舞龙、耍狮子、跑旱船之类的表演，对方似乎明白了一些。可依然不禁要问：干吗叫“花会”？

“花会”这个叫法是20世纪50年代开始的，早先叫“走会”或“过会”。它是传统的民间文艺组织，城乡都有各种的花会组织。每到庙会之际，“京师游手，扮作开路、中幡、杠箱、官儿、五虎棍、跨鼓、花钹、高跷、秧歌、什不闲、耍坛子、耍狮子之类，如遇城隍出巡及各庙会等，随地演唱，观者如堵”①。到了50年代，有人提出“走会”不够准确，而高跷、狮子、旱船、太平鼓等属于民间艺术之花，于是就把从事这些活动的民间文艺组织统称为“花会”。

这番改名可谓用心良苦，让花会能在意识形态的高压下一息尚存。然而，由此带来的混乱也是显而易见的。所以才让圈外人对此一头雾水。

民间花会的历史很悠久。早在春秋时期，宋国的艺人兰子为宋元公（公元前531～公元前517年）表演，其高跷腿子比人还高，不但能作“并趋并驰”的一般表演，而且还能同时挥舞七支宝剑。这表明当时的高跷表演水平已达到很高的程度。这种高跷历代流传，后来成为庙会上过会或走会的重要表演内容之一。然而，如果对花会起源仅作如此的描述，自然会少了许多传奇的色彩。要知道，在历史上但凡有点来头的事，要不整出个半神话传说来，那才不叫正事呢。

无独有偶，关于花会的起源，还真流传着颇具传奇故事的说法。传说，

---

① （清）富察敦崇著《燕京岁时记》。

清代的顺治皇帝其前世是一位苦修多年的老和尚。有一天，他在打坐之际突然自言自语道：“又要罚我到世上遭劫一回了。”说完，就圆寂了。等到他转世来到人间时，已成为爱新觉罗皇太极家中的一位成员。在博尔济吉特氏导演的宫廷生死搏斗当中，福临居然登上了原本不属于他的皇帝宝座。然而，他的一生都没能挣脱博氏的操纵，曾被迫接受两位由博氏指定的女子为皇后，而自己所宠爱的董鄂氏又突然去世。种种耻辱和失去爱妃的痛苦，使他无法再忍受人世间的折磨，再次遁入空门，上五台山去当了和尚。

他的儿子玄烨(即康熙)继位以后，很是思念父亲，欲去五台山探望。然而，贵为天子的皇上，去佛门圣地探望出家的老子，这在严酷的封建专制的束缚中，成为一件困难重重的事情。终于，康熙皇帝想出了一个变通的办法——命令随自己上山的五府六部的文武大臣及众多的太监、侍卫们乔装打扮，装成唱戏的、杂耍的、使枪弄棍的，吹吹打打的各色人等，热热闹闹、气气派派、排列成队地上山寻父，名义都是来拜佛。这既名正言顺，同时也不失皇帝的威风。

这就是民间花会最初的源头，以及进香拜佛的原因。这段传说，赋予了民间花会以不凡的出身门第，满足了花会成员提高身份的渴望。而更重要的是它凸显了花会与寺庙宗教的内在本质联系——最初是作为酬神表演的。

人常说，神话传说是以口头文学的形式在传承历史。关于花会起源的这个传说，正好体现了这一点。而且，花会与皇家上层的这种紧密联系，一直延续到了清朝末年。慈禧当政时期，为了粉饰太平，满足她个人的享乐之需，常在她过生日或举行喜庆活动时组织花会表演。在旧历四月妙峰山过会时，有很多朝山的花会要从颐和园北宫门前经过，边走边表演。慈禧有时就在北宫门的城门楼上观看，哪一档会好，就调进颐和园或皇宫里去表演。现在还有一些民间花会组织仍保留着“龙折”、“龙幌”，号称“万寿无疆老会”，这都是到颐和园或皇宫表演过，受到皇封的所谓“皇会”。北京受过皇封的民间花会很多，光丰台十八村的十八档会中就有四档皇会。那些受过皇封的“皇会”在每年朝顶进香的路上，遇到同行时甚至可以不向别人行礼，别的会还得给他让道。为什么？这是皇上皇太后封过的呀，地位高。

清代宫中由太监组成的戏班中，就有不少学习民间歌舞的艺者，“五虎棍”、“什不闲”等。清廷有些官府和八旗兵营中，也办汉民族民间舞蹈技艺会档，如兵部的“杠箱”、礼部的“中幡”、户部的“秧歌”、刑部的“棍”、老太府的“花坛”、掌仪司的“狮子舞”、翰林院的“五虎棍”等。

北京的民间舞蹈活动，大都与传统节日习俗紧密结合，是节日中不可或缺的内容。过去将各种民间歌舞技艺活动称作“走会”、“过会”或“出会”，主要是因为他们在行进中边走边练，只有在有人邀请时才停下来作成套路的表演。

民间花会又分成“文会”和“武会”两大类。“武会”是扮演各种民间歌舞技艺的会档，其中又分“会规以里”和“会规以外”的两种会。所谓“会规以里”是经过多年发展已约定俗成被公认的表演项目（行话叫“档”，共有十三档），除此以外的表演项目统称为“会规以外”的。

民间花会在表演时大都有音乐伴奏，载歌载舞，声情并茂。其内容之丰富、种类之繁多，实在是琳琅满目，举不胜举。

千百年来，人们出于对给予他们各种生活资料的土地的敬重，每年都要举行祭祀活动。这类活动一般都安排在大地复苏的春季和草木凋落的秋季。而祭祀活动的同时，人们也通过各种庆祝活动表达自己丰收的喜悦心情，达到娱神自娱的目的。渐渐地，祭神的痕迹越来越淡化，而推进了舞蹈、杂剧、杂技、乐曲、吟咏等内容，发展为一种广泛存在于民间的娱乐活动。

十三档花会，又称“十三堂花会”，“档”或“堂”都是指一个具体的表演节目，如“一档（堂）高跷”，“档（堂）舞狮”，而不管这个项目里包括了几支同类型的表演队，纵然有十支高跷队，仍然叫“一档（堂）高跷”。只有十三个项目齐全了，才叫一个整会。如果只有八堂或六堂时，则叫“半堂会”。

至少从明代开始，北京已普遍组织起了民间花会。据东郊二闸的京都“二闸钢铃太狮老会”里一位年迈的老人介绍，他们这个会是从明朝正德年间就开始走会了。而首都博物馆征集到的一对太狮老会的狮子，据考证，是明代晚期制造的。

到了清代，好大喜功、贪图热闹的乾隆皇帝，十分倡导民间花会的活动，民间花会由此形成高潮。

1949 年以后，舞狮、舞龙等花会形式依然在庙会，以及大型文化活动中亮相。建国 35 周年、50 年大庆的游行队伍中，可以看到中幡那威武的身影。早在延安时期，秧歌就已成为节日活动的重要表演形式。依此创立的秧歌剧《夫妻识字》、《放下你的鞭子》等，更成为宣传革命的生动教材。

赶会，走的就是一个“礼”

高　巍　张红红

民间花会在中国已存在了2000多年。早年间，北京地面上的花会曾有三四百档，不仅有宫里的，还有民间的；有内八档，还有外九档；不入档，档外档，这些纷繁众多的民间花会分属于不同的行当，会首来自各行各业。

每年四月初一朝顶进香的队伍由京城内外的不同地点出发，目的地只有一个，那就是位于京西门头沟的金顶妙峰山。这么多档会汇聚在一起，相互间怎么打招呼，前后位置由谁确定，有了矛盾如何解决？

这一系列的问题都需要有一个统一的说法，作为各档会，各档会成员有共同遵守的法则，以维护朝顶进香活动的顺利进行。然而，有皇上的社会不时兴法治，皇上的话就是权威。遗憾的是，皇上要管的事太多，管不过来民间的那么多鸡毛蒜皮的杂事。怎么办呢？花会的会规由谁建立呢？

最早的会规制定者已无从考证。现在已知的是清朝皇宫中有两个太监，一个姓卢一个姓佟，宫中各档会的会规由他们从宫中传出。在民间，最早的会规由会首陈永利制定。陈永利再后是清末的京城四大前引——景荣、宋文玉、赵松涛和范月川及刘敬亭、李长福、金秀其等人，之后是京城四小前引隋少甫等人。当代能够掌握北京民间花会会规传承的主要人物有黄荣贵、赵宝琪、张凤岭、孙忠喜等。

隋少甫先生出身于香会世家，曾是“万里云程踏车会”的会头。由于车技高超，侠肝义胆，古道热肠，花会知识丰富，且常在各会间传递花会消息，所以被尊为京城花会总会头。隋老爷子精研各会表演，熟知北京花会的会规，很多专家都称隋老是花会界的活化石。

隋少甫先生从父亲那里学到了关于香会的知识，11岁时曾拜奎世峰先生为师学习“车技”，后又拜在京城四大前引之一景荣先生门下学习会规，是京城四小前引之一。这些人作为香会会规的掌管者，一般都是当时香会界德高望重的老都管，这反映了会头的师承关系、知识层次、公正性、业务技术的能力和组织能力等多方面，是人们公认的领袖，而不是靠师传，表现了香会会规的民主气氛。20 世纪 80 年代由隋少甫等人主持恢复了花会表演，后来隋少甫成了花会的领军人物。

笔者曾在一次非遗项目的评审会上见到过一部花会会规，但所有者只是出于说明情况的需要而偶一展示，并不想让更多人了解内容。据说只有拜某位会首为师，成为门里人以后，师傅才会出于培育后人的需要，赠送新入门的弟子一部会规。后者要像大臣接旨一样，把会规高高地举在头顶，称“顶大帖”，预示着传承师门的重任。据说会规的内容共包括了四大部分：拜师、贺会、朝顶进香和回香。

一、拜师。民间花会很重视拜师仪式。拜师是新成员进入花会界的必要手续，也是传承技艺的凭证。拜师仪式一般都很隆重。有的是单个拜，有的是凑够一拨，几个人一块拜。但无论拜师者一个还是数个，仪式都不可马虎。从邀请对象看，除了一般来宾、同行外，一定要有引、保、带三师光临。“引”就是介绍人；“保”就是保人，以示慎重：带是代替之意。除要拜的师傅外，带师往往可以代替师傅传艺。一般由师傅的师兄弟充当。仪式上要向师傅行礼。还有拜祖师等内容，庄严肃穆。

二、贺会。新花会档成立时，往往要请有名望的老会头来赠会名，表示对新会档成立的祝贺，又称“贺会”。例如：清朝有内八档，那些给皇上当差的演员告老还乡后，经济上比较富足，在当地算有钱人，不甘寂寞的演员们继续在家乡搞花会表演。为了扩大知名度，把各个香会的会头都请来祝贺，被称为贺会。表示对新成立的此档花会的祖先进行朝拜，承认其师承关系，认可新会的成立，这种规则一直延续至今。贺会按顺序来说分为小约、定会腕、下请柬，贺会当场要进行念大表、点香、叫香、见三参、赏红、赏腕、赏鞍旗化、捧铜叫三参、沿路表演等程序。

从此之后新会手续齐备，可以合法存在，正式走会了，并容许该会会旗打出“金顶妙峰山进香”字样，朝顶进香。如果三年没有“走会”，则该会需“重整”，如五年没有走会，则必须“重贺”。没有贺过的会、未登记在案的会，被称为“黑会”，不能随意走会，并禁止到妙峰山朝顶进香。贺过会的花会，便在花会界有了正式的地位，可以上妙峰山表演。

三、朝顶进香。在北京，供有碧霞元君神像的庙观被俗称为“顶”，表示其在人们心中的崇高地位。顶分为东、西、南、北、中五顶，此外还有东顶丫髻山和金顶妙峰山。尤其是后者，在众顶中地位最高，是每年各档花会朝拜的重点。

每年的四月初一至十五，是金顶妙峰山的开庙时间。届时，不仅是京城内外的众多香客，甚至河北、天津、山东，以至江苏的信众都要前来朝顶进香，以示虔诚，以求保佑。

作为酬神表演的京城各档花会，更是要做好准备，前往妙峰山朝顶，并成为妙峰山上的重要景观。一时间，东西南北的诸多香道上，朝顶的花会一档接着一档，精彩的表演，喧天的锣鼓把京西演绎得神圣热闹。

各香会的所有成员，到妙峰山进香前一天都要洗澡、守夜，早晨起来烧起驾香，天不亮就坐上马车出发。前往妙峰山进香期间不能喝酒、吃肉。走两天到三家店，将大车存在三家店，再走一天到妙峰山。去三天，回来三天，进一次香要六天的时间。这还得说是城里的会。赶上京东，或者天津的会档，提前个半月起程的不在少数。一路辛苦可想而知。来回费用都由会头自己掏腰包。一般连去三年。到山下由会头去见已到的花会会头。装好道具后，又要去参见已到的花会。再上山到庙门时，又有相应的规矩，如进行参拜等。

四、回香。朝顶进香的花会除了在娘娘庙里举行隆重的酬神演出外，还要到对面山上的回香亭回香，以示谢意。到这儿，今年的朝顶进香才算基本完成。

而在回城的途中不免还要在一些茶棚祭拜，或为拦祭的人家表演一番。至于碰上同行更是常有的事。每到这个时候，往往由懂会规的老会首上前联络，各成员在会首指导下行礼。

您别小看这回城的一道，弄不好出了叉子，或让懂会规的人挑出毛病，挨顿训还是小事，话不投机拳脚相加也在所难免。

北京民间走会，有名目繁多的会规会礼，它体现了古都民众守规矩、讲秩序、有礼貌的传统美德。会规会礼在维护走会秩序，增进会档间的合作团结等方面，发挥了积极的促进作用。其中当然也免不了有封建礼教的残存。

银叉飞舞进香来
——开路会档简说

◇高　巍　张红红

开路，作为民间花会中的重要成员，“幡鼓齐动十三档”为首的一档，作用就是为花会在行进过程中开路。拿什么开路？拿钗。

开路会档使用的钢叉是我国古代“十八般兵器”之一，是经过艺术加工美化了的，叉杆上缠有各种花布条，叉头锃明瓦亮成“山”字形，叉头下还装有环形铁片，抖动起来哗哗作响。

银叉飞舞

开路，又叫耍钢叉。过去忌讳说叉，因此会名都称“开路”。当庙会出会或走会时，在队伍前面表演，也就是逢山开路的意思。据老辈人说，飞叉的活动与宗教有关，和尚、道士打坐时间久了，胳膊腿麻木了，起来练练叉，活动一下腰腿。开始时也不一定是现在用的钢叉，很可能是禅杖或其他的什么东西。后来流传开了，成为一门技艺。为了好看，改为叉形。钢叉的叉柄是用锄头把儿制成的，有一米多长，擀面杖粗细，固定在钢叉堂上的叉头可以转动，有的还拴上铃铛，转起来发出“哗楞哗楞”的声响。走会时，通常五人一组，其装扮类似神话中的夜叉，脸上勾着脸谱，分成大鬼一个，小鬼四个，赤臂，上下一身黑色，腰间围一虎皮裙，青缎子靴，青缎子靠，除扬钢叉还使用其他武器，各显奇技。

耍钢叉主要是一些武术套子或一些基本功作，名称有“戏水”、“风摆荷叶”、“连环趣事”、“单双抱月”、“转盂”、“纺线”、“朝天登”等等，三个最基本的动作是“筛糠”“背剑”和“搅尾”等。因为在出会的过程中要不断地表演，而一般高难的套环动作又不能连续做，所以，中间就用这三个基本动作串起来。接叉、扔叉，讲究将叉在全身和头上作各种飞舞的动作而不落地。表演时，动作连贯环节紧凑，寒光闪闪，十分好看。但时时处处透着惊险，使观众自觉躲避，从而为后边的各档会打开通路。过去朝山进香时，开路会总要提前几天出发即便遇上其他会档，照例也要为他让路。

需要说明的是，前面所述的，勾脸、围虎皮裙的为“样鬼”，他走在开路会的前面，但他们不表演，而真正表演的在后面，“不勾脸赤臂者”指的就是这些人，其人数不限，多在十人左右，穿薄底靴子、各色彩裤。

开路可以一人单练，也可以几个人对练，还可以过活，和戏曲武打演员打对手一样。开路一般是在平地上练，有时要上到桌子上或高台上练，把两张八仙桌并在一起，再放上一条宽板凳，演员站在板凳上表演。

开路走会时，大多配有乐器，像打击乐，一个丹皮、一个堂鼓，两副铙、两副钹，行话叫“八扇洞”，外加一个小镲锅。按照花会的解释，开路是打鬼的。因为他们供奉的祖师爷是地府里的地藏王，“开路”是冥界里的武士，可横扫一切鬼魅邪恶。

一个诞生在中国，土生土长的民间花会组织，为何要拜一个外来宗教的神灵为祖师爷呢？这只是因为开路中的演员大都装扮成阴间的鬼怪，而佛教中主管地狱（冥界）的最高主宰就是地藏王菩萨。它有威慑力，能统辖鬼怪（这有点像中国传说故事中的钟馗）。

《北平风俗类征》引《百本张唱本》，描述开路的生动演出时记载道“开路叉，逞英豪，勾花脸，桐油照，发髻披散四下抛，青锻子靴青缎子靠，虎皮围裙记沙包，旱地拔不好学，十字披红，玉带摸摸腰。这些个故事全学好。唯有窜最难教。劲儿头也不许大，劲儿头也不许小，劲要一大，拐不过弯来可怎么好？瞧热闹哥儿们打点褥套，躲避不及一命没，教我练，我可练不了，我不能五逢六月戴毡帽。”

《都市丛谈》中，对开路还有更为详细具体的记载：耍飞叉，现在以飞叉卖艺者，多出于万不得已，但有一线之路，绝不肯以此为生，因是艺皆系子弟出身，在香会中称为“开路”，虽是一种游戏玩意儿，非有真功夫不能成，如“套子背剑”、“戏水过桥”以及“倒正转身”、“单打翅子”、“提柳”等等，要皆非溜不可，其中最难者莫过于踢，只要杆子一大蹦儿，准保刺伤迎面骨，当年最出名者南城为粟十、徐三、徐四、王德禄，西城为二瑞子、疯瑞子、王四、大萧，此等玩意儿，又为厨花样行卜所喜，如黑窑厂、安国寺等处，都是早年贺过牌（不贺牌不能加入香会）。而今，时过境迁，谁还顾得了耗财买脸，即便偶尔出一回会，也不过就是努力为之，有正业者，尚能勉强敷衍，论到素无正业之人，只好就是从艺卖钱，现在售艺者王雨田，即是开路会中的好练儿，一旦归入生意场，苦也不问自知。

眼下京城众多开路会档中，历史记载最久的，可算是起会于清朝嘉庆末年（1818）的东安门公益助善开路老会。据说在道光二年四月，上妙峰山朝顶进香回程路上，至万寿山后宫门附近演练时，巧遇道光皇帝。道光看后拍手称道，当场赏赐金叉头。因此会以前没贺过会因此得名万寿山巧贺会。香首姓满。随着清王朝的灭亡，东安门公益助善开路老会也濒于没落。1912 年左右，商界中人沈伊三、申竹轩等在东安门一带开设德爱堂专营中药。为了扩大影响，他们接驾了东安门公益助善开路老会，成为该会的新会首。

1952 年陈旺经人介绍成为该会的新会首。1992 年东安门公益助善开路老会转驾于安定门小黄庄，并参加第二届地坛庙会受到东城区领导的表彰。

安定门外仰山众友同乐开路圣会是以村为单位的一支农民花会队伍，建于1954年。会首张文礼“文革”后重整恢复活动，文场是村里老少爷们，武场的开路飞叉是自己的亲朋好友子女，是一支以少年儿童为主的花会组织。他们几十年如一日苦练基本功，成为活跃在北京和全国的一支古老而年轻的民间艺术之花。张文礼是花会泰斗隋少甫的入室徒弟，跟随师父学习会礼会规。仰山村的开路会在隋少甫的带领下作为第一堂民间花会朝拜了刚开放的金顶妙峰山娘娘庙。仰山开路的少年飞叉，传承于中国四大叉王之一的范立简，老人去世后就安葬在仰山村，范老的儿子范炳强教仰山开路的武场头张宪及众弟子二十余人，集杂技，舞蹈，武术于一体。二十年如一日，内江派外江派结合，演技如火纯青。在“龙潭湖杯全国优秀民间花会大赛”上获得“五连冠”，张宪获得“十连冠”个人表演奖。

开路会分为文场和武场，武场里的钢叉，抖动起来哗哗作响，威震四方。文场是为武场伴奏的乐队，由单皮（小鼓）、大镲、小镲、堂鼓等组成。还有门旗、都旗、笼幌、手旗等。

尤其是其中的“五鬼”打开神路的功能，更给花会表演增加了庄严，肃穆和威严的气氛，成为花会表演中的精彩部分。

玩棍就得这么玩
——关于五虎打路的述说

◘高　巍　张红红

棍是中国武术中的主要道具之一。棍术所表现出的激烈博击，豪迈气势，无不给人留下深刻难忘的印象。

五虎棍即以武术中的棍术作为主要表演形式。然而它与一般的棍术明显不同。这不同，首先表现在五虎棍所具有的除暴安良，维持正义以及行侠仗义的民族精神。

玩棍这么玩

传说在大宋开国皇帝赵匡胤尚未登基之前，曾在一次四海漫游时经过一个叫董家庄的地方。这村庄里住着董家五兄弟，他们每人使一条齐眉棍，练就了一身本领，在董家桥一带称王称霸，无恶不作。来往行人都要留下“过桥费”，强行索取，否则不准通过，人送绰号“董家五虎”。赵匡胤从董家桥上经过之际，正遇上董家五虎向过桥人收取“过桥费”。赵匡胤认为不公，董家五虎于是和赵匡胤打了起来。此时恰好卖油郎郑子明挑着油挑子，由此地路过，看见五个人打一个人，抱打不平，于是拔刀相助，从油挑子上抽出了扁担，帮助赵匡胤把董家五虎打得大败而逃，也为当地百姓除了一害。因为赵匡胤当时用的是“蟠龙棍”，而董家五虎使的都是“齐眉棍”，所以从此就留下了“五虎棍”的说法。而民间花会中的“五虎打路”表现的正是这一段故事。

由此，原本没有思想内容，故事情节的纯粹武术表演，被融入了文学元素，成为有故事情节的表演项目。编剧的思想倾向和情感，也被表演生动地演绎出来。

在五虎打路的表演过程中，主要演员（五虎兄弟，赵匡胤，郑子明）都要仿照京剧中的角色装扮起来。其中，赵匡胤勾红脸，戴硬罗帽，穿红开氅。郑子明也戴硬罗帽，勾黑脸，穿黑氅。董家五虎中，大虎勾花脸，二、三、四虎素脸，丑扮，脸上画一只大蝎子。大、二、三、五虎戴罗帽，四虎戴马尾逶风巾。

五虎棍主要是观看红脸（赵匡胤）、黑脸（郑子明）、花脸（大虎）三个人的表演。其特点是“红脸稳、黑脸哏、花脸咤。”五虎有单练、双练、群练等形式。主要套路有：三抽、三扫、三捂、三月子，二龙头和十八棒等。群打时各有名目，并有故事情节。如“落家桥”、“燕青打擂”、“武松打虎”等。通常分两派厮打，有五打一，六打二等。

表演不仅有激烈的场面可看，而且有文场的演奏可听。通常由 14 个人表演，分为两组，一组 7 人，开始表演时轮换击鼓奏乐。演员的动作与演奏的节奏配合紧密，时缓时急，时快时慢，生动而丰富地配合了棍术的表演要求。

五虎打路在“幡鼓齐动十三档”中位居第二，是为了利用武术的群体动作，进一步拨开人群，扩大空间。所以，有时干脆管这档会叫"五虎打路棍。"

不过，有时表演并不一定都用棍，还可使用刀、枪或十般兵器中的任何一类。籐牌少林棍多了八个籐牌手，成为五虎棍的变体。还有一种跟斗棍，就是表演时不仅使用棍作道具，而且还不断地翻跟斗，用真刀真枪对打，场面十分热闹，惊险不断，十分抓人。

正像各档花会都有自己的行业保护神（祖师）一样，五虎打路也有自己的祖师（行业神），这就是《西游记》中的齐天大圣孙悟空。五虎棍拜孙悟空为祖师，真可算是独具匠心，恰到好处。

一来，五虎棍，顾名思义，就是以棍为主要道具。巧的是，齐天大圣孙悟空所使用的也是棍——金箍棒。由此才被赋予了神力，神通广大，无所约束。

二来，孙悟空武艺高强，在人、神两界，并无一人能与之比肩，被视为神通广大的象征，"一个筋斗十万八千里"成为让人羡慕的焦点。五虎棍以孙悟空为祖师，无形之中强化了自身的崇高地位和传奇色彩，由此在同行中以显出不凡的气势。

三来，孙悟空火眼金睛，能分辨出打扮成各种身份的妖魔鬼怪。而且一经发现就穷追不舍，必置其死地而后快，表现出鲜明的是非观念和为民除害的责任意识。而这些宝贵的精神也正是习武之人所普遍崇尚的东西。甚至可以说这是武术的精神所在。

因此，五虎打路以孙悟空为祖师，正是在表达以自身能耐维系天下，扶持正义的精神追求。

早年间，京城习武练棍的人不少，五虎打路的会档遍布京城内外，流传至今，其中享誉盛名的，还要首推同心合缘五虎打路这档会。

这档会原本设在西直门外路南的一片民房当中。几年前这里拆迁，住户星散。于是改在北京展览馆前作为排练的场地。每到这时，原来住在附近的各位练家们，要走很远的路，从东西南北汇聚到这里。

说起这档会的出身，那可是京城赫赫有名的。现存于故宫博物院的清代宫廷绘画《普庆升平图》[1]当中，描绘了京城各档花会走街表演的盛况。其中就包括五虎打路会档。福三爷曾带领会档，进颐和园给慈禧太后演出。1897 年被皇封为“万年永庆”封号，1903 年光绪皇帝封“万寿无疆”封号。

早年前，清宫“内八档”中就包括五虎打路。清朝末年，五虎打路逐渐由皇宫流传至民间。当年据说从西直门到德胜门，到西四阜成门，这一大片地区都有五虎棍的会档存在。其来源，就是皇宫翰林院的五虎棍。

当年在西直门外活动的五虎棍会档称“合议同善五虎打路”，会首是福三爷（1880－1930）。20 世纪 80 年代末，李文华（1920－2004）和赵宝琪二人从师傅白玉（1900－1991）手中接过五虎打路的拨旗，改名为“同心合缘五虎打路”，并活动至今。这中间，李文华又将技艺和会规传给了陈学良、陈学勇、王跃等人。赵宝琪虽然未举行正式的收徒仪式，但其子侄也已接过会旗，并在海淀中关村发展壮大，成为“同心合缘五虎打路”的主力军。

该会档于 1991 年上妙峰山进香表演，同年还参加了地坛庙会，获优秀奖。2005 年参加莲花山杯花会大赛，获银奖。该会档的表演，文武场并举，内涵丰富，且武艺高强，动作技巧高难，表演特色鲜明。目前，这支年轻化的表演队伍，经常出入社区、学校、部队，参加各种活动，影响不断扩大，让更多的人了解老祖宗传下来的“玩艺儿”。

① 宫廷画师王继明、张启明、屈兆麟绘。

冲天豪气“大执事”

◇高 巍 张红红

早年间，北京有钱人都住在宽敞的四合院里。到了夏天，为了防止曝晒雨淋，往往要在四合院中搭棚。这些棚搭得相当讲究。一来立起的杉蒿不能在院子里刨坑，要平地起；二来大棚有的还得横跨几进院子，全部罩起来；三来棚顶不能固定，要随天气阴晴而开闭，承担这项高超技艺的有专门一个行业——棚行，俗称“搭大棚的”。谁家有红白喜事时也要搭棚。赶到冬天活儿不太多时，这些搭棚匠们就举杉蒿耍着玩，由此就有了中幡——艺术化了的举杉蒿。

您别认真。这儿说的只是关于中幡起源的一种传说，相应的传说还有几个。不过，只有据史书记载的才更有凭据。据史料记载，中幡起源于唐宋年间，距今已有1000多年的历史，中幡早年叫“大督旗”，又叫“大执事”，用于军队仪仗指挥。后来传到民间，经过历史的沿革，演变成现在的中幡。

耍中幡

我国历代王朝宫廷皆有中幡的演练，史书中有“石民遗将军，晏谦代弘农……获关中担幢技以充太乐”的记载，每当军队得胜还朝之时，旗手们沿途演练简单的动作，以壮军威，形成了中幡的雏形。

清朝乾隆年间，乾隆六十大寿有百档花会献艺，其中有两档中幡争芳斗艳，各显其能，深得乾隆皇帝的赞扬并受皇封。当时皇宫里还有很多皇会，比如吏部中幡、兵部杠箱会、掌礼司狮子，还有东华门的开路等虽然都受过皇封、嘉奖，但在走会时，中幡在十三档会中总是被排在最前面的一档。

中幡的主要道具是一根粗大巨长的竹竿。长短不一，最长者达数丈，顶上为一小伞（也有的是三个用布圈成的圆筒子，行话叫楼子。斜着两面带着火焰的三角旗），并缀上铜铃。下边是用细竹竿绑成的长方形架子，行话叫"耙子"。"耙子"下面挂着一面两尺多宽，一丈多长白红色幡布，由布或绸做成，上写豪言壮语——"晃动乾坤宝太平"等。也有的在幡上绣神像，如关帝、窑神等。门头沟区千军台和庄户村的幡旗上，绣的就是这类神像。而丰台区前泥洼的幡会的幡旗上，绣的是八仙庆寿和十八罗汉等。

每个幡会所拥有的幡旗数量不等，多则十多面，少则仅一面。除幡旗外，每会出会时还有门旗、拨旗和几副笼子。

因此，"中幡"一词的意思，就是指一面高举的竖旗，为使其竖直，必须保持平衡，是为"中"。如前所述，它是由寺庙门前的幡演化过来的。

中幡因其高，所以重。轻则三四十斤，重则上百斤。加上风力的作用，需要很高的技巧，同时还有相当的危险性。"二档中幡逞英豪，头遭来个怀中抱，举三举，落三落，托塔转支幡，楞往头上掉，别的故事书全好了，唯压肩最难学；劲头不许大，劲头不许小，要一小，砸脑勺；要一大，出溜跑，眼睛鼻子全平了。"这段顺口溜，形象地描述了舞幡中的各种危险。

正因为难度大，加上幡高招眼，所以，在庙会上就格外地引人瞩目。随着精彩的表演，不断地引来喝彩声和掌声。

中幡高大，在起会时居中正立，给人以威武之感，也因此成为整个花会的会旗。高大挺拔的中幡仅由一人顶举，还得做出种种惊险而优美的动作。所以，舞中幡的人不仅要力气过人，而且更要武艺高强。老北京的舞幡高手，要首推宝善林了。宝善林俗称"宝三"，是摺跤的高手，据说 30 年中没遇过敌手。他舞中幡的技艺尤其超群，不仅可以头顶、肩顶、腹顶、背顶做出各种令人目眩的动作；而且可以用小拇指托起中幡，飘逸潇洒。他的辗转腾挪之功，刚柔相济，非常灵敏。他的动作惊险而有气势，表演粗犷而又显出轻盈。每当上场之际，他首先来一个两手合捧中幡，这叫“怀中抱月”，是舞中幡中有名的动作。接着，用双手把中幡扔出，等它落下来时，伸出脚尖把中幡接住，随后用脚踢起，来个“浪子踢球”。此时，中幡恰好落在他的头顶之上。随后，再从头顶转到肩膀，在头、两肩之间举三举，三落，最后将幡落在头顶，双手下垂，中幡不倒。就在观众以为结束之际，突然又来一个“正背花，反背花”——猛地把头一挺，中幡随之甩出。就在这当儿，他身体后仰：用胸接住幡，再转后背，中间还夹着两个“鹞子翻身”动作。然后，左右肘成穹形，来一个“二郎担出”，用肘尖来接中幡。如此重的中幡在他手中就像一根轻小的竹竿。

宝三耍的中幡有三四丈高，碗口粗，幡旗为红边白地绣金图案，上书“宝善林以武会友晃动乾坤”十几个大字，耍动中，中幡哗哗作响，气势磅礴，雄威显目。

中幡和表演技艺套路很多，据说有72套之多。

俗话说“狮子怕过桥，中幡怕过城”，幡在行进过程中，难免遇上牌楼、城门，每到这种时候，为了不挫英雄气概，中幡不能放倒，顺着进城。而是要从牌楼或城墙上扔过去——这需要更大的力气和更高的技巧。

与过牌楼时的扔中幡相比，过城墙则更不容易。每到这时，舞中幡的人仗着平时练就的轻功，飞身上墙，将挺拔的中幡扔给城墙那边等着的弟兄。那弟兄需要同样的力量和技巧，将从几丈高城墙上落下的中幡稳稳地接住。

舞中幡时，常常赤膊穿厚布纳的褡裢，腰间系一根绳，脚蹬厚帮薄底的“螳螂肚”靴子，头上戴一个小毡垫儿，无论中幡在身体哪一个部位，都不能动身去扶或换，而只能用力去顶。

起先，中幡还不算花会中的一个档，以娱乐为主。到后来，舞中幡的人为养家糊口，就把舞中幡当做了卖艺的形式，在天桥等地设摊。

如今，中幡已列入国家级非物质文化遗产名录，建国50周年的游行队伍当中，数百中幡如林，以威武雄壮之势从天安门前走过，接受党和人民的检阅。

亦礼亦谐趣味足
百年重回话杠箱

◘高　巍　张红红

杠箱属于滑稽戏,参加的人比较多。通常在前头有八个人抬着四个有环儿的箱子,每两人一组,箱内装有花会赞歌所说的“来进贡”的银子或叫钱粮。抬杠箱者有时翻筋斗,有时跳着走,但要求表演动作与箱子上环儿的声响节奏一致。在杠箱的后边,有一位招哏打趣的演员扮成官员,谓之“杠箱官儿”,身穿大红袍,头戴圆翅纱帽,嘴上饰短须,骑在一根竹竿上,后张一柄大伞,观众可以随意地向骑在竹竿上的“官员”“告状”,打趣说笑。官员本应骑车、坐轿,此官居然坐在竹竿上,与耍猴相似,看上去就充满滑稽,让人好笑。杠箱官接到“诉状”后,要及时回答,口若悬河,还要妙语迭出,佳言横生,对答如流。还可以喝一段,显得诙谐有趣。一个好的杠箱官儿就成为此档表演成功与否的关键,要让观众笑声不绝。还有的表演带有故事情节,内容是表演县太爷出巡。前面是一堂执事及两面开道锣,一对回避牌,数副飞虎旗。执事后面是一位脸勾豆腐块,戴副断了腿后用细绳连着的老花镜,杠箱是个高约 50 厘米,宽约 80 厘米的长方形箱子,上面用木条隔成小长方格,画上戏曲人物。箱的两端各有用细竹片吊着的半圆铁件儿,箱上插两面会旗,旗间拉上挂有小铃铛的绳子,用一根有弹性的扁担,一人抬一个。抬的人故意使杠箱上下颤动,下次起来彩旗舒卷,铜铃哗哗。最后是两个人抬着一根长竹竿,俗称“独竿桥”,竿上坐着出巡的“县太爷”。

“杠箱会”所表演的内容最早取材于隋唐演义中的贾家楼三十六友结拜劫皇纲的故事,后来又将《水浒》故事中“路劫生辰纲”也纳入其中。杠箱表示装的金银财宝（生辰纲）给皇帝送的生日礼物，后《水浒》中宋江投降朝廷送金银给皇帝并加入一个朝廷官员押运，形成了表演中的杠箱官儿。随着多年的改进，内容更加丰富，并且加入审案的形式，将诙谐的逗贫嘴加入其中和周围的百姓形成互动。

“杠箱会”一段传说始于明代，根据考证和隋少甫先生回忆，听他父亲说：“杠箱会宋朝就有”，所以“杠箱会”有可能始发于宋代或更久远。定型于北京，但具体的时代和创始人因年代久远已无法考证。

“杠箱会”的发展经历了三个时期：一是发展期：明、清两代“杠箱会”主要在北京地区表演，因“杠箱会”的历史溯源和北京地区产生的优势，在清代皇宫中多为皇帝表演，承担皇室的朝拜等活动，这样在人员资金等方面有了充分的保障，发展迅速。

二是兴盛期：清代由于康、乾两代皇帝的重视，“杠箱会”也达到了高潮，并由六部衙门演练，形成官办的内八档香会，“杠箱会”成为兵部演练的香会，并被定为内八档之一“兵部杠箱会”，代表兵部为皇家和民间表演，从此“杠箱会”被誉名为“兵部杠箱会”成为了官办的香会。“杠箱会”中的灵魂人物杠箱官儿被定为七品官阶，成为半官半民的皇家表演团体，使“香会”的形式提升为政府的行为。每年四月初一至十五，去北京最大的妙峰山庙会表演。康、乾时期杠箱的数量为四只，到清末为八只，可见当时发展的盛况。

三是衰落期：清末，随着清王朝的覆灭，内八档也就流传到了民间，“兵部杠箱会”走向了衰落。到民国时期，“杠箱会”的表演经费已没有来源，演员也为生活所迫各自离散，此档香会基本不复存在。以后“兵部杠箱会”在北京范围内绝迹近百年。

清代康、乾时期，由于杠箱会纳入兵部衙门，朝廷赋予了杠箱官表演时当街审案的权力。当兵部杠箱会表演时，群众可以对杠箱官儿告假状用于打趣说笑，也可以真的告状，杠箱官儿可以同真正的县官一样判案，给大兴、宛平两地衙门写押票，将人犯押入大牢判刑。属于半官半民、半真半假的会档。

明、清两代“杠箱会”主要在北京地区表演。清朝覆灭后“兵部杠箱会”流传出皇宫，表演者也四分五裂，演出逐渐在天津、河北等地流传，经过民间艺人的改编，已基本失去了原始的风貌，逐步形成了各地独特的风格。如：天津的“五虎杠箱会”全名叫“北城根公议集善五虎杠箱会”，由一个家族表演。据隋少甫先生讲，该技艺是由清朝后期曾当过杠箱官的阎玉传授的。它采用了“兵部杠箱会”的部分技艺，表演故事内容取材于京剧《宏璧缘》，以武技为主，解放后已经绝迹，后在天津南开区文化馆老师的发掘改编下形成艺术化较强的“杠箱”表演，从表演中还可以看到部分以前“杠箱会”的情景。

清朝末年最后一任“杠箱官儿”是隋少甫先生的父亲隋星甫，前一任是阎玉，再以前已无从考证。隋少甫先生从父亲那里学到了关于“兵部杠箱会”的技巧和知识，也是北京地区“兵部杠箱会”绝迹以来唯一健在的嫡系传人。

2006 年 6 月，全国第一个文化遗产日之际，消失近百年的兵部杠箱会表演，首次亮相劳动人民文化宫太庙，让人们充分领略了昔日皇家花会表演的精湛技艺。这是陈少甫先生弟子黄荣贵先生和赵宝琪先生秉承先师遗愿，在整理和传承民间艺术方面做出的巨大贡献。

参加这次演出的各路人士达百人，阵容强大，声势夺人。在这场演出中，前头有八个人抬着四个杠箱，两个人抬一个箱，八个人分别扮演贾家楼三十六友中的八个人，如：尤俊达、秦琼、陈咬金、金甲……也可以扮为水浒中的英雄人物，如李逵、武松、燕青、时迁、宋江、花荣、石秀、林冲等模样的好汉，抬者有时作出翻跟头、换肩……等各种技巧，但要求手不能碰杠子，利用身体各个部位如肩、腰、背、肚子等抬着箱子，常常把一只普通的箱子耍得上下翻飞，花样层出不穷。表演时动作与箱子上的环子拍打箱子发出的声响节拍一致，不能错乱，演员根据节奏做到整齐划一。还有扮演衙役的演员，手持开道锣两面、小锣两面、鞭、牌、锁、棍、旗帜的道具，打锣的边走边喊，表示开道。最后是骑在一根竹竿上的杠箱官儿。

2009 年，黄荣贵、赵宝琪先生还根据学者的建议，将参加演出的阵容进行了精编，保留了杠箱表演中最精彩的部分。同时又减少了人员，以利于参加各种类型的演出活动，从而让更多的人领略到杠箱的表演魅力。

第五章
曲艺与古籍

大小"金牙"话洋片

◇马 岐

"拉洋片"又叫"拉大片",也叫"看西湖景",当年是非常普通的一种撂地的土玩意儿。北京人习惯把它称为"早期电影"。据传说是在唐朝的时候,由两位官员,一个叫袁天罡,一个叫李淳风(据记载,此二位实为当时有名的天文学家),发明的。当时有一位娘娘,整天愁闷思乡,这两位官员就以西湖风景为题,画了8张南方乡景画,放在一个暗室里,叫娘娘从窗空中观看欣赏,消解烦闷。这8张大画后来传到民间,称之为"西湖景片"。再后来,艺人就把这8张画层叠着放在一个大箱内,在箱体上做8个镜头,装上放大镜,观众从镜头中往箱子里看。艺人把大画片一片一片地拉起来更换,在箱子上头装上一个木头架子,加上锣鼓镲三件乐器,一边拉动画片,一边拉动锣鼓镲伴奏,口中唱曲来讲解画片上的故事。再后来,艺人们唱得越来越精,有的唱段逐渐脱离开画片的内容,成为独立的唱段,这才形成了后来定型的"拉洋片"这种演唱形式。

为什么叫洋片呢?是因为1900年以后,天桥拉大片的艺人大金牙,把画片中加上了西洋的画像,因此才叫的洋片。拉洋片的艺人不容易,必须会这几样:唱曲、拉架子敲锣鼓、拉画片、收费。这四样是由一个人同时做,才算是买卖。他们唱的声腔,与早年京韵大鼓的前身——怯大鼓有所相近，又有点像西河大鼓的腔调，那是因为这种唱法本身就是来源于河间一带。

这个形式的领军人物，最有名的是大金牙。他叫“金牙”可不是因为他本人嘴里镶了一排金牙，而是因为这几代“金牙”中，不知是哪代哪位装过那么一颗金牙，因此他们这个体系的传承人才全都有了外号，叫“金牙”了。人无外号不红嘛！大金牙的本名叫焦金池，他在天桥电车站后头撂地，是天桥八大怪之一。天桥有三拨儿“八大怪”，这个怪，就是所谓的绝活儿，看着不难可一般人还学不来。他的纲口（就是说口）笑料多，听他说话就跟听一场相声似的，现哏不断。他的唱法字清味厚，乡土音足，会的段子也多，锣鼓打得也花哨，使起买卖来，唱、打、拉满不耽误，每天看洋片的人不断，据说他圆上的人最多的时候过百，可以说是20世纪初期京城最有名的一大怪艺，也应该说是当年洋片艺人中最火的一位。高凤山先生曾说过：“我们去金牙叔家里，看见过一个大箱子，里面全是洋钱。”早间焦金池还灌制了几张唱片，到处播放，影响很大。

拉洋片用的画片是很难制作的，首先不能太重，要便于移动，还得画得精细，内容多样。这种制作的工艺现在已经失传了，当年是焦家的一位潘姓亲戚善此工艺，他是一位民间画匠，专门给焦家制作画片，非常之精巧。8张画中，有一张画的是义和团抗击八国联军进京的战斗场面，这是“金牙”家族的画片中必须有的一张，因此，唱这个画片的唱段也就成了洋片曲中最脍炙人口的一段。“再往里头再看啊，又是一片，北京闹了义和团……有红团，有白团，山东过来的叫老团……”

说到“金牙”家族的传承，都知道大金牙和小金牙，其实不止这两位，一共有几代了。第一代是“老金牙”，叫焦永顺，老家是河间府任丘的，唱大鼓书出身，久闯江湖，经验丰富。传到了“大金牙”焦金池，就从西河改唱洋片了，他久占天桥，一唱就是几十年，艺术非常有名。传统相声中有很多学唱拉洋片的声腔，学的就是焦金池。有一段叫《学洋片》，说得最好的是马三立先生留下的录音，这段说术语也叫“怯八张”；还有一段《闹公堂》也有学唱洋片的情节。焦先生本身的家学是西河门户。他有两个女儿，一个叫焦秀兰，一个叫焦秀云，都唱西河大鼓，可以说是色艺双绝，很挣钱。

姐儿俩虽然没有以唱洋片为业，但她们的洋片调唱得也都不错。我幼年在天津听焦秀云唱西河大鼓书，每到了散场的时候，最后她都要加唱一段洋片曲，非常受观众欢迎。焦金池的儿子改练了气功，没有继承他父亲。

焦金池教了两个徒弟，这两位确实是得了真传的，一个叫张福全，另一个就是后来称为“小金牙”的，叫罗沛林。罗沛林是北京本地人，他继承了焦金池的事业，也在原来天桥电车总站后头那块场子放箱子撂地卖艺。有一本天桥艺人的画册登过一张拉洋片的老照片，现在常能见到，就是此人。但是罗沛林的唱法，跟焦金池有不同之处：第一，他是北京人，他的演唱没有河间府的口音，是用纯正的北京音演唱，字正腔圆。他的嗓音是云遮月，略带一点“沙音”，非常受听（后学的有些洋片艺人还刻意地学他的沙哑嗓）。第二，他的唱段在焦金池的基础上又有了发展，创出了《妓女告状》、《上海澡堂》等段子。第三，他在这块场子上又加了两个箱子，由他的徒弟拉唱，这样，他的商业行为就扩大了。此外，罗沛林的最大胆改革，就是为了适应舞台演出的需要，放弃了画箱子，把锣鼓架子绑在椅子上，放到舞台上进行演唱，连唱带演，常在堂会的演出中见到他。后来，他这种不用画箱子的演唱形式，在解放后随着小蘑菇、金业勤等一同参加了赴朝慰问团，为志愿军演出，很受战士们的欢迎，也成了艺坛的奇闻。在20世纪50年代，他还创作了不少宣传新政策法规的新作品，可以算得上是一位跟得上时代的进步艺人。

罗先生除了唱洋片，还会说书，善说“八大棍”一类的小书目。在天桥，有时洋片的场子散了，他又把桌子支开，演说评书《月明楼》、《广泰回家》等书目，还会说相声，捧逗俱佳。原来北京市曲艺团的演员刘洪沂、刘洪西都得过小金牙的亲传。现在要想听唱洋片，最地道的莫过于刘洪沂啦！

再说小小金牙，他是罗沛林之子，叫罗浩然，当年也是一位很有为的青年洋片演员。他演唱的腔调与罗沛林又有不同，比他的父亲更加细致，京字京韵更加浓厚，而且他的表演好，表情生动传神。他擅长演唱《大花鞋》、《苏州姑娘》等段子，有自己的特点。我第一次看见他是1953年他在天桥市场撂地。他人长得精神，说话亲切，锣鼓打得也很纯熟，既有焦金池的老唱腔，又有他父亲罗沛林的唱腔，还有自己的见解，唱得不但好听，而且每场都有新词和现挂。他圆的观众数量之多颇有超过其父之势。他编写的几个新节目《解放江山岛》、《增产节约建国家》等，曾被电台录音。

到了20世纪80年代，我负责编撰中国曲艺音乐集成的北京分卷，需要搜集一些洋片唱曲，便各处打听洋片老艺人的下落，得知小金牙罗沛林早就下世了，但这位小小金牙还健在，但已在茶淀农村一带改行做了理发行业，居无定所，一直也没得相见。正巧那一年春节，地坛搞第三届庙会，我在庙会演出，正遇见这位来京探亲的小小金牙罗浩然先生。我便约好了罗先生，次日带了录音机，借了人家一个洋片的摊位，当场录下了他一段《苏州姑娘》的唱段。那时候他已经是“耳顺”之年啦，可唱得还是那么好，在场的观众为之叫绝。虽然他多年没动过锣鼓家伙了，但拉打起来还是那么纯熟、帅气。这段录音现存北京曲艺团资料室。20多年过来了，也不知这位罗先生还健在与否，但这段真正的洋片，显然已经是相当宝贵的资料啦！因为这是真正的洋片，我特别强调的是“真正”二字，这可不同于现在市场上的洋片，那多是听来习之，以劣充真。现在的观众朋友们，您们虽然还能在庙会上看见洋片，可真正的洋片，这一北京的俚语乡音艺术，已经是绝响啦，再想听金牙真曲，难矣！

滑稽大鼓一夕谈

◇马　岐

小时候，总有一位“富大伯”来家找我父亲聊天。他长圆的脸，一脸的笑容，地道的北京口音。他是唱大鼓的，也很喜欢我，这就是我最早认识的唱滑稽大鼓的演员“山药蛋”——富少舫先生。我曾经在天津南市新声剧场看过山药蛋先生唱的滑稽大鼓和他演的话剧《一碗饭》和《风雨夜》，他唱得非常之好，确有自己的绝招。不过那时我太小，还不太懂艺术。长大以后，我来到北京曲艺团，有幸给一位年长的老滑稽演员伴奏，这就是山药蛋先生的亲师兄“架冬瓜”——叶德林先生。滑稽大鼓演员的名字都这么怪，什么架冬瓜、山药蛋、大茄子、大酒囊、老倭瓜、小老倭瓜……这也算是它的一大特点。

其实滑稽大鼓并不像现在的化装相声、小品那样逗乐，也不像上海的“滑稽戏”那样洒狗血卖噱头，它不过是一种区别于刘、白、张等派别的京韵大鼓罢了。

滑稽大鼓也叫“改良大鼓”，它是京韵大鼓的一个支脉，属于“怯大鼓”、“小口大鼓”——“木板大鼓书”。那位著名的滑稽大鼓专家老倭瓜（崔子明）就和白派创始人白云鹏是同一师父——他叩拜了史振林老先生。滑稽大鼓的唱腔基本声调和老传统的京韵大鼓都一样，至于说耍滑稽、逗哏那就智仁各见了。我听到或赶上过的几位滑稽大鼓名家，有的曲调个别，有的行腔怪异（如京剧丑角的唱法）。有的词句本身就风趣滑稽，像山药蛋先生，因他本人文学底子厚，能自己写词，唱出来的词句寓意刺讽，迎合时代，更是脱俗出众。因这种大鼓艺术形式在舞台上面临绝迹了，我只好举例说说他们的表演。

我给架先生伴奏，他台上打的“大鼓套子”就与众不同：响弦击鼓后，他的表情、眼神和头部的动作首先闹一个“包袱哄堂”（当时就有这种幽默的气氛）。老倭瓜崔子明我没赶上，听尹福来师叔对我讲，他亲眼目睹一个永难忘怀的场面。年轻的弦师胡宝钧给倭爷第一次伴奏，那老倭瓜上场也先打“大鼓套子”，他的鼓打得随弦变快，越打越流利，不一会儿，鼓、板、弦三者混为一体，他打鼓心儿、击鼓帮儿，最后收鼓套的一击，竟打在他自己的脑袋瓜儿上，收得齐整干净。他面无笑意，可是台下哗然一片。当时，把这位胡弦师笑得直不起腰来……

滑稽大鼓唱腔的滑稽手法太多了，是不好用文字多谈的。举个例子，比如最后，落翻的腔一般京韵大鼓是落“嗯、哪……啊”，但滑稽大鼓演员绝不这么唱，夸张一些的竟有落完最后一个字唱“呼嘿哟呀……啊呀”（腔中带小钩），拿京韵大鼓当时调小曲唱，您说可笑不可笑。再者便是在词上找包袱，那就各位名家各有所长了，比方说，山药蛋先生唱自己写的四本的《啼笑姻缘》，落翻的一句词“将军的三姨太她出门讲究干净，先描眉，再涂腮，最后点口红啊……”，这都是违背京韵大鼓常理的唱词，但是理儿不歪笑不来呀，懂鼓曲的人，都能听出其滑稽所在。又如，“秀姑娘模样长得那么精，你是怎么那么可人儿疼呀……”甩腔一句都有幽默逗乐的动作配合，然后入鼓套，更显出神入化。又比如架先生唱的《蒋干盗书》中落翻一句“我与那东吴的周公瑾，我们二人是同窗，可是同窗可没有同过床呀……”诸如此类各有手法。

说到词句，滑稽大鼓鼓词的故事性趣味性都必须要强。写滑稽大鼓曲词有位高人，曾在晚清有过功名，是位子弟八角鼓票友，曾参加过赵俊亭、桂润斋先生主办的“朝阳庵胜国遗音八角鼓票房”，他叫张云舫，也就是山药蛋和架冬瓜先生的师父。他们唱的大多数词句都出自张先生之手。我们现在演唱的京韵大鼓《桃花庄》（后来由白凤岩先生整理），就是他的手笔。又如老倭瓜的《蓝桥会》、《二姐拴娃娃》、《灯下劝夫》、《丑妞出阁》，架冬瓜的《云翠仙》、《阔四姐推牌九》、《三姐逛东安市场》、《吕蒙正教学》（乜斜辙）、《蒋干盗书》都是张先生的佳作。只要是张云舫的词，一唱便响，内行叫作“饱啃”。听说有一段两本的绝活叫《战宛城》，写得有声有色，当年白凤岩先生要买下来，因价钱没商量好，没到手，成了遗憾，不然也会传唱至今，或许成为京韵大鼓中的精品。

那位山药蛋富先生是曲艺舞台中的“攒底角”，在南方和老舍先生、刘宝瑞、高元钧等名家是好朋友。据说老舍的《方珍珠》中方珍珠的父亲“破风筝”的原型就是山药蛋先生。富先生他在南方演出时叫文明大鼓，在重庆大红过一阵，最后到天津、北京。他是自编自唱，他的词如《新编灯下劝夫》、《扫除迷信》、《一贯害人道》、《续集啼笑》、《解放军渡江》等随时节目都很“响蔓儿”，很受欢迎。20 世纪 50 年代初他参加赴朝演出，程树棠先生当时给他弹弦伴奏，程先生牺牲在朝鲜，山药蛋富老先生回国后不久也病逝了。我父亲生前曾对我说：“你富大伯唱的大鼓幽默，可听可看，又能自编自演，可惜过世太早。”富少舫音响资料留下来的太少，我们只能听到一段《孙总理伦敦蒙难》，内容不是滑稽的，应该算是一段正功正派的京韵大鼓；现在很难听到他原声演唱的滑稽大鼓啦。架冬瓜叶先生解放后参加了北京曲艺团，曾经下放到“新艺曲艺团”，后经文化局批准又调回北京曲艺团。回团后，参加演出过多次鼓曲专场，观众对他的表演反应强烈，掌声不断。架老先生还曾演过不少曲剧，像《罗汉钱》等戏，他是老曲剧团的开拓者之一。我还记得他生前在“文革”中期的最后一场演出，他以八旬开外的高龄参加了一场演出——供电局礼堂的一场联欢会。当时那些滑稽词儿是不能唱的，他唱的是新编现代段子《飞夺泸定桥》，那是我最后一次给他伴奏的。老先生站在台上，年虽迈，但精神矍铄，刚一打完鼓观众就是一阵热烈的掌声。

架先生的传人都是我们团的同学，一位是张文顺（已经过世），一位是莫岐（曲剧团退休演员、兼演影视剧），总算滑稽大鼓有传人，虽是凤毛麟角，但不算绝迹无影。我也希望有机会能多露一露滑稽大鼓的绝活，以不负恩师之培养，也能让听众好好地饱一饱耳福。

我的父亲马连登

马 岐

我父亲马连登是西河大鼓“马派”的创始人之一，又是一位著名的评书演员。他是地道的北京人，出生在北京南苑的一个农民家庭。父亲13岁拜耿起树为师，学唱西河大鼓，学会了《隋唐》、《包公案》、《杨家将》等十几部大书。15岁登台演唱。同时向许多名家请教，吸收京剧、昆曲的唱、念、做，借鉴京韵大鼓、梅花大鼓的长处，采用京字京白，丰富了自己的说唱表演。父亲还曾向评书名家陈士和、群福庆等人学习，掌握了袍带书、短打书的说书技巧，并逐渐形成自己的说书特色。

父亲在三弦伴奏上特别下工夫。大冬天练功时，他把手插进雪里，锻炼手对寒冷的适应性；又在三弦担子顶端坠上砖头，用来锻炼手劲。他还吸收其他曲种和京剧伴奏的衬垫手法，掌握了一些伴奏的绝招。他很讲究滑、揉、扫、崩的指法和衬、托、随的方法，以增强伴奏音乐的表现力。20世纪30年代初，我大姐马增芳、二姐马增芬演唱的西河大鼓，都由我父亲担任伴奏。

1949年天津解放了，那时候我全家都在天津居住，我母亲挺担心，说咱们怎么混饭吃啊。父亲也挺着急，正在为难时，母亲听到话匣子（收音机）响了，里面响起大鼓书的前奏，父亲的心一下子踏实了，说：新政府也有曲艺。后来，父亲就参加了天津的文艺界组织。

1953年中央人民广播电台成立说唱团，说唱团需要有曲艺说唱，白凤鸣先生就请了我父亲马连登。因为我二姐马增芬再次出山，唱得相当好了，老练多了，由父亲伴奏。于是，父亲带着全家来到北京。我也由一个天津卫变成了一个北京人。父亲是一个评、鼓书艺人，从原来每天说书变为要到中央广播说唱团当国家干部，心里有多高兴！他进团主要是从事音乐伴奏。

父亲在天津如果按照原来散着说书，他那时年轻，三四十岁，一个月的演出收入，合现在人民币一万块钱没问题。进入说唱团的薪金只有三四千块钱，但有这样一个机会，父亲还是非常高兴！北京当时有个曲艺研究会，就是现在曲艺家协会的前身，有几个干部——赵树理、老舍、苗培时等，他们有的人是从延安过来的，为了抢救曲艺，根据毛主席指示，百花齐放、推陈出新，得把曲艺弄好，这是研究会的任务。我父亲还不太明白这是怎么回事，他想：两边都干成不成？挣两份钱，一份钱不够呀。

进团之后，和领导一说，成了！领导说：可以从事您的评书。我父亲问：是不是让我写书呀，我不会写！领导说：您就只管说您的书，让旁边人给您记录。那时候没有录音，只有唱片，但一部评书要做成唱片，那得放好几屋子，当时唱片78转也就一分钟，只能笔录了。这样我父亲每月多加点钱，按现在说给一千多块钱。中国曲艺研究会，这是周总理特批的研究会，很了不起，南北方曲艺都研究。当时记载的书有王少堂的《水浒传》，他是扬州评话大家，还有父亲的《杨家将》。

父亲上半天班的时候，做笔录的就来了，冯不异、沈彭年给他写，老爷子就说，说一句一写，在当时只能用这个笨法子。后来沈彭年先生跟我说：你父亲的书，语言流畅，用了对偶、排比句；故事情节紧凑，人物性格鲜明，很吸引人。

父亲在说唱团，主要还是从事西河大鼓表演艺术。到了20世纪60年代，定为西河大鼓“马派”，全国召开西河大鼓研讨会，好几百人参与。我姐姐马增芬和我父亲被定为是一流派。我姐姐马增芬和我父亲整理了很多优秀传统曲目：《闹天宫》、《刘云打母》、《白蛇传》、《花唱绕口令》、《绣鞋帮》等。我父亲还和我姐姐马增芬创造了一套完整的西河大鼓女声唱腔，突破了男女“一道汤”的旧规矩，当时很多人向他们学习传唱，使颇具特色的西河大鼓流派艺术很快推广开来。

父亲从没扔掉评书工作，因为他喜欢，20世纪60年代中期，中央人民广播电台开始给他录音，录了108回《杨家将》，现在还在中央台保存。还有几个片断《隋唐·程咬金》，老爷子留的东西还是不多。

他一边从事西河大鼓，一边还在弄评书，可是不多了，因为在中央广播说唱团工作才留了些资料。最遗憾的是我父亲说的书，他那会儿也就50多岁，至今留下的书在他全部鼓书艺术中，不过是九牛一毛而已。当父亲还想继续研究的时候，浩劫就来了，我那时候也大了，我也在搞评书了，但我没敢跟老人家学。我父亲的艺术影响了子女，使我家成为曲艺世家。

马增芬的《玲珑塔》

◇马　岐

我的三位姐姐都是鼓书演员。大姐马增芳擅长唱长篇西河大鼓书；二姐马增芬是西河大鼓马派创始人之一；三姐马增蕙幼年也曾学唱西河大鼓，14岁改学了单弦排子曲。这三位姐姐都能够演唱《玲珑塔绕口令》这个节目。但虽是姐妹，却风格各异，各有千秋。唯有二姐增芬唱得最为优秀。一是个人的嗓音条件好，二是口齿清晰，三是她是这段节目的首先推出者。自从70年前出版了她演唱的这段《玲珑塔》唱片，几十年来，听众百听不厌，台上久演不衰。有人说这段儿是马派西河的绝活，这话倒也不假。据我所知，这段《玲珑塔》她是从小到大，又到中老年几个时期一直都在研究、加工并演唱。她曾说过："大鼓艺术要随着时代走，唱到老，琢磨到老。"看来《玲珑塔绕口令》也确实算是马增芬派西河大鼓创流派的奠基之作。

远在半个多世纪前，西河大鼓《玲珑塔绕口令》已经是幼年马增芬一炮走红的主要佳作。说起这段曲目如何叫响，还真有点儿事出偶然。1956年，因父亲马连登先生调中央广播电台工作，我们家由天津迁京定居。一天，我在家用老式留声机听一张老唱片，是20世纪30年代增芬二姐唱的西河大鼓《玲珑塔绕口令》。这时二姐正进屋来，我说："您听，这正是您小时候唱的……"没想到二姐马上阻拦我："小弟你不懂，快别听了，我那时候唱得实在是不怎么样。最近我又重新灌制了这段《玲珑塔》的唱片，马上就出版了，这张才能代表我真实的水平呢。早年这张唱片我是从来不听的，我是不敢听！"于是，二姐给我讲了关于早期那张《玲珑塔》唱片的故事。

二姐增芬5岁学艺，大约到了20年代末30年代初，二姐13岁时，已然在书坛登台献艺多年，不论在书馆儿、园子，都已初露锋芒，能挣“包银”了。她天资聪颖，嗓音甜润，又敏而好学，掌握了《打黄狼》、《游戏湖》、《临潼山》、《南阳关》、《芈建游宫》、《拴娃娃》等不少的西河唱段。除了父亲母亲对她的教导，她还得到了天津的前辈鼓书名家赵玉峰、白云鹏（白派京韵大鼓创始人，早年曾是西河大鼓书演员）、张起荣等先生的指导，使二姐增芬的艺术在京津两地艺坛上日趋成熟。尤其在30年代，马增芬在天津大观园成了以刘宝全为首的四大台柱之一（这四位艺术家分别是刘宝全、马增芬、桑红林、雪艳花）。

有一天，马增芬挎着个小筐上街买菜，路上遇见一个人向她打听事情：“你是不是唱鼓书的？我们看过你的节目。你能给我们灌制节目吗？”原来这个人是百代唱片公司的制作商人，所谓灌制节目说的就是灌制唱片。二姐自报了几段节目，那人摇头，顺手从包里拿出一本石印版的《文明鼓词》，用手指了上面的一段唱词说就是要这段节目，就是这段《玲珑塔绕口令》。二姐心想：“我可没学过这段啊！”但她口中可说：“这段我正会呀！”来人说：“太好了，三天后去灌制唱片。但灌制之前咱得试听才成。”这样，增芬二姐便一口答应了这个口头的君子协定。二姐回来与父亲马连登和母亲吴书善商量此事，母亲说：“咱们西河大鼓没有这段活啊，听说怯大鼓人家有这段。但咱们应了人家就得给人家唱。”便马上以最快的速度日夜不停地进行排练。父亲的弦子弹得好，再加上和母亲共同设计的唱腔，很快，只用了两天半的时间便把这段《玲珑塔》练成了。

排练的同时还要对原词进行整理，因为是移植的其他曲种的唱词，很多地方要按照西河大鼓的规律来改，比如“西北风一吹，铃铛唏楞哗楞、楞响哗楞。”改成了“西北风一刮，就喂儿喔，响喂儿嗡”，把最后“快三板”一段唱腔运用快上还要加快的唱法，就是“天上看，满天星，地下看，一个坑……僧走灯灭钉掉弓翻……”听起来紧而有序。另外，在整体的《玲珑塔》的唱腔设计上也是有紧有慢，在“数塔”一大段唱腔中，用了大段的“中把腔”，听起来稳重轻快；唱到“往回数，玲珑塔来……”时，使用了“大扎腔”，显得起伏伸展。

母亲是严格的“教练”，三天内要求二姐必须把这一百多句的唱词背过，唱好。那时都是口传心授，这确实是件不容易的事。这个段子除了唱腔难练外，还必须做到"绕嘴算账"。数塔时，一去数单层数目，回来数双层数目，就是一、三、五……十二、十、八……每层中的物件、桌子腿、钟的分量等等层层相加相减，随唱着，心里还要算账，其难度可想而知了。就这样，灵机的二姐也总算是唱会了。

正日子那天，父亲背着弦子带着女儿如期到公司灌片子。那时候还没有发明录音机呢，使用蜡盘及一次性灌制，演员必须一次演唱成功，中间不能断。马增芬清脆略带童音的嗓音一曲歌罢，当时就打动了唱片商，连连鼓掌称赞说"不错不错"，随后便给了一笔可观的酬金。他们却不知，刚唱完，增芬二姐就冲着父亲一伸舌头。只有父亲明白是怎么回事——原来唱到中间"数塔"的时候，把层内的桌子腿数目数错了。回到家中，母亲问灌得怎么样，二姐冲妈妈一笑，说："钱揣回来了！我唱到中间把桌子腿数错了一句，他们没听出来。"妈妈才说："傻丫头，唱片一发行出去，这句你一辈子都改不过来了。这回可要你好看啦！"

这我才知道二姐为什么永远不爱听自己这张唱片的原因。

有谁知道，那时候这两张一套版 78 转的《玲珑塔绕口令》由百代唱片公司一发行，电台每天都播放，京津两地大买卖家门口的大喇叭也放，这段绕口令就等于现在的流行歌曲一样，街上行人好多都能哼上几句。连相声演员在台上也来学唱，到处是"玲珑塔，塔玲珑……"。虽然唱错了腿，唱片的发行和播出可火了。

难道就没有人听出来有唱错的地方吗？广大的听者们真能理解演员吗？后来母亲百般打听，还是有听者听出有唱错的地方来了。但并没有影响到人们欣赏，因为有的听者是这样说的：这是马家的艺术招数，灌片子诚心灌错了几句，怕别人把对的给学了去。绝招嘛！——歪打正着了。马增芬的艺术影响随着《玲珑塔》唱片各地播送，当然是更加的红火了。百代等唱片公司的片商们又接二连三地请她灌片出版，如《马前泼水》、《霸王别姬》等，都是三四十年代灌制的。

50 年代初，我父亲和二姐增芬都被调到了中央广播说唱团工作。艺术已经成熟的马增芬又重新灌制了西河大鼓《玲珑塔绕口令》这段节目。

在父亲马连登和四胡名手钟德海、陈少武同志的共同参与研究和多次加工整理下，这段节目比原来更加精彩。当然也是因为此时的中国唱片社的录音音响技术比20多年前有了更大的提高。随后的近十多年中，唱片社又约马增芬灌制了许多节目，如《一两米》、《花唱绕口令》、《别串门》、《养蜂王》、《大方人》、《江竹筠》、《闹天宫》等，马增芬也因此成了说唱艺术团出版唱片最多的演员。连出版唱片，加上录音节目，二姐一生共录制了90多段西河大鼓的节目，留下了大量的艺术财富。广播局称她是艺术作品的高产户。

由于马增芬的艺术在社会上的影响，1961年5月，中国曲协、河北省曲协在保定市共同召开全国西河大鼓座谈会，定出全国西河四派，即朱（朱大官）派、李（李德金）派、赵（赵玉峰）派、马（马增芬）派。马增芬、马连登被定为马派的创派人。马增芬的西河大鼓艺术发展到这个阶段，得到了承上启下的公认。

这张重新灌制的西河大鼓《玲珑塔绕口令》唱片，是二姐出版的许多唱片中最满意的，大家可能也是这样认为。可是那张老的唱片，早在当时已经传到了海外，使马增芬的《玲珑塔》在华侨中也颇有影响。在台湾有位天津籍的老曲迷刘富荣先生，至今还存着那张老唱片。他对我说过："我听，还是马增芬30年代时的玲珑塔唱得好听。那会儿唱得质朴、纯粹、靓丽。"我听这位刘先生这样讲，我还是很高兴，因为不管是那时的马增芬的西河大鼓，还是至今听到的马增芬的西河大鼓，都是二姐生前所唱的。至于对艺术的欣赏嘛，各有各的听法，各有各的看法，所谓各品各味嘛。

看电影《梅兰芳》访名人故居

◘祁　建

看陈凯歌导演的传记体电影《梅兰芳》，一路走来，曲折古老的胡同中，仿佛又发出铿锵的锣鼓声，让人联想起生活在这里的那些人、那些事和那段爱情……

护国寺胡同：最后的日子在这里度过

从窄窄的护国寺胡同向里走去，冬天的残雪贴着墙根，一路将你带到了巷子深处。直到你偶然于一所不起眼的小院落前瞥见粉白的墙上的文物保护牌，才知道，此行的目的地已经到了。

1951 年，梅兰芳先生购买下了护国寺大街 9 号，从那时起，他就与这所院子结下了不解之缘，10 年之后，在这里，他静静地走完了最后的日子。1984 年 9 月，梅宅被列为北京市文物保护单位。1986 年，更名为“梅兰芳纪念馆”，正式对外开放。朱漆大门开着，从敞开处微露秀色。推开大门，青砖灰瓦的影壁迎面而来，并不显得突兀，倒造出了一种格外清幽素净的气氛。

铁树斜街：与发妻王明华的雕刻时光

梅兰芳在北京市宣武区铁树斜街101号东厢房内出生，这是他祖父梅巧玲的宅院。梅兰芳在此住到7岁，之后这座宅院变卖，梅家搬到离此不远的百顺胡同居住。梅兰芳先后在铁树斜街101号、百顺胡同、北芦草园、鞭子巷头条和三条、青云胡同29号、无量大人胡同61号、护国寺街9号等住过。

梅兰芳的外祖父杨隆寿也住在铁树斜街。1900年八国联军入侵北京时，梅兰芳家虽然已搬到了百顺胡同，但因为房子浅窄，不易躲藏，只能在外祖父的府中暂居。

铁树斜街原名李铁拐斜街。后将升官巷、棚铺夹道并入。其全长551米、宽约11米，呈东西走向，其东接大栅栏街，西连五道街、堂子街等。1965年，李铁拐斜街改名为铁树斜街。铁树斜街是大栅栏地区最有名的一条街，也是最重要的一条大街。这条街上有很多出名的饭店与浴池，还有四处会馆，分别为广东肇庆会馆、广东肇庆西馆、延定会馆、山西襄陵会馆。

梅兰芳17岁因嗓音变声不得不停止演唱在家休养。心情郁闷中，家里便主张为他娶了个媳妇。这就是梅兰芳的第一任妻子王明华。他们结婚不到一年，梅兰芳就恢复了嗓音，可以重新唱戏了。那时梅家还不很富裕，日子甚至有些清苦，王明华却毫不介意，她善待家人，勤俭持家，将梅家打理得井井有条。1907年，梅兰芳全家迁到北芦草园。此时，梅家的经济正处于窘迫时期。

1909年，梅兰芳搬到鞭子巷头条（后更名为锦绣头条），一年后儿子大永出生。1912年，又搬到鞭子巷三条（锦绣三条）26号一座四合院。1915年和1916年，儿子大永、女儿五十相继在此宅中病夭，梅兰芳夫妇大为伤感，决定另觅新居。

孩子的离去，也是王明华不幸的开始。王明华因悲伤过度害起病来，而且懊恼自己当初做了绝育手术，再难要孩子了。王明华答应梅再娶。梅兰芳的第二任太太福芝芳就是在这种情况下来到梅家的。福芝芳为梅兰芳生了9个孩子，夫妻恩爱。而王明华因肺病久治不愈，长年卧床。后来王明华独自去了天津，临走时她对福芝芳说：我身体不好，还请妹妹费心，照顾好梅家的后代。

后来王明华病逝在天津。

轿子胡同：刹那烟花孟小冬

电影《梅兰芳》中，梅兰芳的妻是福芝芳，是包办婚姻的产物；后来又与孟小冬发生了撕心裂肺的爱情，是自由恋爱。梅、孟是在一次曲会相遇。雨中一朵轻巧蓝伞罩住两人，梅一身白西装，孟一袭青绿竖纹素灰旗袍。两人清唱了《游龙戏凤》。继而梅对孟产生了炽热的感情。最终孟小冬识大体，主动离开，从此再未见面……

北京市东城区轿子胡同6号、8号是孟小东的故居。轿子胡同的得名不是因为形似轿子，这条北接钱粮胡同、南至隆福寺街，位于北京市东四北大街路西的胡同早就存在了，到清朝光绪年间才得名“轿子”。清末东四牌楼北路西的街面上有个大轿子铺，吹唢呐的和轿夫们就住在这条胡同里，于是，轿子胡同的名儿就传开了。

孟小冬和梅兰芳在一起不久，梅兰芳的嗣母就去世了。以为已是梅家一员的孟小冬前去梅家戴孝，却被梅夫人福芝芳羞辱。在外边挣够了面子、深得万千人喜爱的她怎能受如此的冷遇，以为丢了面子，于是便迁怒到梅兰芳的身上。再加上对于梅兰芳遇刺的事还心有余悸，她决定和梅兰芳分手。当梅兰芳来到她家时，她听着门外如急雨般的敲门声，却始终不敢开门，她害怕自己的一时心软会让痛苦延续。梅兰芳撑着伞在雨中等了一夜，才怅然离去。谁知道，这一离去，竟然就成了此生的永别。

待到数年后梅兰芳重返京都时，孟小冬已视梅郎为陌路。

深受打击的孟小冬曾一度皈依佛门。孟小冬最后的归属是杜月笙，自入杜公馆后，孟小冬一直沉默寡言，对一切看不惯、听不得、受不了的事情都漠然置之。但1950年的某一天，她却迫不得已，淡淡地说了句至关重要的话。那天，杜月笙当着家人的面，掐指计算迁法需要多少张护照。当他算好了需要27张时，孟小冬淡然的声音突然飘了过来：“我跟着去，算丫头呢还是算女朋友呀?"一语道破实情。杜月笙一愣,当即宣布尽快与孟小冬成婚。那一晚,杜月笙由人搀扶着,充当新郎;孟小冬的脸上也现出了笑容。毕竟他们有了女儿杜美娟,杜月笙有责任给她一个名分。1950年杜月笙和孟小冬举行婚礼,结为夫妇。1967年,孟小冬由香港转赴台湾定居,闭门静养,由绚烂归于平淡,终其余年。1977年因病不治,与世长辞。

图文并茂的版画集《唐土名胜图会》

◇李忠义

《唐土名胜图会》是清嘉庆年间日本出版、冈田玉山等编绘、记述我国名胜的版画集。“唐土”是日本对我国的称呼。原拟从京师、直隶开始，陆续出版介绍全国各地府县。现在看见这六集仅有京师、直隶部分，所以本书实际上是描绘北京和河北省的版画集。

书中除山川名胜、苑囿寺观外，对典章制度、人物故事、器物风俗等等也都采集图绘，加上文人的诗词，征引日人书法，图文并茂地展现了19世纪初我国的文化和生活风貌。这本书于日本文化二年刻成，正当我国嘉庆七年（1802）。全书共六集，分为六卷。第一卷京师大内，第二卷皇城，第三卷内城，第四卷外城、苑囿郊区，第五卷顺天府州县，第六卷直隶州县。前四卷仔细地刻画了大内，即紫禁城，逐个介绍了皇城内的府署司院，逐条街巷地介绍了内城、外城，写明坊巷胡同、河道闸桥、宅第祠庙等等。当时我国书籍画册流传到日本很多。日本京都书肆浅文贯，依据木世肃的建议，由冈田等三位老画师用心摹刻，终成此书。许多图绘人物众多，形象生动。前门桥图、棋盘街图摹刻细致，连店面字号、幌子都画出，使我们看到乾隆、嘉庆年间北京的情景，十分难得。

冈田玉山原名冈田尚友（1737－1812），字子德，号玉山，他是日本大阪著名的画工，也是木刻能手，书中如《天安门颁诏》、《灯市》、《象房》、《查楼》诸图都是他的作品，笔力雄健，刻工细致。负责图画的还有冈文晖和大原民声等。冈文晖号熊岳，书中如《泡子河》、《清漪园》、《卢师山》、《汤泉》诸图都是他的作品。大原民声字东野，书中如《御经筵文华殿》、《御花园》、《东安门·东安桥》、《四牌楼》诸图都是他的作品。

《唐土名胜图会》中有今东城区的泡子河、灯市、堂子、查楼、金鱼池，西城区的西四牌楼、黑窑厂、虎坊桥北魏染胡同的吴梅村（吴伟业）寓居、前门外章家桥西的孙承泽故居（名孙公园）等名胜的图绘，还有北京“三山五园”及燕京八景之一“蓟门烟树”的图绘，都是十分珍贵的资料。

《唐土名胜图会》中有一幅泡子河的图，北有古观象台，东南环古城墙。泡子河在今日的北京火车站一带。泡子是北方人的叫法，指的是有积水的坑塘洼淀。泡子河原为通惠河的一部分，元朝为运送漕粮的必经之地。明时北京南城墙南移，将这一段河道圈入城内。它的下游沿着水关通向崇文门外的东护城河，成为城市的一条泄水孔道。早在明代，泡子河就是北京的名胜。明末的《燕都游览志》记载：泡子河“前有长溪，后有广淀，高堞环其东，天台峙其北，两岸多高槐垂柳，空水澄清，林木明秀”。《帝京景物略》记载：“崇文门东城角，洼然一水，泡子河也……水曲通，林交加，夏秋之际，尘亦罕至。”并收录了名士和文人墨客咏泡子河和吕公祠的诗文10余篇。其中明代平湖陆启宏“泡子河”的诗有：“不远市尘外，泓然别有天。石桥将尽岸，春雨过平川。双阙晴分影，千楼夕起烟。因河名泡子，悟得海无边。”

500年前，泡子河是一条花遮草拥的小溪和一片蒲苇环岸的湖水。水面倒映着垂柳高槐以及墙楼、观象台。又有张、房、傅、杨氏等在此造园，恬然而居。水滨有处颓园、废园和一座仅庇风雨的天仙祠小庙，更给静中之美添了一些荒疏野趣。小庙是明朝一个负责朝贺庆吊仪式的官员梁氏所建。万历二十一年（1593），一个刘姓道士在此修炼，被江宁人、吏部左侍郎顾起元碰上。顾见小庙过于简陋，就上报朝廷，特批经费，造了观音和福、禄、寿三圣像，恭置庙中，供人参拜，并改名为太清宫。与之相对，东岸还有一座建于明成化初年（1465）的小庙，叫吕公堂。后来，万历皇上赐名，将它改叫护国永安宫。到了崇祯年间又改回来，叫吕公祠。祠内供着唐朝道士、全真道五祖之一吕洞宾。北宋以来，吕被传为八仙之一，据说乞愿颇灵。加上这里北去不远就是京城会考贡士、为朝廷选拔人才的贡院，因此春秋两季进京赶考的各地学子纷纷就近前来乞梦求愿。

清末八国联军侵占北京，此地遭到破坏，几成一片废墟，仅吕公堂幸存。后一些城市贫民迁入，逐渐发展为居民区。雨天河水横溢，一些小孩常溺死水中，泡子河真成了“泡子”河。1949 年后，政府为治理泡子河，填平河沟，修建了居民住宅。20 世纪 50 年代建设北京火车站的时候，大部分都改建成了站区建筑。

《唐土名胜图会》中有一幅堂子的绘画。画有堂子的主要建筑祭神殿、圜殿及尚神殿。堂子始建于 1644 年，原在长安左门外，御河桥东，即今台基厂大街北口路西一带。堂子为满洲神庙的称呼。顺治入关前，清兵曾和图伦尼堪外兰族交战，结果四位祖宗先后阵亡。于是人们把他们的遗物收藏在木匣里面，在堂子供奉。清朝建立政权后，凡有重大的政治、军事行动，就在庙内举行祭祀、誓师，当时称“谒庙”。入关后，乾隆时期将“谒庙”改成“谒堂子”。这项活动是不许汉人参加的。“堂子祭天”被列为清王朝的吉祥之一。在堂子举行的祭祀分为两种情况：一是国家大事，诸如元旦拜天、出征、凯旋等；另一种是属于一般的祭祀，如月祭、浴佛祭、马祭等。在元旦祭祀和出征祭祀时，一般都是皇帝亲自前往，但也有特殊情况派有关官员代祭的。堂子内神殿供的是释迦牟尼、观音菩萨及关帝。圜殿为祭主神的地方，主神是纽欢台吉和武笃本贝子。圜殿和享殿都设有供桌，桌上设有祭器和奠酒用的瓶、樽等物。在堂子内，圜殿南有一小院，内有一八角亭，所祭祀的神及典礼方式都无记载，只是人传说是供奉明朝邓子龙将军的。因为他对清太祖有恩惠，所以祭祀他。光绪二十七年(1901)，辛丑条约规定东交民巷为使馆区，堂子也在使馆区范围内。清政府为保留这祭祖之地，曾与外交使团交涉多次，要求免予征收此地，外交团主席奥匈帝国公使答复：如果大清帝国十分坚持这一点，我们亦可照办，但每次皇帝到堂子行礼时，须事先向使馆界请求许可通过外国操场的护照，清帝碍于面子，不得已，将堂子移建于南河沿。《旧都文物略》里有移建于南河沿堂子的照片。祭堂子的习俗一直到溥仪出宫才结束。现在南河沿处的堂子已拆除，在此地建了贵宾楼。

《唐土名胜图会》中有一幅灯市的图画。人物众多，非常生动。早在明朝，灯市就已得名。明万历到崇祯年间，北京城地图中就有灯市这条街，位于明照坊之南，澄清坊之北。明崇祯八年(1635)刊印的《帝京景物略》(刘侗、于奕正合著)，是记述北京风土景物的史籍中出版较早的一种。书中对灯市做了较为详细的介绍：“灯市者，朝逮夕市；而夕逮朝，灯也。市在东华门东，亘二里。”并收录公安袁宏道等文人名士咏“灯市”的诗篇30余首。可见，三四百年前，这里白天是喧腾的市场，夜晚则是绚烂的灯街。当然，这是指灯节期间而言。那时，街南北两边高楼店铺林立，从珠宝玉器、花草盆景到日常生活用品，应有尽有，故平日游人不断。此地还有酒楼，挂着帐幕，铺着地毯，装饰考究，是赏灯的好地方。明代每年正月初八至十七为灯节，百官放假十天。灯市不仅放灯，还夹杂各种民间歌舞杂技，直到深夜三更“催灯梆”响才告结束。每逢元宵节之际，朝廷也要张灯结彩，官员放假，解除宵禁，百姓可整夜出行观灯。节期由汉代的一天，唐代的三天，宋代的五天发展到明代的十天，自元月初八至十七日夜止，类似我们今天的黄金周。

到了清代，灯与市开始分离，《燕京岁时记》中说：“灯归城内，市归琉璃厂矣。”清朝时灯市已从灯市口分散到东四、东安门、正阳门外、花市等处，时间也改为正月十四至十六三天，正月十五为正日。现灯市口已无昔日景观，已成为东城区的交通要道。灯市的历史只留在人们的记忆中和图绘里。

《唐土名胜图会》的作者当时或许并没有来北京，即使来，如大内、苑囿也不得随意进入，所以书中有不少错失的地方。如大内的一些宫殿的方位不对，又如鼓楼的型制不合，有的街道位置有误等。文字也有意义不对的。书前有《唐土皇舆全图》和一个解说，主要画二京十八省，没有完整表达当时我国的舆地全部面积。

1985年7月，北京古籍出版社影印出版《唐土名胜图会》全书，分上下两册，并将各卷日文译成中文附在每册之后，是由钱端义、周丰一两位先生翻译的。

驰目游怀《泛槎图》

◇李忠义

《泛槎图》，清张宝著。

张宝，字仙槎，一字梅痴，江南上元（今南京市）人。生于乾隆二十八年（1763）。张宝幼年即喜作画，工山水，好游览，20岁时就绝意功名，放浪于山水之间。嘉庆十一年到北京，次年被礼亲王永恩之子昭梿聘入府邸，待如上宾。昭梿别号汲修主人，嘉庆十年袭王爵，所著《啸亭杂录》最为知名。礼亲王府在今北京市西城区大酱坊胡同东口西黄城根南街，府内有当漪园。张宝在礼亲王府结交了不少文人学者、明公巨卿，得到了友朋切磋之益，从而提高了自己的文学艺术水平。张宝在北京住了三年，嘉庆十四年夏离京。此后他先后十余年，游历了河北、山西、陕西、河南、山东、湖北、湖南、广东、广西、江西、安徽、浙江、福建以及江苏故乡的许多名山大川。其间于嘉庆十九年、道光四年、五年多次来过北京。道光六年回到南京。综观他的一生，40余年载笔浪游，可以说是旅游的一生。

他在《泛槎图》第一集的自序上说："余少喜作画，癖山水。年二十即弃举子业，游江右楚越间。所过名胜，遍访前人遗迹，以次临摹之，画学稍有进益。丙寅秋始北上，留滞三载，……驱车秦晋韩魏，遂得望恒峦，登太华，上嵩山，绕道金陵，再入都门而返。旋又登泰岱观日出。戊寅初夏，由楚入粤，道经衡阳，登祝融绝顶。五岳既毕，乘兴所至，遂极罗浮焉。计此十余年中，山水奇胜，寓目难忘，因各绘为图，并识小诗于上。一时名公巨卿，谬加奖励，日积一日，题咏遂多……爰不揣固陋，手自钩勒，付之梓人……"

张宝能诗善画，于画不主一家，每遇胜境，各绘为图，并题诗其上。积之日久，蔚为大观。他亲自勾摹，付之良工，刊印行世。计自嘉庆二十四年

(1819)至道光十二年(1832),先后刊行了《泛槎图》13幅、《续泛槎图》23幅、《续泛槎图三集》27幅、《舣槎图四集》18幅、《漓江泛棹图五集》12幅、《续泛槎图六集》7幅,合之共一百幅图。百幅之外,又刻了《虞阳海旭》、《紫琅香市》、《双山毓秀万水朝宗》3图以作结。103幅图,除收入《续泛槎图六集》的7幅外,都是作者的游踪所至,鸿雪留痕。

《泛槎图》在版画上,由于作者擅长六法,师承多家,不拘一格,如《泛槎图》卷首作者自写小照,用高其佩指面法补景,波涛浩瀚,有乘风破浪之致;《临清阻雨》一幅,仿米家山水笔意,极尽烟水迷离之态;《恒峦积雪》一幅,用泼墨法,寒冽之气,跃然纸上;《龙门激浪》一幅,用关仝笔法,峭壁参天,气象万千,作者曾以之寄赠麟庆。麟庆小于作者20余岁,所著《鸿雪因缘图记》亦甚精,其中《禹门激浪》一幅,即仿张宝《龙门激浪》而作。

《泛槎图》刻工,前四集出羊城(广州)尚古斋张太占之手,后二集由金陵(南京)刘文楷刻印。在清代版刻中属上乘之作。本书各集的题咏,多达三百余家,当时的书法名流、知名学者、名公巨卿,网罗殆遍。

按乾隆、嘉庆年间的书坛,成亲王永瑆、铁保、翁方纲、刘墉四家并称。本书开卷就是成亲王《游目骋怀》的题字,接下来第二个题诗的是翁方纲。其他书法名家的题咏还有包世臣、钱泳、顾莼、谢兰生等。题咏者中知名学者有:经学家孙星衍、江藩、李黼平,历史地理学家李兆洛,考据学家翁元圻,算学家吴兰修,校勘学家张敦仁,古文家陈用光,骈体文家吴锡麒,诗人吴嵩梁、张维屏、屠倬、黄安涛,词曲家舒梦兰等人。题咏者中名公巨卿、封疆大吏,京官侍郎、外官巡抚以上,有:阮元、卢荫溥、黄钺、戴均元、赵慎畛、杜愕、许乃普、魏元烺、邓廷桢、潘锡恩、鲍桂星、翁心存、顾皋、陈嵩庆、陈銮、李鸿宾、程恩泽、陶澍、梁章巨等人。题咏者中的八旗人有法式善、英和、裕瑞、广玉、果齐斯欢、庆桂、庆保、成宁、重谦、恒春、鹤春查清阿、和钦、贵征、恒宁、英奎等人。八旗人的许多墨迹藉本书得以流传。这些题咏也都是根据墨迹勾摹刻版的。所以《泛槎图》是一部版画图籍,同时也是可以玩赏各种书法的一部丛帖。

张宝绘画的创作手法,是浪漫主义与写实相结合的,而不是脱离现实生活的文人山水画。如《续泛槎图》中《澳门远岛》、《续泛槎图三集》中

《海珠话别》两幅，可以窥见清代中叶广东海面贸易船舶往来如故的情况；《泛槎图》中《秦淮留别》、《舣槎图四集》中《西楼顾曲》两幅，使南京市廛之盛与秦淮河畔歌楼曲榭的旖旎风光，如在目前。

《泛槎图》中共有5幅描写北京的图。有卢沟晓骑、帝城春色、瀛海留春、岫云折桂、昆明聚秀。《泛槎图》中《帝城春色》一幅，共计绘有13个人物，有骑马的，有挑担的，有肩扛的，有步行的，还有赶马车的。马车有三套辕的，两套辕的。写出了北京郊外，软红十丈中，劳人行旅，驾辕策蹇，仆仆风尘之状。在这些画面里，如实反映了清代中叶的某些社会风貌。

《岫云折桂》一幅刻画了潭柘寺的优美风景。潭柘寺位于北京西郊门头沟区东南部的潭柘山麓，始建于西晋，至今已有近1700年的历史，是北京地区最早修建的一座佛教寺庙，在北京民间有“先有潭柘，后有幽州”的谚语。潭柘寺在晋代时名叫嘉福寺，唐代时改称龙泉寺，金代御赐寺名为大万寿寺，在明代又先后恢复了龙泉寺和嘉福寺的旧称，清代康熙皇帝赐名为岫云寺，但因其寺后有龙潭，山上有柘树，故而民间一直称其“潭柘寺”。千百年以来，潭柘寺一直以其悠久的历史、雄伟的建筑、优美的风景、神奇的传说受到历代统治者的青睐。特别是康熙皇帝把潭柘寺定名“敕建岫云禅寺”，使其成了北京地区规模最大的一座皇家寺院。潭柘寺坐北朝南，背倚宝珠峰，周围有9座高大的山峰呈马蹄状环护，从东边数起依次为回龙峰、虎距峰、捧日峰、紫翠峰、集云峰、璎珞峰、架月峰、象王峰和莲花峰，9座山峰宛如9条巨龙拱卫着中间的宝珠峰，规模宏大的潭柘寺古刹就建在宝珠峰的南麓。高大的山峰挡住了从西北方袭来的寒流，使潭柘寺所在之处形成了一个温暖、湿润的小气候，因而这里植被繁茂，古树名花数量众多，自然环境极为优美。

《瀛海留春》一幅再现了清代中叶的“琼岛春荫”和金鳌玉蝀桥。金鳌玉蝀桥原名金海桥，又叫御河桥，俗称北海大桥。是北京市城区内最大的九孔古石桥。明弘治二年(1489)建成，它在团城脚下，横跨于北海与中海之间。桥的两端原有明代嘉靖皇帝所建的牌坊，桥西牌坊的匾额是“金鳌”，桥东牌坊的匾额是“玉蝀”，故称“金鳌玉蝀桥”。旧时的金鳌玉蝀桥总长156.73米，桥宽9.48米。1954年牌坊拆除，桥名改称北海大桥。拆掉后的两个牌坊，移到了陶然亭公园，在“文革”期间，被当作“四旧”拆毁。

《泛槎图》六集，除了有从嘉庆到道光年间陆续刻成的木版原刊本以外，还有光绪六年上海点石斋缩印的石印本。石印本缩得很小，仅及原书开本的四分之一，而且还省略了若干题词和序。原刊本现在已经不容易买，石印本还不难遇到。点石斋的石印本印于光绪六年，有一篇跋，说明原刊本在那时已经不易得。石印本的跋云：“《泛槎图》一书，系白门张仙槎先生遨游天下之作，凡名山大川，辄绘以图，题以诗，凿险缒幽，雕章琢句，虽古之图灵光，铭剑壁者不过是焉。图凡百有三，状烟云之变态，备海岳之奇观。抑且王公巨卿，题咏殆遍，真诗中有画，画中有诗也。惜枣梨已失，几有广陵散之憾矣。本斋广为搜罗，得原本六集，以泰西照相石印之法，缩成袖珍，合订四册，移繁就简，以大易小，而于笔意之全神，仍不爽丝毫之末。公诸于世，不独卧游者取携甚便，而大著亦足与河山并寿矣。爰赘数语，以志其成云。光绪六年秋八月，点石斋主人敬跋。”

1988 年 2 月北京古籍出版社以嘉庆、道光年间刻成的木版原刊本影印出版。出版说明是石继昌先生撰写的。

刘若愚与《酌中志》

◘李忠义

《酌中志》二十三卷，附录一卷，明太监刘若愚著。

刘若愚自称原名时敏，生于明万历十二年(1584)，史载刘16岁时，因感异梦而自宫(阉割)。万历二十九年选入皇宫，隶属司礼太监陈矩名下，后升为司礼写字奉御，再升为监丞。天启初年，魏忠贤擅政，其心腹李永贞任司礼监秉笔，以刘善书，好学多文，乃派在内直房经管文书。魏、李多密谋，对刘颇为猜忌。刘目击逆党所为而无可如何，乃改名若愚，寓苦心二字以自儆。崇祯二年定逆案，魏党李永贞斩决，刘若愚被处斩监候。刘若愚因为受诬蒙冤，有苦难申，而魏党司礼太监王体乾、涂文辅等则黄金买命得以漏网。在幽囚悲愤中，刘乃撰写《酌中志》，记述在宫中数十年的见闻，并进行说理申冤以自明，由崇祯二年至十四年陆续写成这一部颇具特色的明代杂史。之后，刘终于得到赦免。

《酌中志》是一部比较翔实可信的著作。书中详细地记述了由明万历朝至崇祯初年的宫廷事迹。其中万历三十一年的《妖书》一案，在《明实录》、《明史》以及大臣列传中，间或简略地写了一些，但从未有记载《妖书》原文及缉捕、审讯经过的。而《酌中志》却将此案的始末细节详细写出，并将《妖书》即《国本攸关》一书的序言《续忧危竑议》的全文抄录出来，披露于世，可以补史书的遗缺。

《妖书案》是明末发生的一场由于立储问题引起的党争事件。案件主要集中在万历皇帝的儿子明光宗朱常洛身上。安葬在北京明十三陵定陵的万历皇帝朱翊钧，统治大明朝达48年之久，是明代享位最长的皇帝。而他的儿子明光宗皇帝朱常洛与其父相反，在位仅一个月就死了，是明朝在位最短的皇帝。由于光宗在位仅一个月，根本没有时间考虑营建自己的陵寝，故死后安葬在废弃的朱祁钰（景泰帝）的陵址处，名为庆陵，位于十三陵中的长陵西北1.5公里、献陵西北约0.5公里处。

明神宗长子朱常洛的生母王氏原本是一名普通宫女，在慈宁宫侍奉慈圣太后（明神宗生母）。有一天，明神宗来到慈宁宫向母亲请安，刚好太后不在，神宗正要离开时，发现了清秀可人的王氏，于是私下临幸。按照宫中规矩，皇帝临幸宫女，应该赐一物件给对方，作为临幸的凭证。但明神宗认为王氏是母亲宫中的宫女，私下临幸是一件不光彩的事情，所以没有给王氏任何信物，自顾自地去了。谁知道这片刻风流后，王氏竟然怀上了龙种。慈安太后也是宫女出身，知道此事后不但没有为难王氏，还十分高兴地招来明神宗询问究竟。但出人意料的是，明神宗竟然矢口否认。只是这否认没有什么效果，皇帝的日常起居包括性生活都有专人记录，明神宗临幸王氏的事早就被记录在《起居注》中。实在无可抵赖了，明神宗才红着脸默认了。

十月怀胎后，王氏生下了明神宗的第一个儿子——朱常洛。王宫人虽然被立为恭妃，但皇长子朱常洛一直没有被立为太子。万历十四年，宠冠后宫的郑妃生下一子，取名朱常洵。因为郑妃是皇帝的心尖，生了儿子后，明神宗立即晋封郑妃为贵妃。大学士申时行等认为皇长子朱常洛年已5岁，生母恭妃一直未闻加封，但郑妃刚刚生皇子，即晋封册立为贵妃，显见是郑妃专宠。大学士们担心将来有废长立幼的事情，于是上疏请册立东宫。但明神宗在郑贵妃怂恿下，总想借机立朱常洵为太子，于是就想出了种种办法拖延，但遭到大臣们的极力反对。当时册立太子又叫国本，因此，皇帝与大臣间的这场斗争又称为“国本之争”。大臣力争，要立朱常洛为太子，明神宗一拖再拖，大臣一争再争，斗争了15年，到了万历二十九年十月十五日才正式册立皇长子朱常洛为太子，朱常洵被封为福王。

朱常洛虽然当上了太子，但日子并不好过。明神宗不大喜欢他，郑贵妃也对太子之位虎视眈眈，随时想“易储”。万历三十一年（1603）十一月十一日清晨，内阁大学士朱赓在家门口发现了一份题为《续忧危竑议》的揭帖，指责郑贵妃意图废太子，册立自己的儿子为太子。不仅朱赓收到了这份传单似的东西,之前一夜,这一揭贴已经在京师广为散布,上至宫门,下至街巷,到处都有。《续忧危竑议》假托“郑福成”为问答。所谓“郑福成”,意即郑贵妃之子福王朱常洵当成。书中说:皇上立皇长子为皇太子实出于不得已,他日必当更易;用朱赓为内阁大臣,是因为“赓”与“更”同音,寓更易之意。此书大概只有三百来字,但内容却如同重磅炸弹,在京城中掀起了轩然大波。时人以此书“词极诡妄”,故皆称其为“妖书”。明神宗得知后,大为震怒,下令东厂、锦衣卫以及五城巡捕衙门立即搜捕,“务得造书主名”,“妖书案”由此而起。至万历三十五年,顺天府学生员敖生光作案被抓获,首辅沈一贯抓到了“妖书案”的垫背人。经严刑逼供,敖受刑不过,便自认是“妖书案”的作案人。此案才算结束。到了万历四十三年五月又发生“梃击案”,万历四十八年八九月之交又发生了“红丸案”和“移宫案”。“梃击案”、“红丸案”和“移宫案”史称“明末三案”。明光宗皇帝朱常洛在服用了鸿胪寺丞李可灼进献的第二粒红丸后于万历四十八年九月一日五更一命呜呼了。

《酌中志》卷十八《内版经书纪略》是研究明代内府刻书的重要参考资料。书中记录内府刻本150余种,还详细记载有:“佛经一藏,计六百七十八函,十八万八十二页。共用白连四纸四万五千二十三张,蓝绢二百五十三匹七尺四寸,黄绢二十六匹二丈四尺一寸,黄毛边纸五百七十张,蓝毛边纸四千九百十二张,黄连四纸三百四十七张,白油纸一万八千九十五张,黑墨二百八十六斤八两,白面一千二百二十五斤,白矾四十五斤。”

1994年5月,北京古籍出版社出版的《酌中志》以清道光二十五年刻《海山仙馆丛书》的《酌中志》为底本,以故宫善本清康熙内府钞本进行校对,增补了海山仙馆本遗漏失收的文字,并在每卷之末附有校勘记,凡涉及内容上的异文、错字、脱落、失收以及衍文等,均一一注明,予以改正、增补。北京古籍校订出版的足本《酌中志》为广大读者研究明史、明宫史以及客魏阉党罪行提供了完整丰富的参考资料。北京古籍出版社校订出版的足本《酌中志》是由冯宝琳先生点校的。

冯宝琳先生是国家图书馆善本特藏部老一辈研究馆员,50年代曾为国家图书馆善本及名人手稿的征集做了大量开创性的工作,成绩显著。

熊梦祥之《析津志》

◇李忠义

元熊梦祥所著《析津志》是现存最早记述北京及北京地区历史的一部专门志书。可惜它早已亡佚。

析津，本古冀州之地。五代后晋高祖石敬瑭，借助契丹人的军事力量，建立了自己的割据政权。因此他对契丹人的辽国不但称臣仰息，而且不惜割让山前、代北等燕云十六州给契丹人，遂使析津成了辽的属地。辽太宗时将此地升为南京，又称燕京，在此设南京道，南京道置幽都府。至辽圣宗开泰元年(1012)，取古人以星土辨分野(古代占星术)的办法，认为燕分野旅寅，为析木之津，故又改南京道幽都都府为析津府。领顺州、檀州、涿州、易州、蓟州、景州，及析津县、宛平县等6州11县。其治所在析津宛平，即今北京城的西南。辖境相当于今河北省南拒马河、大清河、海河以北，遵化、玉田、宁河以西，紫荆关以东，内长城以南。入宋后曾一度归还北宋，改名燕山府。金天会年间又复归金人。入金后，海陵王于贞元元年(1153)在此建都，以燕乃列国之名，不宜为京师名号，遂改燕京为中都，属中都路。改辽的析津府为大兴府，析津之名遂废。从辽开泰元年使用析津之名，到金贞元元年废弃，算来析津之名总共用了142年。

熊梦祥，字自得，号松云道人，元末江西丰城县人。他是一位杰出的方志学家，同时又是一位书画家、诗人。熊梦祥因多才多艺，“茂才异等”，被荐举“为白鹿洞书院山长(白鹿洞书院位于江西九江庐山五老峰南麓的后屏山之阳，始创于唐)，授大都路儒学提举，崇文监丞”。后以老疾归，隐居京西斋堂村。据记载，《析津志》是在京西斋堂村修撰而成。熊梦祥在斋堂村的生活清贫苦薄。清纳兰成德《渌水亭杂识》载有元张仲举《送熊梦祥入斋堂》诗一首，记述了熊梦祥在斋堂的生活情况：

先生生计虽苦薄，最喜静无人事繁。
黄精本肥术苗脆，疆场有瓜牢有豚。
吟诗作画百不理，一家笑语常春温。
功名只遣世途累，饱暖已荷皇天恩。
近闻京志将脱稿，贯穿百氏手自翻。
…………
朱黄堆案墨满砚，抄写况有能书孙。

诗文注释：人事繁，俗事。黄精，草名，又名黄芝、鹿竹、救命草、野生姜。多年生草本，叶似竹而短，根如嫩姜，可入药。本是草木的根茎。肥是丰满、肥大。术，有白术、苍术等，根茎可入药。疆场指田间。不理，即不谋利。手自翻，游刃有余。百氏，诸子百家。朱黄，书稿。古人校勘书稿用红黄色。

1983年北京古籍出版社出版了由北京图书馆研究馆员李致忠等辑校的《析津志辑佚》。北京图书馆所辑析津志，主要来自四种书。第一种是从《永乐大典》残存原本中直接采集；第二种是从《日下旧闻考》中转辑；第三种是从徐维则铸学斋藏本所谓宪台通纪中采集；第四种是从北京大学图书馆所藏缪荃孙从永乐大典所辑顺天府志残卷中转录。

《永乐大典》初名《文献大成》。共辑录图书8000种，上自先秦，下到明初，经史子集、天文地理，无所不包。整部典籍共22877卷，外加目录60卷，装成11095巨册，约3.7亿字，全部用毛笔工楷书写，是世界上最早、最宏伟的百科全书。

永乐十九年北京紫禁城建成，朱棣迁都北京，《永乐大典》随之运到北京，长期贮藏于宫城内的文楼。嘉靖三十六年(1557)宫中失火，火势危及文楼。火灾后，嘉靖皇帝下旨再抄一部副本另外保存。重录副本直到隆庆元年(1567)方告完成，与永乐正本的格式、装帧完全一致。永乐大典副本于明朝嘉靖末、隆庆初抄成后，一度藏于皇史宬。清雍正时贮藏在翰林院(即今北京公安部大院内)。永乐副本因清代中叶官吏的窃取，英法联军的盗购，八国联军的焚掠，屡遭厄运，最后散失甚巨。从1900年至今，北京图书馆仅搜集到近 200 册。还有近 200 册分散在世界各国或个人手中。所有的都加在一起,残存至今的总共不过 400 册,仅是全书的 3% 强一点。

《永乐大典》嘉靖年间的重录本称为副本,藏在皇史宬。可是从此时起,《大典》正本的去处就音讯没有了。有人认为它毁于明亡之际,有人认为它毁于明万历年间宫中大火,更有人认为《永乐大典》正本没有丢,就在皇史宬夹墙里面。最让人感兴趣的是有专家认为可能殉葬在嘉靖皇帝的永陵。永陵是十三陵中仅次于长陵的一座,位于长陵东南的阳翠岭南麓,建于明代国力最强盛的时期。中国社会科学院研究员栾贵明先生和其他专家多次实地考查,认为地宫规模很可能在长陵之上。栾先生认为《永乐大典》正本,完整的一部巨书,没有毁亡,更没有佚失,应该好端端地保藏在永陵玄宫中!栾贵明关于《永乐大典》正本可能藏于明永陵的论断在全国史学、文物、古建、考古及新闻界引起浓厚兴趣和广泛关注。

北京图书馆藏永乐大典中有明初的顺天府志残帙两卷。是琉璃厂通学斋主人孙殿起从济南购得。孙殿起,字耀卿,河北冀县人,著有《贩书偶记》、《琉璃厂书肆三记》、《丛书目录拾遗》、《清代禁书知见录》等。1930 年 12 月 1 日,孙先生到济南南关正觉寺街国华书局,得书两种。随后到趵突泉前街,游吕祖庙。经南城根大街,再到友竹山房,得书七种。有永乐大典卷四千六百五十至四千六百五十一。孙先生初得此书并不知其名。而摊主说是残本顺天府志。回到旅店细检,见其前卷末页最后一行题字:永乐大典卷四千六百五十,始知确系永乐大典中的二册残卷,也是永乐顺天府志卷七至卷八。

此外,缪荃孙于光绪十一年从永乐大典中也曾手抄出过顺天府志残卷八卷。此钞本现藏于北京大学图书馆。缪抄写顺天府志是永乐大典卷四千六百五十至四千六百五十七。也是永乐顺天府志卷七至卷十四,共八卷。缪荃孙抄写的字迹不够工整,有可能是夜以继日抄录的。因为光绪初年,《永乐大典》仅存约 5000 余册。

李致忠,北京昌平县人,1965 年毕业于北京大学中文系古典文献专业。同年,供职于国家图书馆,长期从事古籍整理、版本鉴定,目录编制、书史研究和业务管理工作,是国家图书馆著名的版本目录专家。先后发表论文 170 余篇，出版《中国古代书籍史》、《中国古代书籍史话》、《古书版本鉴定》、《典籍志》、《古代版印通论》、《肩朴集》等专著，在海内外古籍善本领域较有影响。现为国家图书馆发展研究院院长、全国政协委员、中华再造善本工程规划指导委员会委员、中华再造善本工程编纂出版委员会主任委员、全国古籍保护工作专家委员会主任。

《旧都文物略》与袁良逸事

李忠义

《旧都文物略》12 篇，是北平市政府秘书处于民国二十四年十二月出版的一部大型的以实地摄影图片为主、图文并茂，全面介绍北京名胜古迹、历史文化、艺术风俗的导游图籍。系时任北平市长袁良命僚友汤用彬主持纂事，陈声聪、彭一卣协同编辑。自民国二十四年五月开始编纂，到九月脱稿。编纂目的是弘扬民族文化精神，大力宣扬首都北京博大深邃的历史文化、庄严秀丽的游览景观、灿烂优美的文物精粹、绚丽淳朴的艺术风俗，以利北平旅游事业的发展。

1928 年 6 月 28 日，国民党南京政府令，直隶改河北省，北京改名北平；划北平与天津为特别市。南京成为中华民国的首都。所以 1935 年出版的这部书称北京为旧都。

袁良（1882－1952），浙江杭县人，字文钦。早年留学日本。归国后曾任昌图警察总办兼交涉员。后为沈阳交涉署秘书长。1916 年至 1922 年充北洋政府国务院参议。1924 年被派为全国水利局总裁，并一度署理中央农业试验场场长。1929 年为外交部第二司司长。1929 年 10 月任上海市公安局局长。1933 年 6 月，袁良出任民国第四任北平市政府市长。袁良上任之初，正逢《塘沽协议》签字不久，华北局势危在旦夕。袁良考虑到北平作为辽、金、元、明、清五朝古都，集中国宫阙、殿宇、苑囿、坛庙之大成；荟萃了中国古代建筑的艺术精华，集东方艺术之最；而此时日本对北平和华北已经垂涎欲滴。由此若将北平规划建设成为旅游胜地，使北平成为东方最大的文化都市，定能让国际社会瞩目，借此也可遏止日本的“染指”图谋。袁良借鉴欧美各国最先进的城市规划与市政建设经验，锐意革新，力图整顿，颁布了《北平市游览区建设计划》、《北平市沟渠建设计划》、《北平市河道整理计划》等城市建设计划。为保障上述规划实施，市府发行公债，改善财政税收状况，开北平大规模城市现代化建设之先河。

汤用彬（1876－1951），字冠愚，人称颇公，汤霖进士长子。湖北省黄梅县孔垅镇汤大墩村人。光绪壬寅年（1902）举人，后升入国立分科大学毕业，授文学士。历任陆军部主事、湖北省参议会秘书长、湖南都督府秘书长、交通部参事、执政府机要秘书、国史馆协修、国务院国史编纂处处长，主修国史。1936年任北平市政府秘书处秘书。著有《新谭往杂著》、《河朔览古诗辑》、《燕尘拾遗》、《新学名迹考》、《北洋军志》等。

陈声聪（1897－1987）福建闽侯人，字兼与，号荷堂，又号壶叟、壶因。精诗词擅书画，闽派著名诗人。为上海文史馆馆员。著有《兼于阁诗》、《兼于阁诗续》、《兼于阁诗话》、《壶因词》四种。

彭一卣待考。

金鰲玉蝀橋頭與三座門 （圖七）

《旧都文物略》取材精审，叙述雅驯，考证翔实。本书所列图片将近四百幅，其中风景图片占30%，历史文化图片占50%，艺术风俗图片占20%。所有图片都是逐一实地拍摄，保存了一些北京城已经消失的景观。例如西直门箭楼、正阳门五牌楼、金鳌玉蝀桥与三座门、东便门外二闸，黑窑厂西的龙泉寺、龙树寺，安定门外的满井等。坊巷略里的东长安街、王府井大街、西长安街、北池子、金鳌玉蝀桥与三座门等街巷反映了民国二十四年北平市的社会生活风貌。

邓云乡先生在《云乡丛稿》“旧都文物略小记”中提到了“北平特别市”市长袁良的一件趣事。1934年，评剧皇后白玉霜在北平开明戏院，因演色情戏(时称粉戏)《拿苍蝇》，被市长袁良认为内容不健康，有伤风化，而把她驱逐出境。白玉霜被迫到天津、上海演出发展。袁卸职后在上海做寓公，观看白玉霜的戏后宴请她。白问他为何前后矛盾。袁答：“当日你在台下，我在台上，不得不那样；今日你在台上，我却在台下，不必再那样，应该这样了。”袁的这番妙语博得满堂彩声。

从邓文看，袁无疑是疾恶如仇、崇道扬德的好市长，又幽默风趣，着实可敬可爱。但另有资料记载，与上述说法不同。谓为：当时，白玉霜有一出独家戏红得邪乎，那就是《拿苍蝇》。那时北平的市长叫袁良，浙江人，素来不看评剧，可这些天也对白玉霜发生了兴趣，看了她好几场戏，市长带头捧场，场子里被闹了个天翻地覆。有一天，市长看完戏派人送信，请白老板吃夜宵，不想，那天白玉霜闹开了别扭，就是不去。于是，白玉霜捅了马蜂窝。袁良打出了维护北平社会风化的旗号，指令立即将白玉霜驱逐出境，直接押赴火车站，登上了去天津的列车，巡警们跟到丰台才撤回去。为什么堂堂的北平市长袁良要驱逐白玉霜呢？有资料说，是袁良手下的一个老头子科长看上了白玉霜，由于没能遂愿，于是就向袁良说了坏话，才有了这种结局。

2000年1月，北京古籍出版社以民国二十四年十二月的印刷本《旧都文物略》为底本，按原八开本影印，由钟少华点校。该印刷本是黑色书皮，书脊用线绳拴固，定价8块银圆。2005年琉璃厂古籍书店也有一种黑色书皮，大8开的影印本《旧都文物略》，版权页完全按照民国二十四年版排印，制作精致。琉璃厂古籍书店的售价是400元，最高售价到800元。这个仿制本据琉璃厂古籍书店胡岳先生和中国书店隆福寺店经理赵喜增先生介绍是20世纪80年代初上海书店仿制影印的。

第六章
旧迹寻踪

小汤山行宫怀古

◇高文瑞

昌平区小汤山镇静静地躺着一座行宫。若非特意寻觅，路过也会视而不见：残垣颓井旧石废坑，实在无引人之处。

而当年这里却是皇帝禁苑，因有温泉，为明清帝后龙浴之处，常人不能进入。说这里是京城的华清池，并不为过。《日下旧闻考》记载："汤山在州东南三十里，有温泉可浴。""汤山下有温泉，行宫在焉。"《光绪昌平州志》更为详细地记载了修建行宫的时间为"康熙五十四年建"，即1715年。行宫当年很有规模。南面为前宫，习惯上称原行宫。乾隆皇帝又把行宫向北扩展，建成一座清幽的园林，为后宫。前宫是皇帝处理政务之处，后宫建澡雪堂、漱琼室、飞凤亭、汇泽阁、开襟楼……这些在八国联军的铁蹄下已不复存在。现在能看到的后宫是修复后的遗址公园，用做疗养院之用。

前宫的正殿和东西配殿已荡然无存，只有殿前两个汉白玉砌成拉长的六边形池，一东一西，整齐对称。池子巨大，近两米深，下面又有一汉白玉的长方池，再下1米，才是一口直径1米多的圆井。井石上钉着铁锔。东侧池的井靠北，完好；西侧池的井靠南，部分砖已倒塌。井底早已干枯。井边长着荒草。有人分析，六边形池下压着长方形池的一角，六边形池是后建的。这也印证了康熙是在明代的基础上又建了行宫。不管怎样，泉水充足，长流不息。六边形池上有石洞，泉水从石洞流向东西两侧的配殿，供皇帝御用。东侧的石洞上还装有铁管，据说正是利用了泉水的流向而建的。康熙皇帝非常喜爱这里，曾有《温泉行》诗一首："汤泉泉水沸且清，仙源遥自丹砂生，沐日浴月泛灵液，微波细浪流踪峥……岁时来往护仙跸，点笔为赋温泉行。"

小河拦住了北行的路，怀碧桥如进入后宫的大门。登桥北望，映入眼帘的是亭台石桥，湖光山色，隐约让人联想出当年的盛景。怀碧桥为石拱桥，建桥的石板有些还是当年的。1957 年 1 月，郭沫若游览于此，兴致所至，试和毛主席诗韵，题写了一首《念奴娇·小汤山》："京畿左翼，小汤山，一脉温泉无色。广厦万间新建立，引入玉池清澈。冬日疑春，朔风孕暖，溪内游龟鳖。华清何似？令人高下难说。小停怀碧桥边，荒池待理，犹自封冰雪。遥指颓楼思往事。人道胜朝末截。那拉常游，浴宫已毁，独乐亡家国。请看今日，兵民同享温热。"诗中细致地描写了温泉的景象。

向前行，路边置放着几块石材，精致的浮雕令人想象到当年建筑的水平。前面就是荷池，池塘四周用石头围成参差的堤岸，就像一片侧看的荷叶。荷池中有块块的石头，点缀出一座小桥，可以穿行池间，赏玩荷花。当年荷池里种的是金边荷花。荷花美且花期早，能与芍药相遇，引得乾隆皇帝折上一枝，插入胆瓶中观赏，引发诗兴："霞翦衣裳恰五铢，清和春色满仙壶。温泉浴罢娇无力，扶起身边有念奴。"只可惜，珍贵的金边荷花现已绝迹。

向前不远，有一极小的石头山，名为竹竿山，又称九华山，山旁立有石碑，上书"清宫浴室遗址"。山下种有一丛翠竹，旁边有两个毗连的汉白玉长方池。泉水从山脚下的石缝涌出，流入池中，池的上方有一石洞，经过沉淀过滤后的泉水，再从石洞流到另一池中。皇帝就在此池中沐浴。池深有 1 米多，里面并无台阶，据说沐浴时，要放上木制器具。池旁有一块础石，有人据此说，池周有建筑。也有人说，只此一块础石，且放在中间，池的四周再无础石痕迹，所以那一块是后放的。

皇帝用过，慈禧也不例外，据说是让宫女在四周拉起帷幔。帝后在禁苑露天沐浴也不为过。况且，泉水不仅温度高，还有气味。乾隆皇帝在

《汤泉行宫八咏》中曾写过:“炎液暄波能愈疾,曾闻泉脉出流黄。化工神运不思议,功德应教证水王。”这不禁想起 20 世纪 70 年代,我的同事因皮肤病,每周都到小汤山洗温泉。记得他讲,泉水的温度很高,从地下刚流出的泉水很烫,能煮熟鸡蛋。泉水还有浓重的硫黄味儿,要不怎能治病!前宫和后宫两处的池壁上,都留有很重的铁锈色,这足以证明泉水所含矿物质之高。照此说来,室内闻这样的气味反而不利健康了。帝后自然更会享受。

登上十几级台阶就到了山顶。有人说这座山是人工堆出来的。因为一些山石有码放的痕迹。但从大多山石层岩的走势看,又像是自然形成。这么小的石山也算是比较少见。没有石头怎么会有温泉呢!山顶上石头众多。当中一块巨石上,朱笔四个大字:九华兮秀。字体圆润有力,字下并无题款。据说是乾隆外出游玩,回来心情畅快,情不自禁,说出了这四个字,于是御笔一挥而就。对于“兮”字,还有不少争议。有人说是“分”,也有人说是“含”。传说归传说,不论是不是乾隆的御书,总之,这肆意的一笔,给后人带来许多“麻烦”和想象。

行已至此,不禁心生疑窦:此山为何叫竹竿山?汤山又在何处?

原来,距现在的“行宫”几百米远,有一村落,名为小汤山村,村里有一座小石山,称小汤山,比竹竿山还矮。当地人讲,距此地几里远,有一座几十米高的山,三四里长,一里多宽,名为大汤山,以前那里的泉水多得遍地流。据《光绪昌平州志》记载,汤山分大小两座。小汤山“西至大汤山二里”。《光绪顺天府志》也证实汤山泉源分为两处:“汤峪水发源汤峪石缝中。”大汤山就是汤峪山,距昌平州 23 里,“出大汤山东南之汤山,亦称小汤山。双泉皆温,俗呼汤峪泉”,且小汤山的泉水更加温暖。以此而论,大小汤山相去不远,两山的地层结构该是相通的,且小汤山的泉水更为宜人。

解疑报国寺

◘ 高文瑞

寺名为谁

寺庙的名字有讲究，绝非随意而为。大凡叫报国、护国、崇国一类带有“国”字的寺庙，创建之始，都会含有重要意义，尤其是为个人而建，更会慎重命名。而报国寺之名，就有些反常。这是为什么人物建的寺？

《光绪顺天府志》上这样写道：“明成化初，为周太后弟吉祥立也。”吉祥是何许人也？他姓周，普通的国民。从姐姐能当太后来推测，他应该出自官宦之门，或是城市里的大户人家。即使是有这样的出身，站在国家的角度来看，吉祥也就是一个市民而已。

普通市民有什么资格立寺呢？志书上记载，吉祥性格孤僻，行为诡异，自幼爱好四处出游，有时不回家，家人也不知去向。其姐尚未出嫁时，吉祥便与家里失去联系。之后，姐姐嫁给英宗皇上，成为所称的“周太后”，家族为之生辉。可能是日有所思，夜有所梦。一日，周太后忽然见到吉祥弟睡在报国寺的伽蓝殿里，一觉醒来，却是南柯一梦，便把此梦说与英宗皇上。皇上说也做了同样的梦，于是派人前往报国寺伽蓝殿。果然如梦，吉祥正在殿中。众人拥着这位国舅来见太后。

失散多年，皇上与太后一见吉祥，自然喜出望外，劝弟弟说，你是皇亲，堂堂的国舅，再不要到那小庙里去受罪了。而吉祥却执意不肯，任凭太后怎么说，非要回庙里当和尚。英宗颠沛流离，两朝天子，最终去世。宪宗继位，年号成化。此时的周太后想念姐弟之谊，自己拿出“内藏物”，为弟弟吉祥修建了寺院，取名“大慈仁寺”。

那么报国寺又因何而来呢？原来此地已有一小寺，名为报国寺，位置在西北。吉祥之前就睡在这个寺的伽蓝殿里。直到《日下旧闻考》成书时，此寺还在："今报国寺西北隅有寺无额，土人呼为小报国寺。"

大慈仁寺建在东南，规模宏敞，殿阁巍然，古松苍郁，毗卢阁巍峨高耸，使得这一片寺院声名鹊起。而当地人并不这样称呼，仍然叫它报国寺，而把原来的报国寺称为小报国寺，以示区别。为什么当地人这么称呼？因为吉祥以前常宿在小报国寺，已然为报国寺的主人。吉祥搬家，新居自然仍为报国寺了。这也算是不改称呼的原因之一了。到清乾隆十九年，寺院敕修，门额把本名与土名结合起来，称为"大报国慈仁寺"。

双松何来

《光绪顺天府志》上载："初，寺有二松，金时旧植。"不禁引起质疑。大慈仁寺，明明建在成化年间。那么二松从何而来？是先有二松，后建的寺，还是先建的寺，再移植二松？

大寺必有大寺的灵光。报国寺的这两株松树，确实奇特。进得山门，便见大殿前的这两株松树。树不高，东边一棵有三丈。奇在西边一棵，矮，仅高两丈，树干长不过几尺，但形状特殊，"梳风幂翠，一庭寒色"。由于枝干太长，"枝柯盘屈横斜，荫数亩"，树干已无力承载，人们便用十来根红架支撑起来。

此二松在当时很是有名，与悯忠寺的丁香、崇效寺的牡丹、天宁寺的芍药、什刹海的荷花齐名。《春明梦余录》上有一评介："慈仁寺前双偃松，奇古绝尘。"但凡有朋友西出京城广宁门，必要到报国寺前的这两株松树下，设酒饯行。

如此著名的二松究竟何来？在《人海记》中记述了二松的来历："自内城隍庙市移于此。"但这两株松树并没有好的结果，在庙会上，"每月三度为系马之具。数年无复存矣"。《六街花事》中又进一步说出了二松的下场："双松后竟举入木厂。"而且此说在《茶余客话》中得到证实。而《骨董琐记》只说明了："慈仁寺松，毁于清初。"时间上暗合。

此外又有一说。《郎潜纪闻初笔》中写："京师广安门内慈仁寺，乃古双松寺遗址。前明改建者三楹也。”这种可能依然存在。别看这一地区地方不大，而大大小小的寺庙却是很多。善果寺、广德寺等都相比邻。在一座小庙上进行改建，也有可能。

不管怎样，此二松名气太大，二松毁后，分别在康熙、道光年间补种过，而尤以光绪初叶补种的最有特色：偃卧其间，颇有画意。

窑变观音下落

报国寺的另一宝便是窑变观音。报国寺的窑变观音却丢失了。窑变观音像为什么会丢呢？一是像的艺术价值极高。窑变这一现象比较特殊，甚至极为罕见。烧制前，同样的材料，同样的颜色，出窑后，却出现不同的颜色。这种现象，在烧制瓷器的过程中，千万次中才会出现一次，非人力所为，纯粹自然的现象。据有关方面的专家李广琪分析，这种窑变现象的产生，取决于材料中有色金属的含量（轻金属上浮，重金属下沉），以及氧化还原时间。细微的变化，就会出现不同的结果。釉面沸腾也会产生不同的颜色。二是这一观音像不大，只有一尺多高，给偷盗的人造成了方便。

窑变观音像来得非常巧。明神宗时，李太后崇礼大士，欲得一瓷像奉之。举念之间，正好景德镇窑中诸器化一庄严法像。此窑变观音像全身绿色。观音向右倚坐，左手放在左膝上，手轮梵字，右肘放在右膝上，手腕支着脸，微闭双目，神态自若。于奕正的文友，湖北麻城人刘侗在《窑变观音赞》中描述了此像的脸开得非常传神：“观音观人，光著观者。人观观音，目光内写。”极为准确地描写了观音的神态。

窑变观音像是镇寺之宝，每有观寺者，和尚视其神色，引至阁上观赏。“庚子寺毁于火”。寺里的佛像也全都毁坏。窑变观音更是不知去向。很多人都认为是流落海外。但此说太宽泛，摸不着边际。邓之诚在《骨董琐记》中说，流落海外的说法是假的。他曾听到过“实为庆宽所得，辗转归于张翼”。至于庆宽是何人，张翼又是何人，便不得而知了。起码否定了流失海外说。此像还在国内。

终是有此一说，也算是有个下落。

漫话西安门

◘祁 建

半个多世纪以前的一场大火，北京的西安门从地图上消失了。岁月流逝，北京发生了翻天覆地的变化，西安门大街变成了车水马龙的通途，西安门慢慢地被人们淡忘了，50 多年前发生的那起西安门火灾也淹没在了尘封的历史中。

西安门内大街，宽度并不很大，而且曾是大树夹持的林荫街道。同时由于北海团城的金鳌玉蝀桥较窄和桥西文津街上建有红墙绿琉璃瓦的三座门以及紫禁城神武门与景山南门之间的空间限制，还有左侧大高玄殿前面的牌坊当街的限制，特别是那一带是宫城北门的禁地，所以明清时绝不允许开辟街道，任人横穿。

西安门元代为大都萧墙（即皇城城墙）西门，名红门。门内道路两侧有太宁宫、兴圣宫等建筑。门外道路通西市，北属吉庆坊，南为安富坊。明永乐年间营建北京城，在元大都萧墙基础上稍向北、东、南拓展，修筑皇城，红门改为西安门，为三槛三门，重脊飞檐，朱墙黄瓦。门内路向西，通过棂星门可达横跨太液池（今中南海、北海）的金鳌玉蝀桥，两侧有司钥库、果园厂、藏经库、西花房、西酒房、惜薪司、大光明殿、赃罚别库等衙署、寺庙及作坊、仓库。

门外东为西安门大街，沿皇城城墙走向为皇城西大街。清代基本沿明代皇城规制，仍称西安门。门内、外路分称西安门大街、西安门外大街。民国初统归中二区管辖，后为便利交通分段拆除皇城城墙，西安门两侧城墙无存。1928 年后分属内四区与内六区。建国后属于西城区。1965 年内、外两路合称西安门大街。

西安门到了民国以后，已经没有什么皇家的气氛了，但形式上没有大的变化，特别是城墙还在。1949 年北平解放后，很多做小生意的人看到这儿人来人往客流量大，于是就沿着城墙一家一家盖出了很多小小的棚社做起了小买卖，开起来时间不长就发现生意确实好，于是来的人越来越多，一时间沿着西安门的城墙形成了一排长 300 米的棚户区。1950 年的某一天夜里终于发生了火灾。

一直到天亮五六点钟的时候，西安门的火终于扑灭，现场一片狼藉，有 530 多年的西安门古城门停止了呼吸，变成了一堆灰烬，在西安门的周围形成了一个巨大的燃烧过后的垃圾场。

事后西安门的残迹被一一清扫，商贩也得到安置，原来西安门耸立的地方变成了一个大马路。要知道偌大的一个西安门燃烧之后留下了大量的垃圾，这些垃圾在之后的半个月中都影响着人们的出行。公安局赶紧派人先把西安门拆了先修出道来，打那以后西安门就没了。

岁月变换着大地上的景物。除天安门外，皇城的另外三门，即地安门、东安门、西安门，连同皇家广场上的长安左门、长安右门、大明门都已无存。一百年时间，已是沧海桑田。连皇城的城墙，都消失无踪。

最美的街道

现在的文津街在清朝称为西安门大街东段，因为位于西安门内，故 1911 年后改称为西安门内大街。1931 年，因国立北平图书馆（今国家图书馆分馆）将承德避暑山庄文津阁保存的《四库全书》收藏进馆，故改称文津街。

一位北京作家说，从文津街向东，过北海经故宫直至沙滩，是北京最美丽的大街。这儿也真有几处不一般的景致。您从西往东瞧。文津街路南是国务院北墙。车水马龙，红绿灯闪烁，行人和骑车人偶往灰色高墙下一瞥，会顿露惊喜：一团团粉红直逼你眼，俏丽的枝丫盛开着一片桃花，蜜蜂嗡嗡嘤嘤，深红的花骨朵跟鲜嫩的桃叶掩映其间，透露出蓬勃生机。

雨雾中站在北海白石桥上，环顾三海，碧绿澄澈的湖水消失在迷蒙水幕中，仿佛周衺水域无限辽远，让人想起“玉鉴琼田三万顷，着我扁舟一叶”。

记得20世纪50、60年代的傍晚，当中学生们在北海石桥倚栏眺望中南海的灯光，憧憬着楼上楼下电灯电话的明天时，他们畅谈着一个又一个人生的美丽希望，“让我们荡起双桨……”影响了一代人的心灵世界。金鳌玉蝀桥始建于明朝，今称北海大桥。大桥为九孔联拱石桥，主体长117米、宽34米，横跨北海、中海水面。站在桥上，能够观赏到桥两侧的风景。桥南为中南海，桥北为北海公园与团城。

清光绪三十二年（1906）的旧历正月十四，溥仪出生在什刹海后海北沿醇王府，3岁继位，年号宣统。给载沣再建一座全新的摄政王府，选址在西苑三海集灵囿紫光阁一带（现中南海内也就是府右街与文津街之间）。

正当修建过程中，武昌起义掀起了革命风暴，辛亥革命推翻了统治中国两千多年的封建帝制，因此，王府没有修建完成。历史上两代醇亲王府三修府邸，两度潜龙，一朝摄政的家世就是这样随着中国最后一个封建王朝的覆灭而告终。

1952年5月，北京市开始酝酿拆除牌楼，公安局交通管理处认为，大街上的牌楼附近交通事故频繁，牌楼影响交通是导致交通事故的主要原因。

这一年，在文津街北京图书馆门前发生一起严重的交通事故。原北京市城市规划管理局总建筑师李准回忆道：那里的交通环境的确不好，自北海大桥下桥向西正逢下坡道路，车速一般较高。而前面原北京图书馆门前附近的三座门有三个门洞，开间不大，一般只能通过一部汽车，再向前又遇到向北的弯道，行车视线受到较大的障碍。

当时一部汽车自东向西疾驶，但快要进三座门时突然发现转弯过来的另一部汽车迎面驶来，这位司机看到迎面来的车里有前苏联专家乘坐，在已无法采取任何措施躲避的情况下，这位司机出于对老大哥的尊重，毫不犹豫地把车撞在三座门的门垛上，专家的车有惊无险地顺利通过，这位司机却失去了年轻的生命。

这条东西走向的大街，不光有赏心悦目的连珠美景，还撒满了历史与现实的美丽希望。秀丽景色与无穷回味相映成趣，目不暇接而又神驰心往。

这条街虽然不长，但它却能给经过的人们留下深刻而美好的印象。

远去的太平湖

◘祁　建

和父亲聊起了他童年的太平湖记忆，每到动情处，他都有些落泪。时光远去，湖消失了，王府沧海变迁，胡同被高楼代替……也许今天我们再去复兴门内的太平湖，已经物是人非了。《京师坊巷志稿》中说：“太平湖，城隅积潦潴为湖，由角楼北水关入护城河。”

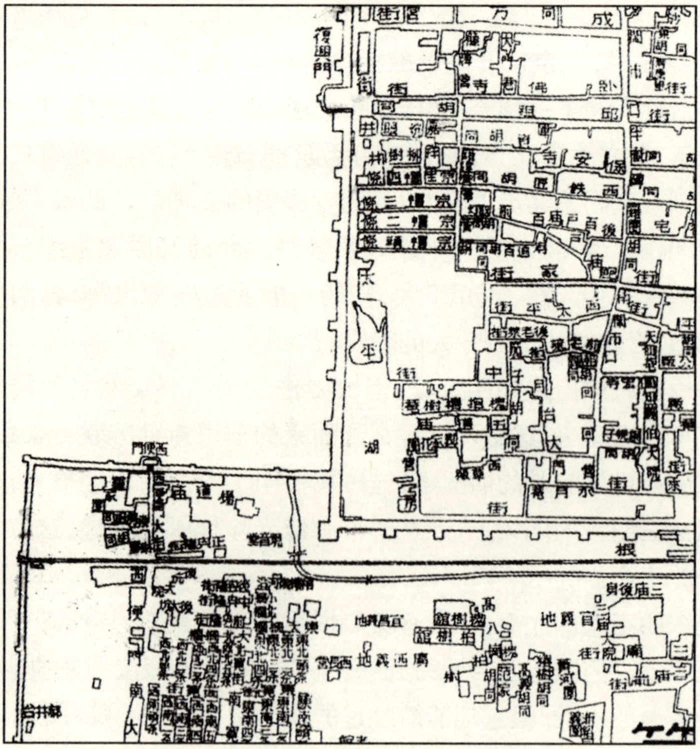

原太平湖地区地图

太平湖东里

答应父亲，初春时节，我踏上寻找我家最早的居住地之旅。从西便门的路口拐过去，从后来重建的西便门角楼转过去，二环路边的东侧是许多大厦和写字楼，在一个很不起眼的小路口向东进去，进去之后发现了“太平湖东里”的牌子，现在只有这条胡同保留着“太平湖”的名字。

在胡同两侧，一些汽车停在两边。东边，是一个丁字路口，一家小卖部的屋檐上挂着红灯笼。墙上是居委会在水泥黑板上写的，提醒着居民各种注意事项。

到白云观喝热粥

父亲的记忆中，那时我们家住在离太平湖很近的村子里，离七爷府(现在的中央音乐学院)很近。村子里的老街坊大多是旗人，都是世代在这里生活的老住户。那时还没有复兴门，还没有今天的长安街，复兴门立交桥左右的位置有一个被炮火轰塌的城墙豁口，老百姓进城为了省事，都从豁口跳来跳去。

每天清晨，小时候的父亲跟着我奶奶都是拿着碗从这个豁口去白云观领粥。那时白云观有个舍粥的粥厂，为穷苦的老百姓，每天发放免费的粥。清晨，穿过这个如山洞的豁口，总能够听到一个步履蹒跚的老傻子一边走，一边喊“穿大洞，到白云观喝热粥”。那个傻子唱这句的时候，总把“白云观”念成“博云观”，让小时候的父亲一直以为那里叫“博云观”。

白云观放的粥有时也有米饭，每个人一份，放粥的道士，根据人数来发……

花园和水井

在太平湖附近有一个很大的花园，父亲小时候叫它“张家花园”，花园里假山、亭子、鲜花……，是孩子的乐园，孩子从墙洞穿进去，到里面跑跳玩耍。

一天，孩子们在花园里发现晒了很多的白薯干。他们随手抓了几把，装在裤兜里，一边吃一边回家。孩子们一到家，有的父母发现孩子吃的白薯干，就问哪里来的？孩子说是在张家花园里拣的。村子里的大人，都拿着口袋跑去了，一时间，人山人海，把花园里晒的白薯干一抢而空。在那饥饿是最大问题的年代，白薯干是怎样美味的食物啊！

在太平湖的一个拉洋车的街坊家养了一只大狗，父亲和小伙伴玩得正起劲时，大狗跑出来，把父亲咬了。在宏达中学教书的爷爷跑回来，送父亲去西单附近的医院。那是父亲第一次手术和第一次住医院。那个拉车的街坊很害怕，因为他也很贫困，一个人拉车要养活一家人，爷爷原谅他了，没要他赔医药费。拉车的街坊十分感谢，表示每天早晨免费拉父亲去医院上药来报答……父亲每次讲到这里时，都十分想念那些已经在记忆中远去的老街坊。一次那个街坊拉车，洋车坏在一条胡同，父亲那时年纪小，只听他们说“洋车坏在了拐不成弯巷了”，今天我查阅老地图，也许那条胡同应该叫“槐抱椿巷”。记忆就是这样渐渐被有些模糊的思绪搅动。

枣树和橘子

当时的太平湖附近住一家德国人，德国人自己有一个很大的院子，院子里种了很多枣树，他的枣树结的枣很大很甜，很惹孩子们青睐。德国人喜欢用这些枣来造酒，酒很香，据说卖的价格很贵。

德国人养着一只大狼狗，狼狗站在大门口看他家的枣树。小孩子们就是爱惹这条狗，爱吃这里的枣。

枣熟了的时候，孩子们专找那些树枝伸到院子外的枣树，找到机会摘走很多枣……等狼狗发现，向他们汪汪时，他们已经跑出很远，拣起砖头，扔过去，砸的狼狗拽着铁链子猛叫，德国人站在楼上，用生硬的中国话喊“你们要干什么？让你们总统开条子，枣随便吃。”孩子们嬉笑着“开条子，谁给我们开？”

村子转眼化为灰烬

父亲小时候的记忆，还有一段就是太平湖突然来了许多日本兵，强令整个村子限期搬走，日本兵在太平湖附近拉上铁丝网，修建工事……太平湖整个村子大约100余户，在几天内拖家带口地把能够搬的东西往外搬，眼看着家园被圈进了铁丝网。世代居住的四合院转眼化为灰烬，村子里的老百姓流着眼泪，往外走。

日本人在太平湖挖起沟壑，拉起铁丝网，大狼狗虎目圆睁……奶奶拉着几个孩子，不情愿地离开了太平湖。后来搬到复兴门北面的西养马营附近的四眼井住下。

父亲记忆中，60年代槐抱椿树庵、水月庵、五道庙等寺庙尚有遗迹可寻。还有袁家花园、营房街、西草厂、前、后老菜街、西太平街、南闹市口、回回营、鲍家街……

美丽的太平湖就这样随着历史变迁湮灭无痕了。

樱桃沟沧桑

◘高文瑞

退谷与孙承泽

自卧佛寺向西数十米是樱桃沟。每逢春日，樱桃花开遍山谷，俗称樱桃沟。

孙承泽是明末清初（1592—1676）人，祖籍山东，本人为北京人，字耳伯，号北海，退谷是他又一号，孙承泽辞官后，到退谷隐居而得。崇祯时中进士，官刑科都给事中，此人颇具戏剧性。李自成攻至北京城下，他与同僚商定，建议请崇祯皇帝上城楼亲自督战，将士死守城池。得知宫中没了皇帝，问四散出逃的宫女，都异口同声。孙承泽觉得大势已去，便入玉凫堂书架后，学皇帝自缢，被佣人呼众解救；偷服"片脑两许"，呕吐而出，又没死成；趁着城中家中一片混乱，同长子道朴一块儿投入井中，再次被仆人捞出，"吐血水斗余"，死而复生。

起义军对他好言相劝，好食相待，终不能改变他的观点。死在旦夕之际，清兵入关。清朝，孙承泽任吏科都给事中，官至吏部左侍郎。此后他便告老称病20余年，到退谷隐居，潜心著书。经历过生与死，人便会有特立独行的生活方式。

他常年与山石林木为伴，陶醉于溪水山巅之间，熟悉这里的一石一木。山谷入口狭窄处，孙承泽在碣石上题写"退谷"。可惜原有二字不见，现为梁启超补题。当年这里的建筑也与他的号有关。山谷中小亭翼然，为退翁亭。他会坐在亭中，陶醉于山水。此地景色秀美，环境清幽，亭前水可流觞。旧时文人墨客，可能要沾点儿灵气，常在此避暑、著书。清代退翁亭还在，现已无存。水源头上以前有方亭，现名退谷亭，方形攒尖，上覆石瓦。柱上有对联“行至水穷处，坐看云起时”，取自唐朝王维诗《终南别业》。

东上有石门巍然，门额隶书“烟霞窟”三字。入内为平台，向南望，万木森森。这里有小房数间。那就是孙承泽生活之处。西边三楹就是退翁书屋。当年书屋里陈设很简单，只有一榻、一炉、一瘿樽，及书籍数十卷。孙承泽在此写出了名著《天府广记》和《春明梦余录》。清代，石门上三字门额还在，其余圮废。

退谷的最深处，有碣石立于山石旁，上书“水源头”，也是孙承泽所遗，现只能看到舒同补题。这里两山相夹，小径极窄，乱水淙淙，深入数里，有三个石洞，旁凿龙头，水从龙口喷出。这便是樱桃沟泉水的源头，也称“水尽头”。水流出后分两支。一支流入地下，再从玉泉山涌出。据说过去有人做过试验，把油注入水中，结果，玉泉山的水面漂满了油花。有无名子题邻寺壁诗：“双流决决鸣，石根失其一。弃糠于此中，应从玉泉出。”另一支流至退谷亭前，灌溉山谷里花草竹木。

奇峰引奇人

樱桃沟有一奇特处，那就是水源头旁一块巨大的白石，形同元宝，俗称元宝石。山岩有数十丈高，如一座楼阁嵌在空中，屹立于山岭之上。上面有浅浅的字画痕迹，时久风蚀，不能辨认。这里就是久负盛名的白鹿岩。相传，辽代有仙人骑白鹿，漫游到此，乐而不返，所以得名。白鹿岩中间空空，山岩左面有一空隙，如同窗棂，向下看，深不可测。这里风景清静幽深，似有仙气。

登上岩顶，看万寿山，清晰得如指掌在前。西望太行山脉，连绵起伏，远至天际。山岩上有一株古桧，长在岩缝中，盘旋横绕，从岩石的侧面生长而出，似倒挂在岩外。树根抓满每条石逢，让人一下就理解了“咬定青山不放松”的那个“咬”字。树龄有300余年，高7米，粗36厘米。树冠极大，不知是视觉差异还是记述有误，志书上形容桧树颜色如同丹砂一样红，不论怎样，可见不同凡响。

樱桃沟奇妙的自然景观曾引来不少特殊的人物。向前数十步，土台高起，有巨大的石兽蹲踞在土台下。金章宗曾修建了八大水院。相传，这里就是其中之一的清水院。有志书载，清水院就是现在的大觉寺。不论地点在何处，还是记述有误，金章宗确实非常喜欢这里的山水。

当然出家之人更是看中了这里的幽雅，在樱桃沟建起众多的寺庙。据说，明代这里还曾来过一位西域的僧人。此人黄眉毛红脸膛，靠草根和泉水为生，说话没人听懂，见人只是嬉笑而已。可能是语言无法交流或是生活习惯的差异，他只身在白鹿岩下，搭起几间茅屋，住在里面。生活条件艰苦，却也说明当年樱桃沟寺庙的影响之大。

抗日烽火

清亡后，樱桃沟不再是皇家的禁地。曾在北洋军阀政府做过财政部长的周肇祥，相中了樱桃沟的清幽，从清朝太监郝常手里弄到了皇家地契，在沟南坡建起了宅院，成为私人别墅。现在其院门额上书写着"鹿岩精舍"。沟北坡广泉寺遗址上建起"生圹之地"，南墙正中的门额上自题有"香岩塔院"。周肇祥，浙江绍兴人，信佛教，号养庵，又号无畏居士，自称退翁，选取此地，想必与孙承泽在志趣上有相同之处。

山岩上"白鹿仙迹退谷幽栖"8个石刻篆字清晰可见。周肇祥常年居住于此，对樱桃沟也有研究。他在白鹿岩洞内镶嵌的小碑上，刻下了白鹿岩的沿革和所见："岩为空石，下覆中空，视半椽，殆洪荒之水，激而成也。"之后又说明了住在这里的外国僧人和洞中后来的状况："明中叶西僧居之，败榻遗灶有存者，久废弗治，湿秽不容趾，惟牧羊儿借避风雨耳。"

退谷深藏西山，是理想的隐居之地。但腥风血雨打破了沉寂。铁蹄之下，华北之大不能容下一张平静的书桌，何况区区樱桃沟。月圆之夜人不归，花香之地无和平。抗日的烽火点燃了。北平学联和民先队在"一二·九"运动时期到此举办了夏令营，参加的学生有五六百人次之多。樱桃沟内的巨石上镌刻着学生们留下的四个大字——保卫华北。石刻对面，为彭真题写的"一二·九运动纪念亭"。亭内碑文由刘炳森书写，记录了那一段难忘的经历。

樱桃沟历经了沧桑。

元大都的坝河与积水潭码头

◘王铭珍

今北京市朝阳区有东坝村、西坝村、东坝河、西坝河、东坝河桥、西坝河桥、东坝河西桥、东坝河南桥、东坝路、西坝路、还有西坝河东里、西坝河中里、西坝河西里等以坝河命名的村庄、河流、桥梁与街道。这些地名,都是元大都坝河遗存衍生出来的,富有历史文化渊源。

坝河是元大都的一条重要漕运要道。中统三年八月己丑(1262 年 9 月 11 日)元世祖忽必烈诏见水利专家郭守敬议事。郭守敬面陈水利六事,其中第一件事就是关于中都的运河问题。他建议:“中都旧漕河,东至通州,引玉泉水以通舟,岁可省雇车钱六万缗。”

元世祖忽必烈采纳了郭守敬的建议。“中都旧漕河”即金朝废弃的漕运河。至元十六年(1279)坝河开通。

据《元史》卷一百八十三《王思诚传》记载:“至元十六年开坝河。设坝夫户八千三百七十有七;车户五千七十,出车三百九十辆;船户九百五十,出船一百九十艘。”

开通坝河的目的是为了满足元大都粮食供应。元朝在建设大都城的过程中,首先遇到的一个问题,就是粮食供应。随着朝廷机构日益繁复,开支日益增加,加上京师人口不断增多,粮食供应日趋紧张,由于南宋灭亡,实现全国统一,南粮北运的频率加大,河运、海运双管齐下,数量大幅度增加。正如《元史》所言:“元都于燕,去时江南极远,而日是司庶府之繁,卫士编民之众,无不仰给于江南。”当时江南的粮食,通过河运与海运两条途径源源不断地北运至通州,而通州至大都的 25 公里路程一向是漕运的瓶颈,此时瓶颈的矛盾显得尤为突出。在这种形势背景下,郭守敬提出的“引玉泉水以通舟”(即修建坝河)的建议。坝河起源于大都城西北部的积水潭，即金朝白莲潭，今之什刹海。如今什刹海水面是30万平方米。元代积水潭的水面是200万平方米。今天的小西天、南太平庄胡同、北京地铁车辆段、积水潭地铁站、积水潭桥、积水潭医院、德胜门、德胜门桥等，当初都处于积水潭水域内。元代的坝河，就是以积水潭为起源。积水潭是高梁河的一段河道，时称玉河，其上游是瓮山泊，即今之颐和园昆明湖。坝河流域路线走向，大致循今德胜门、安定门外护城河向东行，至和平里南口一带。再折向东北，沿今日之香河园、太阳宫、将台、酒仙桥、东坝、楼梓庄、沙窝村东行至通州。坝河全长25公里。

坝河河道的走向大体是由西向东的。其地形特点是由西向东呈现倾斜，西高东低。如坝河起点积水潭附近的海拔高程为46米，而坝河终点在温榆河入口处的海拔高程为21米，在25公里路程的地形高差就达25米，平均每千米落差1米。说明河道比降很大，水量极易流失，因此必须在河道上沿途修建堰坝，用以壅水，使之在运河中保持行船所必要的水位。据《元史》卷六十四《河渠志·坝河》记载："坝河，亦名阜通七坝。"可知该坝河设有七座堰坝。宋本在《都水监事记》一文中为我们提供了七坝的全部名称："阜通之千斯、常庆、西阳、郭村、郑村、王村、深沟七坝。"宋本，字诚夫，大都人。元英宗至治元年（1321）中进士第一。曾授翰林国史院修撰，官至集贤阁学士兼国子监祭酒。著有《海子》诗：

渡桥西望似江乡，隔岸楼台罨画妆。
十顷玻璃秋影碧，照人骑马入宫墙。

这首诗写的是积水潭的画面。他对坝河情况也是颇为了解的。他所说的这七座堰坝在坝河上并非等距离设置，而是根据河段的地形倾斜程度，合理地按不等距进行设置的。现将七座堰坝的具体位置列表说明如下：

坝　名	所在位置
千斯坝	七坝中最西的一座，故址在光熙门外，即今东直门外和平街南口一带
常庆坝	故址在尚家楼西北，今坝河的尚家楼闸以东
郭村坝	故址在酒仙桥西北，今坝河的尚家楼闸以东
西阳坝	又称西坝，故址在今西坝村以北
郑村坝	又称东坝，故址在三岔附近，今坝河的东坝闸以东
王村坝	故址在今坝河的沙窝闸以西
深沟坝	东坝中最东的一座，故址在坝河入温榆河处

千斯坝邻近光熙门。坝河在光熙门外龙王堂前有码头。漕船至此，可以停泊卸粮。也可以由此继续前行，通过水关，《析津志》称“光熙门与漕坝相连。当运漕发储之时，其人夫网运者，入粮于坝内，龙王堂前唱筹”。光熙门外还设有坝仓和坝桥。在水流通畅时，漕船还可以由此继续前行，通过水关至积水潭码头卸船。健德门内也设有坝仓和坝桥。

坝河开通后，朝廷设置坝河管理机构。“新运粮提举司”，这个司隶属于兵部，主要掌管坝河的日常维护和治理以及漕运方面的事务。

元代十分重视对于坝河的维护和治理。据《元史》记载：世祖至元二十八年（1291），“十二月辛卯，浚运粮坝河，筑提防”。成宗大德三年（1299），都水监罗璧在治理通州水道（温榆河下游及其附近的潞河河段）后，“又浚阜通河而广之”。这次治理的内容是，再次疏浚河道并拓宽了坝河的河幅，工程量是不小的。大德六年（1302），对坝河进行了一次大规模的整治。治理的重点是运河的通航设施。因大德五年大都一带发大水，山洪冲毁了坝河堤防和堰坝 60 余处，因此需要逐段地进行检查和治理，包括堤防、堰坝的修复和加固，并对数十里长的堤防进行巡视，如发现存在管涌现象，立即加以填塞。这一次整治投入的人力三万余工。自五月四日开始至六月十二日结束，历时 39 天。“至正九年三月丁酉，坝河浅涩，以军士、民夫各一万，浚之。”这一次的治理内容也是疏浚，投入的人力很多。

坝河的漕运量

据《元史》记载："大德六年三月，京畿漕运司言，岁漕米百万石，全藉船、坝夫力，自冰开发运至河冻时止，计二百四十日，日运粮四千六百余石。"由此可见坝河年漕运量一百十万四千石。据《元史》卷一百六十六《罗璧传》记载："大德三年，除都水监，改正奉大夫。通州复多水患，凿二渠以分水势，又浚阜通河而广之，岁增漕六十余万石。"据此推算可知，在大德三年罗璧对坝河进行疏浚、拓宽前，坝河每年的漕运量只有 40 万石，以后，正常情况下，坝河年漕运量则在 100 万石左右。

至正二十三年（1363）由于政治动荡的原因，元顺帝失去了对南方的统治权，江南的粮食拒运京师，坝河漕运被迫终止。大都坝河的漕运历史，自至元十六年开始至正二十三年结束，历时 84 年。

坝河的正名，叫阜通河。这个命名的意思，是寄希望坝河漕运能通畅无阻的意思。不料，随着元朝的灭亡，坝河便失去了漕运功能，唯有河身至今尚存。

坝河是由通县北走一段温榆河再西入坝河，直通元大都东城北边光熙门，并通过水关入大都城，直达积水潭码头的运粮河。坝河的不足之处是：河道较窄，水源不够充足，漕运能力尚不能满足皇家运粮的需要，而且到至元后期河水常处于半干涸状态，漕船则被迫短时停运，等待雨季来临。

基于这种情况，时任太史令的郭守敬，看在眼里，急在心里。毅然向元世祖忽必烈建言：重开通县至大都运河，并且采用新水源，确保运河具有可以通航的水位。这是坝河开通 17 年以后的事了。至元二十八年（1291），郭守敬提议："大都运粮河不用一亩泉旧源，别引北山白浮泉水西折而南，经瓮山泊，自西水门入城，环汇于积水潭，复东折而南，出南水门，合入旧运粮河（即闸河）。每十里设一闸，比至通州，凡为闸七，距闸里许上重置斗门，互为提阏，以过舟止水。"元世祖忽必烈阅奏喜曰："当速行之。"次年春开工，翌年秋竣工，历时一年半，共计用去 285 万工，钱币 151 万锭，粮食 38700 石。这条新运河开通后，从通州驶向大都积水潭的运粮船只首尾相接，汪洋如海的积水潭顿时变成了一个繁忙、喧嚣的水运码头。一天，元世祖忽必烈从上都返京师，车驾路过积水潭时，看见舳舻蔽水的情景，十分高兴，遂为该运河命名为通惠河。

通惠河全长82公里，从白浮泉经瓮山泊至积水潭为50公里，称白浮堰、引水渠，从积水潭至通州高丽庄为32公里。沿途有支流、泉水、湿地伏流，水源丰富，河道也较宽。因为全程落差较大，沿途设11闸：广源闸、西城闸、朝宗闸、海子闸、文明闸、魏村闸、籍东闸、郊亭闸、杨尹闸、通州闸、河口闸。漕运粮食数至元二十年(1283)时为416万余石，到天历二年(1329)即运350万余石。通惠河是元代漕运重要水道，同坝河相比，它晚开发其后17年，但河道却长于它的2.5倍，漕运量高于它的3倍。因为大都水源有限，不可能同一时期，有两河同在，二河争源，元末坝河遂废，而通惠河仍在继续发挥着漕运作用。

坝河、通惠河，在北京历史上曾为京师漕运做出过重大贡献。新中国成立后，人民政府曾对坝河、通惠河进行多次大规模的整治、拓宽河道，清淤固堤，沿岸植树，污水截流，使之成为两条清澈的河流和优美的绿化带，是为北京的文化旅游胜地。

紫禁城是如何防汛的

◇王铭珍

紫禁城是明清王朝的皇宫，位于北京城中轴线的轴心处。明清之城阙宫殿，沿袭元大都的城阙宫殿建制。古人建造城阙宫殿对供水、排水十分重视，前者是为满足城市用水需要，后者是为排水和防汛需要。从周蓟城到辽金的燕京城、中都城，其供水方式是利用永定河水系，河水泛滥毁城之事，屡有发生。从元大都到明清的北京城，则利用高梁河水系为城阙宫殿供水。因其地势西北高、东南低的原因，水的流势必须妥为控制，防汛任务依然很重。《元史》记载："至元二十八年（1291）七月己未，雨坏都城，发兵二万人筑之。""至正八年（1348）五月丁酉朔，京师大霖雨，京城崩圯。"

明清王朝在重建北京城阙宫殿时，吸取元大都水坏京城的经验教训，采取了有力的预防措施。资料显示，明代276年间，北京地区有104个年份发生水灾，其中严重水灾29次。清代268年间，北京地区发生水灾的年份有128个，其中特大水灾5次，严重水灾30次。这些水灾，受灾面积很大，官民房屋被毁者甚多、人员伤亡惨重。甚至有一次连北京城墙都被雨水冲刷而坍塌。据《明英宗实录》记载："景泰五年（1454）七月，京师霖雨，九门城垣塌决者甚多。"《明神宗实录》记载，"万历三十五年（1607）闰六月，顺天府大雨如注，昼夜不止，经二旬。雨潦浸贯城，长安街水深五尺，洼者深至丈余，各衙门皆成巨浸"。在这些大的水灾中，都未对紫禁城构成破坏性影响。说明紫禁城是经得起水灾考验，安然无恙。

紫禁城始建于明永乐四年（1406），永乐十八年（1420）落成。紫禁城的平面规划，充分利用了原有条件和地理特点，且有一套完整的布局。建城前，先进行详细地形测量，作了防汛风险评估。主要面对的挑战是高梁河河水泛滥决口和西山山洪暴发。首先是按照自然地形的倾斜和规划坡度在紫禁城外开设相当完整的排水系统，排水工程分为明渠和暗渠。至少有三道防线：一是明内城护城河及大明濠、太平湖；二是西苑太液池和后海；三是外金水河和紫禁城的筒子河（护城河）。这些河渠的设置，平时用于城市供水之需，遇有汛情，则可用于排水，以保证不使大量的雨水和山洪流入紫禁城。

紫禁城内的排水工程，更是精心测量、规划设计和施工的。历年固定时间淘挖养护，几百年来排水效果很好，无论雨量多大，从无积水之弊。北京北依燕山，东临渤海，地形北高南低，所以水向东南流。紫禁城北门神武门地平标高46.05米，南门午门地平标高44.28米，竖向地平高差约2米。疏通各个宫殿院落的排水系统有干线、支线，有明沟、暗沟、涵洞、流水沟眼等，纵横交错，主次分明。总的雨水走向是将东西方向的雨水汇流入南北干沟内，然后流入内金水河。

内金水河是紫禁城的内河，由紫禁城的西北方流入城，由东南方流出。在紫禁城西北角楼偏东的南河帮上，有一石砌券洞，便是护城河水流入宫内的进水口；此处设有控水闸，可以控制水位高低。遇有汛情，洪水进不了紫禁城。在北河帮上也有一券洞，与上述进水口隔岸相对，便是玉泉山水经什刹海、西板桥、沿景山西街地下流入护城河的吐水口。站在景山西街南口新近复建的古牌楼下，南望护城河沿岸，就可看到内金水河的进水口。

河水经券洞流入紫禁城城墙后，继续往南流，到紫禁城内西北角的马神庙内开始露出地面，然后向西，转南，经城隍庙东南角处一直向南流，再往东经过武英殿前，再经殿东的断虹桥，往东流到太和门前院。这时河身逐渐展宽，呈规整的弓形，弓身正中是金水桥。水流过金水桥再向东，穿过文渊阁，再折向南，由紫禁城的东南方流出，注入外护城河，至此完成了内金水河2100米的流程。

内金水河的河帮、河底通用白石铺砌，断面似一精致的石槽，河身依不同地区形势的需要，或宽、或收、或隐、或现，并给以不同的装饰。除个别地段呈直线形外，绝大部分的河身弯转自如，九曲十八弯，圜和美丽。在经过太监等供役人居住的西河沿等偏僻地带，河身狭窄，用砖砌筑河墙，沿河不用石栏杆。到了武英殿、文渊阁、撷芳殿、东华门等处，河身均相应加宽，沿河左右用白石栏杆围护。到太和门,河身曼回,蜿蜒东流,将宫门置于河弯环抱之中,衬托出一派庄严雄伟的气氛。

内金水河流到太和门前是全河的重点地段,河道最宽为7.7米宽。太和门前的内金水河上雄跨五桥,这五座桥的正中主桥是皇帝通过的御路,白石栏杆用雕有龙云纹的望柱,与太和门、太和殿的须弥座栏杆等级相符。左右四座实桥,为王公百官行走之路。

紫禁城内的内金水河,并不是单纯为了美观而设置的装饰品,它是与宫廷建筑的功能要求相结合的。首先,内金水河是宫廷建筑兴建施工用水的主要来源。其次是,以砖木结构为主的中国古代建筑存在易燃的缺点,古代的防火设施又十分简陋,内金水河便是宫内消防用水的主要来源。在历史上,宫内的中心建筑太和殿及其他宫殿曾多次起火,灭火用水除井水外,就都依靠内金水河水了。内金水河更为重要的作用是作为整个紫禁城排泄雨水的骨干沟渠。紫禁城内大小90多个院落,各自有本院的排水沟道,利用北高南低的地势就近排入地下暗沟,然后汇流于内金水河,再排出宫去。其排水口就在东华门南侧的墙垣下方,设有控水闸,只许排水,遇有汛情时,不许洪水逆流。从历史上看,紫禁城内从无雨水泛滥成灾的记录,这说明内金水河起到了决定性作用。

紫禁城初建时,对排水问题考虑得十分周到。紫禁城占地面积72公顷,号称共有殿宇9999间半(现存实数是8707间)。其主要建筑前三殿、后三宫每幢殿宇都建在高高的基座下,都有一条南北向的御路,东西六宫等院落也各有南北向的通道。御路、通道均为中间高两边低的形式,整个紫禁城的地势则总体上为北高南低。这样,御路和通道就将每个院落分为东西两个排水区域,中间向两边排水,后院向前院排水,水流直接或通过沟槽汇流到前院。

当您游览故宫时,稍加留意就会发现,在每个院落的东西两侧地面上,都设有若干个用方石镂雕成的金钱眼,其形状仿明清铜币(俗称大钱),即外圆中方镂雕成五个空洞,可以进水,称作"钱眼"。"钱眼"即是雨水由地面流进地下沟道的入口。这些"沟眼"是经过艺术加工,精心设计,样式繁多,构成精美的石雕装饰。其功能同现代城市马路上的铁箅子形的下水道出口相同,数百年无损。

紫禁城用于排水的明沟、暗沟,沟道的干线和支线,纵横交织,沟通各个宫殿庭院,形成一个巨大而完整的排水网络。总的走向是将东西方向流的水,全流入南北走向的沟道干线内,然后全部流入内金水河。

紫禁城前三殿,即太和殿、中和殿和保和殿,为紫禁城中最重要的建筑,建在8.13米高的三层台基上。台基面积25000平方米,周围汉白玉石栏杆的每块栏板底部,都有一个排放雨水的孔洞;每根望柱下还有一个雕琢精美的石龙头,名曰“螭首”,其口内为凿通的圆孔,也是辅助排水的孔道。每逢雨天,雨水从1142个排水孔喷出,逐层下落流到院内,可将台面上的雨水瞬间排尽。尤其是大雨滂沱之时,千龙喷水,蔚为奇观。在台基四周5.6万平方米的场地上设有石槽排水沟,遇有霖雨即可保证水流畅通排除。

乾清门至乾清宫之间,有一条堤形御道,御道下方有老虎洞。这堤形御道和老虎洞都是具有防汛功能的。乾清宫至坤宁宫的两侧及东西长街,都有纵向的暗沟设在路边,接纳由各宫院落排出的水,再汇入东西沟内,然后流入暗沟。

紫禁城是龙的世界,每座殿宇上都有龙吻,龙形吻嘼、龙形瓦当、龙形彩绘、龙形装饰等。这些龙饰吉祥物是寓意预防水火之灾的。龙的形象最多的建筑是太和殿,殿宇内外有13433条龙。每层檐角饰物各有11个。依次是骑凤仙人、龙、凤、狮子、天马、海马、狻猊、押鱼、獬豸、斗牛、行什。犹如“龙生九子”之传说一样,这些吉祥神物,皆有防御水火之灾的理念。

对于紫禁城内排水沟渠的管理,明代由二十四衙门的惜薪司管理,雇夫役掏浚;清代由内务府营造司管理,由八旗兵中正黄、镶黄、正白三旗苏拉掏挖。

乾隆五十七年(1792)定掏挖紫禁城沟渠之制。《清会典事例》卷九三四:乾隆五十七年,议准掏挖紫禁城沟渠改归内务府派员经管专司其事,所用伕价料物银钱交内务府大臣详细酌核照例办理。光绪十三年(1887)七月紫禁城内河道沟渠疏浚维修工程竣工。定分段兴修沟渠之制。《东华续录》:四月辛巳方汝绍奏,京师人烟稠密,街道逼窄,每遇大雨时行,全仗沟洫，沟洫流通，始免壅遏浸灌之患，朝廷特设沟渠河道大臣，每年不惜重帑修治，防患未然，虑深且远。迨后该部以岁修巨款不资，奏改为岁以一万二千金按年分段兴修，于节省之中仍存疏治之意。

明清两代都有规定，每年春季都要按时掏修宫内沟渠，不断疏通，保持排水的沟渠完好，畅通无阻。

清代紫禁城内最后一次的大规模的河道沟渠疏滩维修工程，是光绪十一年（1885）四月开始至十三年七月竣工，掏挖了内金水河 2100 米长河道的全部淤泥，修砌了两岸河墙及 15 座桥梁，并将紫禁城内总长度约 8000 米的所有大小沟渠掏挖淤泥，修整河帮、沟盖等。当时有东升、天德、广兴、永兴、同兴、泰源、天聚、万泰等厂家工匠分段施工，由内务府大臣负责此项工程，计从户部支领银 222164 两，从工部支取琉璃瓦件和铁料等。

新中国成立后，人民政府对故宫的防汛十分重视，曾多次拨款对故宫周边的河渠排水系统进行清淤，维修河道，增设排列水管线，紫禁城护城河进行重修，对金水河、菖蒲河进行整治和疏导。故宫博物院为了照顾游客的方便和排水系统的畅通，在紫禁城内分区铺设了污水管道 5000 多米，修建了公共厕所 10 余处。实行污水与雨水管网分流。每年汛期到来之前，故宫博物院的员工，必须精心做好的一件大事就是防汛。掏修宫内沟渠，清淤除垢，维修河墙护岸，疏通管网，保障汛期排水系统畅通无阻。

北京唯一的X形走向胡同

◘王铭珍

在北京的街巷中，多以正南正北、正东正西的直径者为多。但也有斜街曲巷，乃至八道弯儿、九道弯儿。然而您可曾想到，在白塔寺地区，有一处X形走向的胡同，谓之双岔口，地名称宫门口东岔胡同、宫门口西岔胡同。这是北京唯一的一处X形走向的胡同。地图上清晰显示出了这处X形的曲线标记。

这处X形胡同的形成，有其悠久的历史渊源。

白塔寺位于阜成门内大街路北，是我国现存最早、规模最大的藏式佛塔。辽寿昌二年(1096)，为供奉释迦佛舍利于此建“释迦舍利灵通之塔”，后塔毁于兵火。元至元八年(1271)，忽必烈敕令在辽塔遗址建大圣寿万安寺，请尼泊尔工匠师阿尼哥主持建造，该寺占地约18万平方米，以白塔为中心。元至正二十八年(1368)大圣寿万安寺毁于雷火，唯白塔幸存。《元史·顺帝纪》“至正二十八年六月甲寅，雷雨中有火自天坠，焚大圣万安寺”。《元史·五行志》:“至正二十八年六月甲寅，大都大圣万安寺灾，是日未时，雷雨中有火自空而下，其殿脊东鳌鱼口火焰出，佛身上亦有火起，帝闻之泣下，急命百官救护。唯东西二影堂神主及宝玩器物得免，余皆焚毁。此寺旧名白塔，自世祖以来，为百官习仪之所，其殿陛阑楯一如内庭之制。成祖时，置世祖影堂于殿之西，裕宗影堂于殿之东，月遣大臣致祭。”元代诗人张翥写过一首《雷火焚故宫白塔诗》:

数声起蛰乍闻雷，骤落千山白雨来。
恐有怪龙遭电取，未应佛塔被魔灾。
人传妖鸟生讹火，谁觅番僧话劫灰。
岂复神灵有遗恨，冷烟残烬满荒台。

明天顺元年(1457)重修白塔寺,赐名为妙应寺。此次修寺,主要是恢复白塔之前的殿宇,诸如天王殿、三世佛殿、七佛宝殿、山门、钟鼓楼等。

明宣德八年(1433),皇帝颁旨在白塔之西北部,建朝天宫。“建三清殿,以奉上清、太清、玉清。建通明殿,以奉上帝。建普济、景德、总制、宝藏、佑圣、靖应、崇真、文昌、玄应九殿,以奉诸神。”

朝天宫规模宏伟壮观。这里曾是元代的天师府。盛于明嘉靖年间,斋醮之事无虚日。明宪宗皇帝朱见深诗云:“禁城西北名朝天,重檐巨栋三千间。”当年皇宫内凡有大的朝会,文武百官先要来到这里习仪两天,皇帝也常来这里祈祷。

明天启六年五月二十二日,朝天宫三清殿等遭雷击起火。全部被毁,化为一片废墟。宫内建筑,无所存遗。

《明实录·熹宗实录》卷七一,对此次火灾有记载:“天启六年五月癸亥,朝天宫灾。得旨:朝天宫,系敕建殿宇,千官习礼之处,火灾突发,深动朕心,大小臣工倍宜修处以回天意。”《明史·五行志》也有记载:“天启六年五月癸亥,朝天宫灾。”按中西历对照表显示,这一天的公历应为1626年6月15日。

如今白塔寺附近的东廊下、西廊下、狮子府、关帝庙、火神庙、宫门口东岔胡同、宫门口西岔胡同等,都是当年朝天宫的遗址,如今中国儿童少年活动中心,即当年的瓜园。后演变成官园,除瓜园外,这里还有葡萄园、菊园、椒园等。现在周围大半为民居了。宫门口是指朝天宫山门外的神路。大约在明末清初,人们在这废弃的神路左右,无序地修建了一些简易民房,为了避开当时寺庙的残垣断壁,而逐渐形成了X形的胡同走向。如今依然保留了百年前的地形地貌。

当年鲁迅先生在宣武门内教育部任职,卜居阜成门内宫门口二条胡同,这条胡同东口即宫门口西岔胡同。每当鲁迅先生上下班时,必将途经宫门口西岔胡同。在鲁迅先生的时代,或许朝天宫的古碑石刻尚存,朝天宫山门外的神路还没有如今这么狭窄。那时全北京人口不过一百多万。宫门口东岔胡同、宫门口西岔胡同及其附近除了民宅之外,还有关帝庙、火神庙、商店、当铺、油盐店、粮店、饭馆、理发店。如今,这一带的建筑格局没有太大变化,依然是故时的风貌。若有兴趣,游览妙应白塔寺之余,顺便观光宫门口东岔胡同、宫门口西岔胡同这处X形的奇特的胡同走向,当是别具趣味的。

以茶命名的北京地名

◘王铭珍

元灭金后，改中都为大都。开凿京杭大运河，以积水潭为漕运码头。大都城内设坊五十，其坊制大体与如今的街道办事处差不多。其坊名今已无存。考古专家说今阜成门内锦什坊街，就是元代的金城坊所在地。《析津志》说“请茶坊”在“海子桥北”。海子桥，即地安门外之万宁桥，俗称后门桥。大约即今什刹海街道办事处管辖之地域。海子桥北之请茶坊，大约与今白米斜街隔“海”相望。元代通过漕运把南方产的大米运抵大都积水潭码头，还将南方产的茶叶运抵大都城积水潭码头。积水潭码头沿岸，设有米仓、茶库。茶叶当时被官民视为神品，茶叶消费十分可观，敬茶之风极盛。请茶坊之名，在明灭元之后就逐渐消失了。

明清皇宫中有御茶库。皇帝筵宴赐茶是必不可少的活动。文武百官如果能够得到皇帝赐茶，被视为最大的享受。宰相刘墉作《恭和御制经筵毕文渊阁赐茶有作之韵》云：

阁外晴烟暖风茶，缥湘分色櫱交加。
两篇才着敷言秘，万卷还思蕴义赊。
浩浩渊渊钦莫测，原原本本喜无差。
五千文字臣何有，拜赐芳甘却愧嗟。

在刘墉看来，喝过乾隆皇帝赐予的芳甘之茶，就可以开拓思路视野，做好文章。

按明清惯例，皇帝赐茶后，往往还赐予大臣茶叶、茶具。对大臣而言，那是一种特殊的款待和荣誉。

明清时代北京西四牌楼以西称西大市街，至白塔寺左前近处有马市桥，马市桥北有大茶叶胡同、小茶叶胡同。是不是当年此处曾有过茶市尚不得而知。早年崇文门外和宣武门外各一条茶食胡同，也是从明代就有的老地名，今分别称东茶食胡同、西茶食胡同。据说这一带曾是茶食房聚集之地。

琉璃厂也有一条以茶命名的胡同称茶儿胡同，明代称柴儿胡同是明代琉璃厂堆放柴炭之所，后谐名为茶儿胡同。

在北京素有“南城茶叶，北城水”之说，在今天地名中，以茶命名的地名，则以宣南地区最多。如今马连道茶叶城，附近有茶马西路、茶马北街、茶马南街、茶马街、茶马北小街、茶源路、茶马东路、红茶源西路等。

海淀黄庄有茶神庙。庙内供奉茶圣陆羽和火神祝融。在颐和园西南方向有一条去西山碧云寺和妙峰山的山道，地面高程54米，道旁有一古刹称万缘寺，附近居住着上百户人家，村名叫舍茶棚。为什么叫“舍茶棚”呢？因为早年此处曾有为登山敬香信众而设的施舍茶水的棚屋而得名。每年春天，当地好善乐施的民众和附近的茶商，都要来此施舍粮面、茶叶等，寺庙里的僧人则蒸成熟食、煮成茶水，供过路人饮食。据说去妙峰山敬香的信众，在舍茶棚喝一碗泉水清茶，能够消灾却病。因此，舍茶棚村庄虽小，但远近知名。如今道边尚有棵老槐树，枝叶茂盛，就是当年舍茶棚的佐证。

怀柔桥梓镇，有茶坞村、东茶坞村、西茶坞村，相传此地有茶叶樟树而得名。早年这里有成片成片的樟树林，当地人以樟树嫩叶加工成茶叶，芬芳甘美。该村邻河，设有船坞和摆渡，每年夏天村里人就在此摆设茶摊，供过往船夫或乘船人畅饮。此处村落是从元代就形成的。清康熙年间的古籍统称此地为茶坞，东茶坞和西茶坞，统称为三茶坞。

据《北京晚报》2011年1月25日报道，北京市进入2011年尚不足一个月，全市因酒后驾车已发生7起亡人事故，造成11人死亡。以笔者拙见，以茶代酒的高雅风尚应当大力提倡。以茶代酒，可以避免酗酒闹事、酗酒驾车伤人等意外，有助于弘扬茶文化，构筑和谐社会。

京城何处是春场

◇王铭珍

何谓春场？古代立春时节用于表示劝农和春耕的置春牛、打春、迎春之场所也。

自古我国是农业大国，早在秦汉就有“四时八节”之说，“四时”即春、夏、秋、冬，“八节”即立春、春分、立夏、夏至、立秋、秋分、立冬、冬至。古人云：一年之计在于春。在这“八节”之中，立春是一年之中最为关键的节气。古人把立春作为春天的开始，象征着万物复苏、百花争妍、欣欣向荣的春天到了。唐代诗人罗隐《正月七日立春》诗云：“一二三四五六七，万木生芽是今日。远天归雁拂云飞，近日游鱼迸冰出。”

历代明智的君王，都要在立春时节，向全国发布一道谕令，宣示百姓告诫民众，和风送暖，各宜用心适时耕作，栽种桑枣，不要懒惰废业。

《帝京岁时纪胜》进春条云：“立春日，各省会、府州、县卫遵制鞭春。京师除各署鞭春外，以彩绘按图经制芒神土牛，舁以彩亭，导以仪仗鼓吹。交春之刻，京兆尹率两学诸生恭进大内。”

引文中所说的“遵制”，指遵古制。《帝京景物略》称：“考汉郊祀志，迎春，祭青帝勾芒，青车旗服，歌青阳，舞云翘，立青幡，百官衣皆青，郡国县官，下至令史，服青帻。今者朱衣。唐制，立春日，郎官、御史、长贰以上，赐春羅幡勝，宰臣亲王近臣，赐金银幡勝，人贺，带归私第，民间剪彩为春幡簪首。”

迎春也叫鞭春。宋代孟元老《东京梦华录》云“立春前一日，开封府进春牛人禁中鞭春。开封、祥符两县，置春牛与府前。至日绝早，府僚打春”。含预示农事，劝民春耕之意。取柳枝为“春鞭”，柳棒为“春棒”，用它将土牛碎烂为止。土牛是各州府都事先塑好的土牛，并非活生生的耕牛。

土牛被击碎之后，百姓视为吉祥之物，取其土牛碎片回家，撒在自家的牛栏里，据说可以保佑耕牛健壮、人畜兴旺。

《析津志》云："立春。太史院奏某日得春，移文赤县，以是年立春日支干。宛平县或大兴县，依上年故事塑春牛，勾芒神。比及未立春三日前，太史院、司农司使请都堂宰辅合府正官、司属官，迎太岁神牛于齐正楼之南，香花灯烛祀如常。立春之日，质明，司农守土正官率赤县属官，具公服拜长官，以彩杖击牛三匝而退。土官大使送勾芒神入祀。中书、户部进春牛，上位、储皇、三宫、宰辅、诸王、省院、台、部院寺监府。牛制。牛则纳音本色阑坐共一亭，案上并饰以金彩衣带座，咸以金装之，仍销金黄袱盖其上，彩杖浑金，垂彩结二尺，部官通讫，宰辅二人舆入宫次第以进，然后奉有职位者。"这是说的元大都皇家举行迎春活动的情况。引文中的"齐政楼"，即今之地安门外鼓楼，就是说元代的春场在今鼓楼前的地安门外大街一带，当时为积水潭码头沿岸。万宁桥以北的宽阔的空地上。

明代迎春仪式仍依元制，只是春场地址发生了变化。明《礼部则例》载："立春前一日，顺天府尹率僚属朝服迎春於东直门外，隶役舁芒神土牛，导以鼓乐，至府署前，陈於彩棚。立春日，大兴、宛平县令设案於午门外正中，奉恭进皇帝、皇太后、皇后芒神土牛，配以春山。府县生员舁进，礼部官前导，尚书、侍郎、府尹及丞后随，由午门中门入，至乾清门、慈宁门恭进，内监各接奏，礼毕皆退。府尹乃出土牛環击，以示劝农之意。"

《燕京岁时记》有一节是记述"打春"时令活动的，称："打春即立春，在正月者居多。立春先一日，顺天府官员至东直门外一里春场迎春。立春日，礼部呈进春山宝座，顺天府呈进春牛图。礼毕回署，引春牛而击之，曰打春。"

《涌幢小品》载："前明正统中，每岁立春，顺天府别造春花进御前及仁寿宫，凡三座。每座用金银珠翠等物，费钱九万余。景皇即位，谕明年春日当復增三座。宛平坊民相率陈愬，乃以时花充用。"

文献记载表明，明代的皇家迎春活动，已移至"东直门外一里春场"。东直门外之春场是何场景呢？《帝京景物略》云："春场，场内春亭，万历癸巳(1593)府尹谢杰建也。故事，先春一日，大京兆迎春，旗帜前导，次田家乐,次勾芒神亭,次春牛臺,次县正佐、耆老、学师儒,府上下衙皆骑,丞尹舆。官皆衣朱簪花迎春,自场入于府。是日,塑小春牛芒神,以京兆生舁入朝,进皇上春,进中宫春,进皇子春。百官朝服贺。立春候,府县官吏具公服,礼勾芒,各以彩杖鞭牛者三,勸耕也。退各以彩杖赠贻所知。"

《帝京景物略》的作者是刘侗和于奕正。刘是崇祯七年(1634)进士,于是崇祯初年秀才,他们生活在明末,即北京立春迎春活动正浓之时,所记春场之事,当属亲自经历所见。依照他们的说法,春场当是一个很大的空间,其间有一座春亭,是顺天府尹(相当于北京市长)出资建的。还有一座勾芒神亭和一座春牛台。春亭是举行迎春活动时,供皇家高官至此暂息或主持讲演之用的,勾芒神亭是用来悬挂彩绘勾芒神用的。勾芒神,即是春天之神,或牛王菩萨。春牛台是用来放置春牛塑像的高台。春牛是以桑柘之木为骨架,取坝河之水和坝河沿岸之土合泥,抹于缠裹在春牛骨架上的麻布之上,然后再涂色成形,牛头牛尾略高,四肢粗壮,呈立姿,牛口能张合,牛角、牛鼻、牛耳、牛眼均为木雕而成,可以转动,身着红装,栩栩如生。鞭牛的彩杖是用春柳系麻苧丝制成的。

"田家乐"是两个用荆条编的筐子,里面分别放置一位泥塑的像西瓜似的光头判官,在鞭牛仪式结束之后,当地的孩子们便蜂拥而上,顺手拣起地上的黄土坷垯,纷纷向判官击去,直到把泥塑判官击碎为止。据说可以避邪。最后,官员们用过的彩杖还要分别赠送给前来参加迎春活动的当地农民父老。整个仪式就算结束了。这活动的中心思想,谓之劝耕。

《帝京景物略》称这项劝耕活动叫迎春,活动场所叫春场。春场位于"东直门外"。清代仍沿袭明制。但是,到了清末,内忧外乱,政局不稳,民心不定。皇家天坛祭天神、地坛祭地神、先农坛祭农神的仪式也顾不上来了,先农坛为皇上准备的一亩三分自留地也荒了。到了光绪年间,虽然光绪皇帝尚在西苑丰泽园举行演耕礼。光绪皇帝扶犁,四位农夫牵牛,辅臣进鞭、播种,来回三次,便算完成任务了。至于东直门外的春场迎春活动,顺天府尹和大兴县的县太爷等则无多大兴趣了。这片隶属于顺天府衙门的春场官产,便逐渐成了光熙坝河沿岸居民的耕田。现如今是否尚有春场遗址可寻呢?在东直门外有一条隶属于香河园办事处管辖的向东北方向延伸的街道，称左家庄西街，街面有柳芳街、柳芳南街、柳芳北街、再往北是西坝河南里。早年，这一带民国年间隶属于东直门外关厢，有大面积的空地和农田，仅有一个很小的村落，称作“牛房”。

据《明会典》载，“永乐五年(1407)设东直门外牛房仓”。设这个“牛房仓”可能同坝河漕运有关。清乾隆年间出版的《日下旧闻考》载：“东直门外五里为春场，场内有春亭。”但在乾隆年间“场内春亭已废。有碑卧道边，仅存东关外春亭碑记篆额，碑文字迹皆漫漶剥落，其建制年月无可考。”该书按语云“东直门外六里许地名牛房”。很明显，该“牛房”即由明代之“牛房仓”演变而来。

民国时期为自然村，称牛房村。20 世纪 50 年代至 70 年代为居民与农民混居区，1982 年始建住宅区，1988 年以原牛房名的谐音为柳芳，先后建成三个住宅社区柳芳街、柳芳南街、柳芳北街。占地面积 30 多万平方米，沿街落成多层建筑和高层建筑 60 余幢，建筑面积 60 余万平方米，绿化面积 7 万多平方米，居民 7000 余户，约 3 万余人。为了便于居民生活，在这里建设了供热厂、配气站、奶站、公交车站、老年人活动站、中学、小学、幼儿园、医院和商店。

柳芳街沿街两侧绿柳成行，每到春回大地之时，沿街的鲜花含苞待放，春雨过后，清洁街区内飘散着诱人的馨香，真是美极了。当然也有遗憾之处。走遍柳芳街、柳芳南街、柳芳北街 30 多万平方米土地上，竟然没有寻得一处当年“春场”陈迹，询问当地父老乡亲，皆一无所知。顿然蒙生一个想法，在今后社区建筑中，能否在绿化地带内建造一座“春亭”和一座“春牛台”呢？能否竖立一块“春场”纪念刻石呢？

梁思成和林徽因的北京故居

◘祁　建

2009 年，梁思成和林徽因位于北总布胡同的故居要被拆毁之际，引起了广泛的社会关注，最终得以保全。最应该纪念梁思成和林徽因夫妇的不是我们，而是一座城市——北京，但北京“消失”了，只留在梦中。

北总布胡同：林徽因“我们太太的客厅”

位于北京市东城区北总布胡同 3 号(今北总布胡同 24 号)的故居，是林徽因和梁思成 1931 年到 1937 年间的住处。这方院落里曾经有过名噪京华的“太太的客厅”，聚集过中国文化界名流，承载着林徽因一生中最美好的年华。她家的客厅实际上变成了一个俱乐部和文学沙龙，经常集聚着一批文人墨客在此高谈阔论。

北总布胡同 3 号

北总布胡同 3 号从前的院子是个宽广、温馨的地方，院子四边各有一排单层的平房，灰瓦铺成的屋顶，房屋之间铺砖的走廊也是灰瓦顶子。面向院子的一面都是宽阔的门窗，镶嵌着精心设计的窗棂。院子中间种着几株开花的树，林徽因和梁思成的一双小儿女常在树下嬉戏。

就在这间客厅里，每到周末，金岳霖、徐志摩、萧乾、沈从文……这些中国文化史上杰出的人士就会聚集一起，在阳光中畅叙，间或飘起几杯刚煮好的咖啡的浓香。而聚会的主角自然是林徽因。梁思成说话不多，他总是注意地听着，偶尔插一句话，语言简洁，生动诙谐。

林徽因和梁思成的故居有好多故事，比如 1933 年 11 月 1 日，沈从文将正在就读燕京大学新闻系三年级的萧乾的短篇小说处女作《蚕》，发表在他主编的天津《大公报》文艺副刊上。几天后，读了这篇小说的林徽因对沈从文说："萧乾先生文章甚有味儿，我喜欢。能见到当感到畅快。"沈从文随即写信告诉萧乾，说有位"绝顶聪明的小姐"喜欢你的小说，要请你到她家去吃茶。就这样，兴奋而有点紧张的萧乾，穿着自己最好的蓝布大褂，与师傅一起叩响了北总布胡同 3 号院的门扉。

那天的情景萧乾一直记忆犹新，"她刚刚骑马归来，身上还穿着骑马装，显得格外潇洒轻盈，哪看得出是个病人。她对我说的第一句话是'你是用感情写作的，这很难得'，给了我很大的鼓舞。后来聊起天来，谈锋甚健，几乎没有别人插嘴的机会。别说沈先生和我，就连梁思成和金岳霖也只是坐在沙发上吧嗒着烟斗，连连点头称赏"。

1937 年，在日本侵略者的炮火逼近之时，他们不堪沦落日寇之手，操起行囊远赴深山老林，抢救祖国的建筑遗产。自此，他们再也没有回到北总布胡同住过。

新林院 8 号：为新中国创造新建筑

新林院 8 号，抗战胜利后梁思成、林徽因创建清华大学建筑系时的居所，不仅见证了清华建筑系创建的历史，而且伴随新中国的成立，北京及全国急需保护的文物建筑名单、中华人民共和国国徽、人民英雄纪念碑的设计方案从这里诞生。新林院 8 号成为新中国首批国家艺术创作的诞生地，留下新中国文物保护事业起步的见证。深厚的历史文化内涵，使今天的新林院 8 号依然意韵隽永。

1946 年 10 月，清华大学复员北平之际，在工学院增设建筑工程学系，梁思成受聘为教授兼系主任，新林院 8 号从此成为梁思成和林徽因在清华园的居所。

新林院 8 号院落周围砌筑低矮的砖垛略作围护，四周花木扶疏，阳光自林荫间透过。正房前檐用水泥砌出拱形雨篷，房间十分高大，当时还没有暖气，冬天需要生三四个约有半人多高的大炉子才能暖和。

新林院 8 号

几个院落都被院墙遮掩着，基本见不到主体房屋的样子。小小的门牌提示来访者“新林院 8 号”到了。大门紧闭，主人想必在午睡。树影婆娑之下只见得屋檐处的构造，其余已经被加建的房屋和高高的砖墙围得严严实实。这里是清华园最早的家属区，若干像 8 号一样的院落围拢着一个 200 平方米的小操场，白天孩子们在操场上追跑，晚上还有露天电影看。小操场早就没了，被几栋板楼取代，与 8 号所在的几个院落同向排列。

“新林院 8 号”以前没有高的围墙，只用矮矮的砖垛一围，正房和后院就是大家伙围聚和工作的地方。恰好碰到有人从旁边小门出来，才得知，这里已经住上了四五户人家，正房里住的是房东，加建的几间小房是租户。既然来了，便想看个究竟，试着叩响正门，果真有人在家。推开院门，终于发现了以前 8 号的些许印记，原来围护小院的矮矮的砖垛已经成为了高大围墙之内的一个长台面，摆放着花草，正房的门头还在，透过门帘，后院沐浴在阳光下，因为主人很不情愿被打扰，两三分钟我们就识趣地离开。

1948 年末，虽然清华园解放了，北平尚在国民党军队的控制下。梁思成林徽因忧心古都北平的命运而夜不能寐。一天晚上，政治学教授张奚若带着两个解放军来到新林院 8 号梁家，为攻占北平城做准备：万一与傅作义将军的和平谈判失败，不得不攻城时，要尽可能保护古建筑。他们摊开一张军用地图，请梁思成在地图上标出重要的古建筑，并划出禁止炮击的地区。

新中国刚成立，梁思成和林徽因以从未有过的欢欣鼓舞和昂扬精神，不顾病弱之躯，投入中华人民共和国国徽和人民英雄纪念碑的设计工作。凝聚着清华建筑系师生集体智慧和梁思成林徽因艺术才华的国徽方案，作为中华民族特征、文化传统与革命精神完美结合的象征，在新林院 8 号诞生了。

1955 年 4 月 1 日晨 6 时 20 分，旷世才女林徽因终于告别了这个世界，走完了她 51 年绚丽多姿的生命旅程，1972 年 1 月 9 日，梁思成久病之后逝世，但他们夫妇留下的国徽图案却永远留在祖国各地，这是他们永远的丰碑。

古村灵水彰显着历史的风范

◘祁 建

灵水村是京西古驿道上一座千年历史的古老山村，独特承袭的举人文化，山环水绕的翠荫黛瓦，古朴的民居，渊远的民俗如一坛陈年佳酿，徜徉其间，令人不饮自醉。来到灵水村，远远地就能看到大墙上一道镏金大字“京西灵水举人村”。

我们刚进村口，就看见一口水井，辘轳还支架在井口上，彰显着历史的风范。

灵水村的灵泉禅寺是北京最早的寺庙。原貌保存较好的还有娘娘庙、火龙王庙、文昌阁及魁星楼等 17 座庙宇。村外有建于元代的一座天主教堂，创造了独具特色的灵水宗教文化。灵水村的宗教文化在历史上也相当发达。这个小村庄过去建有 17 座庙宇，而且是佛教、道教、儒教、天主教共处一村，这种“四教合一”，互相交融、碰撞、和谐共存了数百年的现象，在北方的乡村是不多见的。村内有 10 棵古树，其中有珍贵的“树上树”、“柏抱桑”等。

大户人家的气势

《北京通史》记有灵水最后的举人刘增广倡导在本地区建立新式学堂，并亲自撰写了碑文。灵水虽然只是一个较封闭的深山村落，文化底蕴却非常深厚。

进村落，钻小巷，我们来到一座四合院。看着院落的建筑格局，我以为，它确实年代久远，尽管年久失修，有些破落，但那个年代大户人家的气势会令你浮想联翩。

站在院落中，我环顾四周，观看着雕花的窗棂，欣赏着敦厚的基石，品味着历史的积淀，聆听着导游的介绍，这是在水泥森林中体验不到的。

灵水古巷

众多举人出现在灵水村，构成了世代乡村的"士大夫"风情，灵水村的宅院和民居建筑风格追求"仕者风范"。"越制"的九间九檩大宅院(后自焚而避祸)及刘知府的五套院、谭瑞龙的大宅院纵深相连、左右互通。八大商号及传统民居则具有鲜明的地方特色，两进或三进四合院，轴线明晰，房舍对称。生产、经商、生活互融，体现着视为命脉的传统文化和伦理的文化观念。"灵水村的古民居是中国北方明清时期乡村民居建筑的典范。"

从最右边的小街向村内走去，才发现许多屋顶上都长着荒草，大门紧闭，铁将军把门，略显萧条。街上行人稀少，唯有小卖部前几位妇女在聊天，见到我们便凑上来，问要不要吃农家饭。从她们口中得知，村里年轻人都下山打工去了，也有些有钱人下山买了房子，不再住老屋，所以村中人气不旺。

由于读书人多，做官人多，灵水村几家大宅院体现出的是乡村士大夫的风格。几家保存较完整的举人宅院已被旅游公司收购，导游老杨手持钥匙串，为我们逐一打开那些紧锁的大门。举人宅院的布局各不相同，有一进、二进院落的宅院，也有五进院落的大宅院。宅院建有门楼、影壁、高阶、大板门，过厅宽大，雕梁画栋。

"四教合一"的景观

沿着小路一直上行，眼前豁然出现一片空地。空地的一侧是一个古戏台。有南海火龙王庙、天仙圣母庙、观音堂、二郎庙，这四座庙宇紧紧相邻。南海火龙王庙居于建筑群的中央，相传建于金代，明嘉靖十五年(1536)重建。现主要殿堂已无存，只存拔券山门。山门为青砖歇山式建筑，有吻兽，青砖刻匾，周围刻有莲瓣，中刻“南海火龙王庙”并有款刻“大明嘉靖岁次丙申(1536)重阳吉日造，曾林乡重修”。

南海火龙王庙是灵水村保存得最完好的寺庙。山门大殿都在，右边的厢房还有几间存留。大殿里的墙壁上，柁架上的彩绘图案色彩鲜艳，人物形象栩栩如生，这可以看出当年的香火旺盛。

大殿里面空荡荡，殿门早已没了，但房梁上的彩绘依然清晰可辨，几个房梁上都描画着金龙，颜色尚未褪去。残存的战争年代的告示，也许是排戏的剧组布置的场景吧，却让我们很快进入了时光隧道。

灵水古柏

最为奇特的是院子里的两株古柏，站立了千年，依然伟岸参天，郁郁葱葱。一株在主干的分杈处长着一棵桑树，高大挺拔，起名“柏抱桑孙”；另一株的主干处长出一株榆树，枝繁叶茂，唤作“柏抱榆子”，两株古木被石凳圈绕起来，也是村人纳凉谈天的好去处。

据当地村民讲，这两株都是雄性，明代时，寺僧将雌枝嫁接到其中一棵雄性上，形成了罕见的雌雄同体，每年果实累累。有一棵树说不清是柏抱槐，还是槐抱柏，两种树长在了一起。

不远处一座古寺，名曰灵泉禅寺，据说是先有寺而后有村。禅寺坐北朝南，房屋大多已毁，有几间屋子只剩下了半间。山门的门檐处有精美的砖雕，檐下的石额上“灵泉禅寺”四个古字清晰可见。里面供奉了佛祖、菩萨、金刚，还有关公，这种规格与皇家寺庙一样。如今整座寺庙只剩下了山门与东侧的旁门，还有影壁，单看这座影壁，尽管残破不堪，也可以想象当年灵泉禅寺的规模了。

灵泉禅寺，是灵水村有文字记载的最早寺庙，也是有文字记载北京地区最早的佛教寺院。明《宛署杂记》载："灵泉禅寺，在凌（灵）水村起自汉，弘治年间（1485－1505）僧海员重修，庶吉士论记。"汉代建筑已是片瓦无存了，我们只能获得一些明代该寺的情况。

从记载中，可以看出灵泉禅寺宏大的建筑规模和曾经旺盛的香火。灵泉禅寺有三重大殿，坐北朝南，山门青砖仿木结构，歇山式大脊、筒瓦顶，有吻兽、垂兽，四角悬风铃，石刻件拼砌发券门洞，门额有"灵泉禅寺"石刻，并有题记"大明嘉靖癸巳（1553）七月吉日重开山门第一代住持圆恭立"。

在灵泉禅寺的遗址里，还有两株银杏树，树龄在千年以上。在初冬的阳光里，满树的黄叶潇洒飘逸，独领风骚。

这里还保存有上百年历史的石磨、辘轳、水井，参天的古树更是随处可见。岁月的痕迹都印刻在上边，似乎都在诉说那些遥远的故事。

最窝囊的检察署
——稽查内务府御史衙门

◇方　彪

北海公园东门曰陟山门，该门与景山公园西门隔街相望。陟山门外有一完整的古建筑院落，系清代的稽查内务府衙门。该衙门格局和规制上均与一般行政衙署大异，溯其因由，首先是地处皇城禁地之中，当然不能显示署衙之尊。其次是所稽查的对象是内务府，以微稽尊，以疏察亲，也实难有开署列堂之尊。虽然占地面积和房屋间数并不少，但给人的印象是所“四合院”。

内务府全称为“总管内务府衙门”，机关本部系“内务府堂”，下辖“七司”、“三院”等机构，亦各有办事公所。七司为广储司、都虞司、掌仪司、会计司、营造司、庆丰司、慎刑司。三院为上驷院、武备院、奉宸院。以广储司而言，下辖六库、织染局、绮华馆等机构，江宁、苏州、杭州三织造亦隶属广储司。

总管内务府衙门的首长系内务府大臣，官阶为正二品，多由王公、内大臣、尚书、侍郎兼任。内务府的职掌是“掌上旗包衣之政令与宫禁之治”以“奉天子之家事”。顺治十八年“裁撤十三衙门，收阉官之权归之旗下”，以后太监均属内务府管辖，有犯禁者，内务府有权“先行锁拿”。汉、唐、明三大统一王朝均有宦官之祸，有清一代只有慈禧掌政时期出现了安德海、李莲英两个宠寺，但其权势去汉、唐、明远矣。究其因由，内廷之掌在内务府而不在宦官。

都察院是国家最高监察机关，其官序与六部侪之。长官系左都御史、左副都御史。右都御史、右副都御史为地方最高长官总督、巡抚的兼衔。对于独裁、专制者而言，不容许有来自民众的监督，亦不容许“奴才”监督“主子”。

内务府的职责是“奉天子之家事”，古有“宰相家丁七品官”之说，言外之意就是无人敢惹，内务府的堂官、司官、曹官就是皇上的大大小小管家，当然更是没人敢惹。清代的太监有“奴才坑主子点银毛，不算没良心，只要对主子有忠心就行了”之说，“坑主子”是在经济上横捞一把，“有忠心”是在政治上绝对可“靠”。此道完全可以扩大到内务府的大小官员。皇上对太监横捞一把可以默认，对内务府官员亦然。故有清一代，太监和内务府都没有闹出什么重大经济案件。只要在宫廷斗争中不站错队，经济问题均可忽而略之。曹雪芹出自江宁织造之世家，要不是其父在雍正继位的问题上站错了队，雍正大概也不会追查曹家的经济问题。

稽查内务府御史衙门又称稽查内务府御史处，系都察院的派出机构，以协理陕西道，掌贵州道二员兼管，下设经承三人。内务府机构庞大，有职官三千多人，其官员的编制大于户部十多倍，而户部的编制居于六部之首。太监、苏拉、包衣、匠役、库丁……均由内务府管辖，其人数当超十万人。以兼职官二人，职吏（经承）三人稽查如此庞大的机构，只能是诸事流于形式。概而言之，其主要的工作就是“注销”。内务府各司院每年用过的钱粮数目，将旧管、新收、开除、实在，按款开造黄册进呈，送稽查内务府御史处“注销”。广储司下属六库官员更调及取用存储物件之数，由御史处随时稽查，每月初五、二十五日“注销”。由此可知，御史处的真正职掌就是“注销”，注销的目的是让皇家的一切开支合法化。内务府的账是查不清、查不得的“秘档”，长驻内务府“查账”的自全之道就是闭上眼睛盖印，“注销”之后一切也就销之大吉了。“御史”在官制上是“差”不是“缺”，而且是“钦差官”。奉旨出朝，地动山摇。故御史外出总有收获，即便查不出什么名堂来，也会收到一笔“仪程”，不会空手而归。惟有派到内务府者，只能是坐冷衙门。好在“缺”的任期不会超过三年，否则是难免会“面有菜色”了。因为内务府上上下下没人会“打点”一下，只能是“例行公事”的注销员。注销员在派驻单位捞不到油水，原单位的工资又低得可怜。按照清廷的定制，七品文官的年俸为 45 两，月俸为 3.75 两；九品文官年俸为 35 两，月俸不足三两。两名兼职御史系“七品官耳”，三名专职经承乃“九品末流”。这些无外快可搂的穷京官，其生活水平和八旗兵丁等而侪之。

内务府是最阔的衙门，清代北京城中有“树小房新画不古，一看就知内务府”之说，其意是在内务府当差发得最快。内务府七司三院的衙署今已不存，至多留下个地名，唯独稽查内务府御史衙门的格局、规制保存完整。九十多年的时间里能无拆无毁，在清代所遗的衙署中可以说是唯一的特例，能够成为“唯一”，或许是这座衙门是有清一代最窝囊的衙门，留下来可当个历史的见证。

台湾会馆

◇方　彪

于会馆而言，北京不论是数量还是质量，均可居全国榜首。分而言之，会馆又可分为试馆、仕馆、商馆三大类。1949 年 11 月北京市民政局对全市会馆进行登记，自行申报本馆建于明代者 33 所，建于清代者有 341 所。深究之，北京会馆还不止此数，全盛时期可能有千余所。在众多会馆中，全台会馆于规制来讲实属区区，历史也不远久。台湾于 1885 年以前隶属福建省。全岛最高行政区为道，下辖一府三县、一厅。即台湾府、诸罗、台湾、凤山三县及澎湖厅，在诸省之中，辖区和人口均居榜末。但建省之后，地方人士亦兴建了全台会馆。

全台会馆是试馆，在科举制度史上，台湾籍的首名进士是道光九年中试的黄骧云，名序是二甲七十二名，光绪二年台湾籍举人施士洁考中了三甲第二名进士，留京任职。当时台湾尚未建省，进京应试者均下榻全闽会馆之中。光绪十九年(1893)，施士洁舍铁门胡同宅兴建全台会馆。全台会馆建成后，一切规章制度“悉遵全闽会馆”。

全台会馆建成后，由于地势偏僻，旅京台湾同胞又决定卖旧置新，在大江胡同建新馆，现门牌为 114 号。新馆占地亦不足一亩(今实测为 539 平方米)，新馆又称为台湾会馆，以区别于老馆。

新馆建成之后，恰逢甲午战云起，海战、陆战均失利之后，李鸿章“赴日议和”，签订了辱国丧权的《马关条约》，割让台湾。消息传到北京后，举国沸腾，群情惊愤。旅京台湾同胞更是怒不可遏，在会馆中集会，声援“公车上书”，要求清廷“拒约”(要求光绪皇帝拒绝在李鸿章签订的《马关条约》上‘用印’。用印即在条约原本上加盖御玺，表示大清皇帝正式批准《马关条约》，条约生效)“备战”，“泣血高呼”，“台人誓不事倭”。康有为多次出入台湾会馆，和下榻台湾会馆之中的台籍举人共商大计，并赋“公车上书”诗：

海东龙泣舰沿波，上相辕轩出议和。
辽台朊朊割山河，抗章伏阙公事多。
连名三千毂相摩，联轸五里塞巷过。
台人号泣秦桧歌，九城谣谍遍网罗。
扛棺摩拳，击鼓三过，桧避不朝，辞位畏诃。
美使田坎惊、士气则那！
索稿传抄天下墨争磨！
呜呼！椎秦不成奈若何！

诗中“扛棺摩拳，击鼓三过”，系指台湾籍的举人抬着棺材，击着传统的进军鼓，由台湾会馆出发，到松筠庵和各省举人集会，然后到督察院呈交“上清帝书”的悲壮场面。“扛棺”表示“宁死不事倭”，“击鼓”表示有进无退的决心。

今日读此诗，犹令人热血沸腾。台湾沦于倭寇50年后，终于在1945年回归祖国怀抱。在这半个世纪的时间里，台湾同胞在日军的刺刀之下，“拳拳之心，日朝京阙。不信中华赤子，永作蒙耻之人。虽已亡省，誓不亡心，一腔碧血，三升忠胆，自有洒处”。这不是唱出的“悲歌”，而是心中的“泣血”。海峡两岸一水相隔，龙的精神，中华的血脉永远相连，炎黄子孙指天发誓，四万万血肉之躯中激荡着四万万中华魂——誓统九州山河。这不是宣言书，而是昔日中国人民的行动纲领。今日虽有“台独”的妖风肆虐海隅，海峡两岸13亿血肉之躯，13亿中华魂岂能容许宝岛版图易色。这也不是宣言书，而是今日中国人民的行动纲领。看21世纪的中国，“金瓯全”！

《马关条约》换约之后，清廷派专使“办理交台”，日本驻华使馆对台湾会馆亦生觊觎之心。台湾同胞为了防止“倭人染指”会馆，将台湾会馆产权移至福建会馆名下，实行代管，巧妙地保存了自己的会馆。在台湾同胞和全国人民的心中“会馆犹存于京师”，就是台湾永远不会从祖国分割出去的象征。

寄名福建会馆名下的台湾会馆，一直是台湾旅京同胞谋求“抗倭兴复”之所。台湾地区的青年学生誓不接受日本占领军的“同化教育”，纷纷到大陆求学。北京是全国的教育中心，到京就读的台籍学生甚多。台籍学生莅京之后，多下榻台湾会馆，然后以祖籍为籍贯登记入学。此举一为避免日本驻华使馆“纠缠”，二是台湾同胞的祖籍大多是福建省，口音系闽南语。以福建籍为籍贯登记入学，意在表示台湾终有一天会“归宗”。

孙中山先生一直都非常关心台湾，有生之年曾四次莅台。辛亥革命前，同盟会在台湾设立机关，台湾人民对革命多方进行支援。1924 年 11 月孙中山先生由广州抱病北上，谋求在京召开国民大会，废除不平等条约，1925 年 3 月 12 日在京逝世。废除《马关条约》，台湾回归祖国怀抱是全台人民的宿愿，孙中山先生废除不平等条约的主张是台湾同胞发自心灵深处的呐喊。在北大就读的台籍学生大多参加了孙中山先生领导的国民党，先生病逝举世震惊，全体台籍学生哀挽：

三百万台湾刚醒同胞，微先生何人领导？

四十年祖国未尽事业，舍我辈其谁分担？

挽联墨写纸成，腹稿却是泪血合凝。是心声，是豪情，是信念、心志的迸发；是铜鼓，是号角，是吴钩、铁戈的撞击声。

1945 年 8 月 15 日，日本宣布无条件投降，旅平台湾同胞齐集台湾会馆，“喜庆光复”。在“亡省”半个世纪之后，台湾会馆终于重立于诸会馆之林。20 世纪 60 年代，台湾会馆房产由崇文区房管局接管，1986 年 1 月崇文区房管局向北京市台湾同胞联谊会移交了台湾会馆的房产管理权，经修建装饰之后，会馆焕然一新，重新成为台籍人士的聚会之所——宝岛旅馆。

台湾会馆是试馆，有清一代台籍举人在京喜跃龙门成进士公者，据统计有：

黄骧云，道光九年，己丑科二甲七十二名

施琼芳，道光二十五年，乙巳科三甲八十四名

张维垣，同治十年，辛未科三甲一百一十八名

施士洁，光绪二年，丙子科三甲二名

叶题雁，光绪六年，庚辰科三甲六十名

张觐光，光绪六年，庚辰科三甲一百零八名

丘逢甲，光绪十五年，己丑科三甲九十六名

丘逢甲(1864－1912)字仙根，台湾苗栗县人。他在中国近代史上是一位有一定影响的人物，他早年是风华正茂的才子，壮年是抗倭志士，晚年以诗砺志，志在光复故乡。

光绪十五年(1889)，丘逢甲殿试中进士，时年26岁，有清一代40岁中进士未可言晚，26岁的进士可谓大器早成，少年得志。但丘逢甲无意于仕途上的进取，热心于桑梓的建设。

光绪十九年(1893)甲午战云起，海战、陆战均失利以后，李鸿章赴日"议和"，签订了辱国丧权的《马关条约》。丘逢甲奔走于台湾各界人士之间，联名致电清廷痛陈抗倭保台，表示台湾人宁为玉碎，不为瓦全。日军在台湾登陆后，丘逢甲组织义军进行了坚决的抵抗。日军占领台湾全境之后，丘逢甲内渡居广东，以教书为生。每感愤时事，则以诗记之。著有《岭云海日楼诗抄》，诗意激昂悲壮，多为复失地、雪国耻而作。如"四万万人同声哭，去年今日割台湾"。诗境多深沉凝重，展现出雅志、砺名、砥节的情操，并且蕴涵了不可动摇的信念，如"林枫欲老柿将熟，秋在万山深处红"。

辛亥革命爆发之后，丘逢甲感到无限欣慰，对"光复故业"充满了信心。然天不假其年，丘逢甲于民国元年(1912)病逝，年仅48岁。

北京的中轴线及其文化渊源

◘朱祖希

当我们在阳光明媚、碧空如洗的日子里登上景山，站在景山之巅的万春亭中极目四顾时，就会发现一幅极其壮丽的图景：湛蓝色的天穹之下，金光闪烁的紫禁城，在难以胜数又略显灰暗、低矮的四合院和苍翠树阴的衬托下，构成了一幅极其壮阔而华美雄浑的图案。它们又是在看似存在却又难以捉摸、呈南北延伸的中轴线的统领下，彼此有条不紊地组合在一起，显得那么庄重和谐、辉煌安详……这就是北京城！

平面外形呈“凸”字形的北京城，由北半部的内城和南半部的外城两部分构成。故宫是内城核心，也是全城布局重心。整个北京城就是围绕着这个中心部署的。而由南到北贯通全城的便是一条长达8公里的直线，即中轴线，北京独有的壮美秩序就由这条中轴的建立而产生；前后起伏、左右对称的体形或空间分配，都以这中轴线为依据而展开。

从外城最南端的永定门说起，经过长长的一条市楼对列的大街抵达珠市口的十字路口后，才面向着内城第一个重点——雄伟的正阳门城楼。在门前百余米的地方，拦路一座牌楼、一座大石桥，为这个重点做了前导。过正阳门之后路过的广场，即天安门广场，是规划建设上最大胆的空间处理，象征着“人民当家做主”、象征古国文明的建筑——人民大会堂、国家博物馆矗立两旁。

由天安门起，则是一系列轻重不一的宫门和庭院，金色闪烁的琉璃瓦屋顶，一层又一层地起伏峋峙，一直把人们引到太和殿，到达中轴线前半段的极点，然后逐渐退削，以神武门为尾声。再往北，则又异峰突起地耸立着“景山”，作为宫城背后的依托。景山中峰上的亭子——万春亭，正位于南北的中心点上。由此向北，又是一波又一波地远距离重点呼应。由地安门、万宁桥，到鼓楼、钟楼，恰到好处地作为结束。中轴线不再继续延至北墙根，而是将重点平稳地分配给左右分立的两座城门——安定门和德胜门。“一根长达八公里，全世界最长、最伟大的南北中轴线穿过全城。北京城气魄之雄伟，就在这个南北引申、一贯到底的规模。”当年梁思成先生这样说。

一、北京城中轴线的形成

“轴”原本指车轴，或是其他转动的机件围着它转动；也有人把平面或立体分成对称部分的直线称为“中轴”。后又引申为中心、枢纽等。“中轴线”则是城市规划师、建筑设计师们，在城市规划和建筑设计中常用的一个术语，意即建筑物、建筑群以之为基准的中心线。因之，可以说一幢建筑有中心线，一个院落有中心线；由众多院落组合而成的城市，当然也存在赖以作为建设依据的中心线，这条“中心线”就是我们平常所说的“中轴线”。

而前面所说的，从永定门到钟鼓楼，这条贯穿整个北京城南北的轴线，就像一个“合页”，正是它统领着全城的建筑群，并以此为依据，形成东西两侧的对称布局的城市格局。“中轴突出，两翼对称”正是北京城的最大特色。

今天所见北京城城市规划建设中轴线，肇始于元代，形成于明代。

元至元元年（1264），忽必烈称“汗”。元初仍定都开平（今内蒙古自治区多伦附近），但随着政治重心的南移，原燕京的地位也日趋上升，特别是他胸怀灭亡南宋、统一中国的雄才大略，其都城南迁的愿望也日益强烈。元至元三年（1266），忽必烈派刘秉忠来燕京相地，决定放弃燕京城旧址，以其东北部的原金代离宫——琼华岛为中心，兴建新都——元大都城。

当时为把琼华岛附近的一大片天然湖泊全部揽入大都城，便以其水面东延的最远点，即今万宁桥为基准点，往西以包括积水潭在内的距离作为半径，确定了大都东西两面城墙的位置。只是由于东城墙所在位置地势低洼，不得不向内稍作收缩。然后，又确定了以万宁桥所在位置为基准点而呈南北延长，即由后来的丽正门到中心阁，来规划建设中轴线，并把大内（宫城）建于其上，与湖泊西岸的另外两组建筑，即南面的隆福宫、北面的兴圣宫形成“三宫鼎峙”的态势。在这条规划建设中轴线的北端——中心阁往西129米处，又有一条控制北半城建设的中轴线（实际是中分线），在其南端建有钟、鼓二楼（这就是后来的旧鼓楼大街）。

明太祖洪武元年（1368）八月，大将徐达、常遇春率军夺破齐化门，攻下大都城。朱元璋立即把它改名“北平”，取“北方太平”之意。为了便于军事上的防守，从北城墙南退5里，另筑新城。这便是日后见到的明北京城墙。

明洪武三年（1370），朱元璋封四子朱棣为燕王，后就藩北平。洪武三十一年（1398）明太祖驾崩，其长孙朱允炆即位，是为建文帝。建文元年（1399），燕王朱棣起兵，发起“靖难之役”，并于建文四年（1402）攻下南京，夺取帝位，是为明成祖。之后，明成祖决定迁都北平，并拓展南城，改称北京。

明北京城虽有拆毁元故宫的行动，却继承了元大都城的规划建设中轴线，并把钟、鼓二楼迁到它的北端，作为中轴线的标志性建筑。这样就形成了南自正阳门，穿越紫禁城、景山，北抵钟鼓楼的北京城新的中轴线。开始于明嘉靖三十二年（1553）的外城修筑之后，北京便形成了历史上独一无二的“凸”字形城。北京城的规划建设中轴线也由正阳门延长到了永定门。这便是我们日后见到的长达7.8公里的传统的北京城中轴线。

二、北京城中轴线的发展

新中国定都北京。原先早已存在的中轴线不仅被全面继承，而且有了创造性发展。其中对天安门广场的改造便是最好的例证。

天安门广场在历史上曾经是封建统治者的宫廷广场。宫廷广场很早就出现在我国封建帝都的规划建设中，其演变源远流长。但新中国的天安门广场，已完全改变其宫廷广场的主旨，成为“人民当家做主”的标志性广场。

在天安门城楼两侧修建观礼台的同时，原先封闭的宫墙和原分列于东西的长安左、右门被相继拆除。1958 年 5 月在广场中央矗立起了人民英雄纪念碑，同年 8 月，党中央又做出扩建天安门广场的决定。一个以拓宽东西长安街为两翼，面积达 40 公顷的“T”形广场呈现在人们面前。两座宏伟庄严而且具有民族风格的现代大建筑——人民大会堂、国家博物馆出现在广场两侧，从而使广场呈现出空前未有的磅礴气势。

扩建后的天安门广场，在整个北京的城市规划建设中，已成为平面布局的中心，成为可以同时汇集百万人民群众进行集体活动的场所，人民大会堂内则可容纳上万名人民代表共同商讨、决定国家大事，充分显示出了社会主义新时代的全新内容。相比之下，紫禁城这个在旧日突出于全城中轴线上的古建筑群，虽然仍是那样金碧辉煌，但已退居到了类似于广场“后院”的次要地位。

1990 年北京迎来第 11 届亚运会。当时的亚运村和国际奥林匹克体育中心就修在了北京传统中轴线的北延线上。著名历史地理学家侯仁之先生认为，这是一个具有划时代意义的举动。因为它一反中国历史上宫殿建筑都要“面南而王”，中轴线起点是向南发展的传统，标志着北京在改革开放之后正大踏步迈向世界。之后，为北京奥运会而建设的奥林匹克公园又与亚运村融为一体，被称为“人类文明成就的轴线”。它既是北京中轴线文脉的延续和发展，也是中华民族传统文化的延续和发展。奥林匹克公园的选址与古都北京文脉的有机结合，充分体现了“人文奥运”的理念：北延的北京规划建设中轴线成为公园的轴线，被绿色簇拥的比赛场馆对称地分布在它的西侧，北端以高 48 米的仰山作为中轴线的终结标志。

三、北京城中轴线的文化渊源

考古研究证明，中原华夏文化区在中国文明即将诞生前，便已居于中国文明史前各文化区的核心地位，且奠定了它在未来作为中国文明发祥地的坚实基础。而地处北半球的黄河流域受亚热带季风的强烈影响，房屋建筑面向正南而建最适宜，北侧封闭以御冬季凛冽的寒风，南侧开设门窗，便于在冬季接受和煦的阳光，又利于夏季空气的流通。考古发掘证明，黄河流域最早的宫殿建筑就是采取背北面南的形式。《周礼·天宫》说："惟王建国，辩方正位，面南为尊。"《周礼·考工记》又明确规定了都城建设的定制："匠人营国……左祖右社，面朝后市。"

自古以来，中国历代帝王都自诩为天帝的"元子"，即天子。其所做的一切都是"奉天承运"。而中国的政体又是以北天区为原型的文化物——中央集权于皇帝一身，郡县对中央形成拱极之势。帝王与群臣犹如北极星，由群星拱卫。孔子说："为政以德，譬如北辰居其所而众星拱之。"因之"象天设都，法天而治"也就成了中国亘古不变的原则——天帝居于"天中"的紫微宫，则皇帝所居的宫城必定要效法相对应的"地中"（土中）修筑紫禁城，而在其正南一面辟出一条通向皇帝宝座的御道，即"通天之路"（亦称"天街"）。这已成为自周秦以来，尤其是隋唐以来长期延续的基本定式，即将主要建筑物安排在中轴线上，左右均衡对称，再加上高低起伏变化，在空间布局上最大限度地突出"普天之下，唯我独尊"的大一统思想。

明北京城的建设不仅继承了元大都城的规划建设中轴线，而且在表现手法上更显得灵活。譬如，在紫禁城之后（即北面），用拆毁元故宫的房渣土和挖掘筒子河的渣土，在元延春阁的故址上堆起了一座高 40 多米的土山。这座在中国风水理论上的所谓"镇山"，与奉天门（即今太和门）前的内金水河形成"背山面水"的格局，命名为"万岁山"，这座人工建造的小山，异峰突起于北京小平原上，成为京城之中极为鲜明的标志。与此同时，又将原位于大都城北城中分线（今旧鼓楼大街）南的钟、鼓二楼，移到"万岁山"的北面，作为京城中轴线的结束。钟、鼓二楼原是京城的报时中心，自然也是全国的"标准时间"，从而也就更加突出了帝王至上，"大明江山，一统天下"的政治含义。

明北京城为清朝所继承。清康熙四十八年（1709），清政府曾将贯通京城南北的这条中轴线确定为天文、地理意义上的"本初子午线"，即零度线。这实际上是从天文和地理意义上重申了古代中国以自己为世界中心的理念。它比 1884 年国际会议确定的以通过英国格林尼治天文台的经线为本初子午线要早 175 年。

十三陵古桥总揽

◇梁欣立

“明十三陵”位于北京城德胜门以北约 50 公里的昌平区。蜿蜒的燕山山脉自西北逶迤而来，环山之内是千万年洪水冲刷形成的小盆地，山坳中多条水流汇集到东面平缓的盆地底，形成现在的十三陵水库。明朝 13 位皇帝的陵寝就分布在水库西部，其地域面积约 40 平方公里。各陵寝及神路原有古桥 43 多座，保存下来的有 33 座，古桥遗址一处，形成了此地区的明代皇陵古桥群。

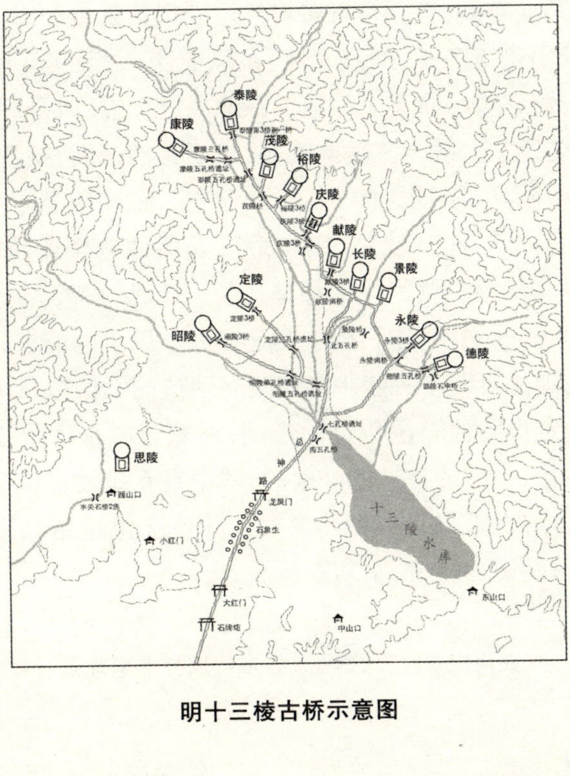

明十三棱古桥示意图

明朝第三位皇帝朱棣登基后，决定把国都从南京迁移到北京，并决心把自己的陵寝建在京城之北的昌平，朱棣的用意是让后代守住神圣不可侵犯的皇陵，守住了祖陵，也就守住了北京，从而守住了国土。封建社会的帝王信“风水”，明永乐七年（1409）五月八日朱棣率队来此处选陵址，随驾人员中有一位江西术士廖均卿为营建长陵卜吉，可见皇帝是在术士看好风水之后才选定皇陵的，此事被廖均卿的后人记录下来。[①] 古人“风水”术有阴宅和阳宅两大类别，陵墓属阴宅，陵墓的选址十分讲究“风水”，墓地要“水绕山缠”，意思是陵寝背靠山，面平原，河水缠绕墓地前。所谓墓地“风水”，即当修建坟墓时，选择安宁幸福之地，采取禁压之手段对付假想的阻碍安宁幸福的势力。风水之说认为，人是由肉体与灵魂组成，灵魂附着于肉体，人若故去，肉体属地，灵魂属天。即人由天地二气组成，且生活于天地之间，故不免受自然之影响。自然“风水”为自然天地二气：风与水二者，风为天之气，水为地之气，合在一起风水之。风有养物使物成长之风与毁物使之枯萎之风；水有养物使物成长之水与毁物使之枯萎之水。风水相互依存，天地乃成空间，空间孕育着自然。皇帝选墓地要靠山避风，所谓靠山就是一面靠山遮掩三面，即避北风、东风或西风，而接受南风，南风乃降和平、快乐、丰饶之物。东南风亦可。东北风、西北风以及北风的作用与南风完全相反，要避之。故十三陵向南开，封闭其他三面，颇含自然之理。陵墓前横水流，跨石桥，阻挡之障气，回避邪祟。每座陵墓前有一条由功德碑、石桥构成的神路，石桥就是“风水桥”，石桥成为整座陵寝建筑中不可缺少的一部分。每座皇陵的修建都是在位皇帝为父辈建造或为自己修筑的，陵墓建筑中必有石桥，建石桥主要是按占卜风水的需求，结合实地地形及水道走向修建的。明十三陵中各座陵寝建造的石桥数量不等，说明封建统治者没有制定皇陵建石桥数量的规制，大部分风水桥放在功德碑后、方城陵门前的位置，也有放在功德碑前的，其中有6座陵寝设并排的三座桥，三桥中间一桥为御桥，只有皇帝的灵柩入葬或在位皇帝祭祖时才能通过，平时不能通行；两侧为辅桥，平常通行。

① 摘自昭陵东殿内讲解牌《均卿太翁钦奉行取扦卜皇陵及行程回奏实录》，江苏国学图书馆传抄本。

从明太祖朱元璋推翻元朝统治，到明崇祯皇帝被李自成领导的农民起义军推翻，明朝统治时间长达276年之久，其间经历了16位皇帝，其中13位皇帝埋在北京昌平区。各陵的古桥数量不一。陵前古桥是陵寝建筑不可缺少的一部分，是护符陵寝的风水屏障，通过研究十三陵古桥，可以了解明朝各个时段政治、经济、建筑等相关情况，有一定的历史文化价值，保护古桥是当今的责任。从明永乐七年(1409)五月建长陵到现在的600年中，雨季的大洪水冲毁了多座桥梁，因道路交通需求拆除改造了几座桥梁，直到近20年，政府拨专款修复各座陵寝，有些古石桥也得到修复，可惜还有三分之一的古桥没有得到应有的保护和修复，值得人们关注。

清乾隆五十年至五十二年(1785 – 1787)时，清廷曾对明十三陵进行一次较大规模的修缮，有些古桥也得到了修缮，使明朝皇陵建筑留存今日。

明十三陵的古桥不全是为涉水而建，应该说是为满足封建皇权统治者的精神需求，采信占卜风水说法，有涉水功能而建桥。每座皇陵前都要设风水桥，伴随着皇陵建造而修建，建造桥时主要看当时的经济情况，皇帝执政时间长，财力雄厚，陵寝及石桥就建得好一些；相反，桥的质量就一般。长陵总神路上原有4座大桥，可都不是永乐年间建造，因为长陵是永乐七年(1403)动工，历时5年完成，当时北京城新建城池宫殿工程浩大，又要建皇陵，为此从南方调集了几十万工匠兵役，这些劳役在皮鞭、棍棒下辛勤劳作，还满足不了统治者为荣耀的需求，修长陵时并没有建总神路的一些建筑，之后陆续添建，总神路上七孔桥就是嘉靖三十三年(1554)建的，北五孔桥是万历四年(1576)建造的，除了长陵总神路和思陵西水关的石桥外，其他11陵的石桥都是建陵寝时同时建造的。十三陵的大小古桥，有的雨季被洪水冲毁，没有修复；有的沟河改道，桥被废弃拆除；有的因交通道路改造，旧址改建新桥；有的修补破损部分，保持古桥风貌；有的天然腐蚀损坏，保持着破旧的原貌。今天保留下来的古桥有33座，占原桥数的78.57%；古桥还在交通道路上使用的有6座，占古桥数的18.18%，应该尽早将道路改道，古桥作为文物保护起来，让古桥与陵寝建筑这个整体不受损坏。

1961年3月4日国务院批准明十三陵为全国重点文物保护单位；

1982 年国务院批准明十三陵为国家重点风景名胜区;2003 年联合国教科文组织世界遗产委员会,将“北京明十三陵”列入《世界遗产名录》。如今每年都有大批中外旅游者来参观明十三陵,可参观者主要观赏陵寝建筑,往往忽视了风水桥的存在。希望有关部门认真调查一下明十三陵古桥的实际情况,从长远保护明十三陵建筑着想,认识到古桥是皇陵建筑不可缺少的一部分,修缮皇陵建筑时不应忘了修复古桥。

长献景三陵之古桥

◘梁欣立

自从明永乐七年(1409)修建长陵,明早期的几位皇帝在建陵寝时对“风水桥”并没太重视,桥的规模质量都不如后期的皇陵桥。今天进入明十三陵旅游景区首先经过长约7公里的总神路,总神路是长陵的神路,也是通往各陵的路,又称京陵御道。这段路现在是昌赤路一段,公路代号S212。总神路由南向北依次是:石牌坊、大宫门、神功圣德碑、石像生、龙凤门、南五孔桥、七孔桥(剩遗址)、北五孔桥,到长陵陵门前。

总神路南五孔桥

长陵坐北朝南,天寿山主峰南麓,陵宫面积12万平方米,平面呈前方后圆形,是明十三陵中营建时间最早,规模最大,整体建筑保存最完好的一处。这里埋葬的是明成祖朱棣(1403 – 1424)和皇后徐氏,朱棣是北上迁都的皇帝,而且是决定把陵寝建在昌平的第一位皇帝。长陵前总神路上原有4座石桥,其规模都比较大,但都不是修长陵时建造的,修建长陵时主要建陵寝建筑,桥梁搭建得比较简易。石牌坊与大宫门之间原有一座三孔石桥,清《昌平山水记》载:“白石坊一座五架，又北有石桥三空（孔），又二里至大红门……”[1]可惜这座三孔桥已无踪影，只能在低洼的原沟河故道上猜一猜古桥的位置。过总神路的石像生、龙凤门，公路改修在总神路西侧，高高的路基东侧有南五孔桥。

南五孔桥，整体保存完整，桥护栏已经拆掉，桥长 48 米，宽 10.1 米，原跨一沟河呈南北走向，往北距离七孔桥百米。石桥由五个拱券组成，拱券外沿石碹，拱券主要由青砖砌拱，拱券高约 2.9 米，桥孔跨度从南到北分别是 3.9 米、4.5 米、4.7 米、4.4 米、3.95 米，这些数字说明建桥时，测量、施工对尺寸的精度要求不高。桥墩厚 2.1 米，两端呈尖状上翘，形如船头。

总神路七孔桥遗址与新七孔桥

七孔桥，又称神路桥，是十三陵区中最大的桥梁。《昌平县地名志》载：“七孔桥建于明嘉靖三十三年（1554），横跨在京陵御道和东沙河上游的支流交汇处。”推断建七孔桥前原地应有过桥，其规模远小于七孔桥，因为建七孔桥时，明皇陵在这里已经营 100 多年，没桥是无法涉水到达长陵及各陵。明清两朝时，一般情况车马不得在桥上通过，只能在桥旁涉水而行走，否则，就会受到严厉的惩罚。七孔桥的石拱券，中间一大孔跨径 6.1 米，其余小孔跨径为 5 米，桥大约长 78 米，宽 12.6 米，高约 7.25 米。明天启六年（1626）闰六月，大雨连绵，洪水不断暴涨，水势凶猛，“昌平皇陵区的神路、宝城被大水冲断、倾塌”[2]。七孔桥被冲淤，只能在非雨季通行。后又屡遇大水，将桥全部冲毁。目前，七孔桥

① 清顾炎武著：《昌平山水记》，第 5 页，北京古籍出版社，1980 年 10 月版。
② 德源著：《北京灾害史》，第 38 页，同心出版社，2008 年 1 月版。

只剩残破的石拱券基础部分和引桥部分，拱券石上还能见到石榫槽，残拱券间桥墩是方石砌墙青砖填心，桥四周还有散落着大块的桥石料，从残存的桥墩纵向看就能看到桥遗址全貌，联想出古七孔桥雄姿。据传古七孔桥的护栏板最为神奇，古七孔桥原有石望柱和石栏板，初看与其他古石桥上洁白如玉的护栏并无两样，但用手轻轻一敲望柱之间的石栏板，则可发出金钟银铃一般清脆悦耳的音响，栏板与栏板发出的声音各有不同，使人大为惊奇。其实这是因为栏板石料中有二分之一的方解石，含有铁质，所以才会有叮当作响的妙音，如钟似磬。建筑桥时根据每块栏板含铁量的多少，按中国古代音律由宫、商、角、徵、羽五音组成，所以七孔桥又有“五音桥”之称。可惜桥上石栏板今日已全无踪迹，没法验证美妙的声音了。1958 年在古七孔桥遗址西侧十几米的地方，平行修建了高高的新七孔桥，新桥属二级中型桥，桥长 112.7 米，每孔跨径 10 米，桥面车行道宽 6.5 米，两侧人行道各宽 0.75 米，白石仿古护栏，1958 年 5 月 20 日动工，至 11 月告竣。

总神路北五孔桥

北五孔桥，七孔桥往北几百米是北五孔桥，北五孔桥是与南五孔桥相对而言的。北五孔桥下河床已然干涸，桥北是定陵道与昌赤路交汇处。该桥建于明万历四年（1576），桥体为连拱结构式，上部拱券主要用青砖码砌，外沿拱碹为花岗石，下部为石料砌外墙青砖填心的尖状墩台。桥长 41 米，桥面净宽 11.8 米，五孔的中间大孔跨径 5 米，两旁的两孔跨径各 4.5 米，边上的两孔跨径各 3.7 米，现在石桥桥身坚固如初，桥下部保持原状原样。桥下河道早已干涸，桥身整体下沉，淤泥填满河道，杂草丛生，桥周围地面增高了，桥基石已看不见了。桥上部经过多次改造，桥上原望柱和石护栏早已无踪影，为行人安全后砌砖护墙，为改善通行状况桥面垫层厚达 0.8 米，桥缓坡被垫平，加铺了沥青路面，限制 13 吨以上车辆通过该桥。由于北五孔桥地处交通要道上，在整个十三陵区中，这座五孔古桥通行使用率最高，为了保护古桥，应该尽快改道建新桥，保护这座明代修建的北五孔桥。

献陵三座砖石桥

长陵西北 0.5 公里是献陵，陵宫朝向为南偏西 20 度，是仁宗朱高炽和皇后张氏的陵寝，现存砖石桥 4 座。站在献陵陵门前就能看到长陵建筑，相比之下献陵的规模比长陵小了很多，3 座砖石桥并排列在三座琉璃门前，横跨月牙河，另一座石桥在献陵村内。

仁宗朱高炽是明成祖朱棣的长子，明洪武十一年（1378）七月初一生于安徽凤阳，年轻时随父南征北战，立为太子后，任命监国，主持过朝政。明永乐二十二年（1424）八月十五日即皇帝位，在位执政仅十个月，第二年的五月十二日，逝于钦安殿，享年 48 岁。仁宗皇帝虽然在位时间很短，却是个较能体恤民情、处事宽和的帝王，在临终“遗诏有曰：朕临御日浅，恩泽未浃於民，不忍重劳。山陵制度务从俭约”①。儿子朱瞻基按父皇诏命，把献陵建造得规模小，设施简朴，前人有“献陵最朴，景陵最小”之说。清《昌平山水记》载：“献陵，沟水自陵东来过桥下，会於北五空（孔）桥。山后桥三道皆一空（孔）。”②在献陵歇山式琉璃顶的祾恩门前，砖砌月牙河，水从陵寝东侧山坡流下，河上并排跨三座砖石单拱券桥，对着三座琉璃门。三座桥规模不大，

①② 清顾炎武著《昌平山水记》，第 6 页，北京古籍出版社，1980 年 10 月版。

献陵单孔桥

分一主桥和二辅桥，桥面缓坡平平，桥面的高差只有十几厘米。主桥长 12.5 米，宽 5.3 米，桥砖拱券高 2.7 米，桥面到河底高 3.2 米。辅桥长 11 米，宽 4 米，桥拱券与主桥差不多。桥以烧制青砖为主要建筑材料，拱券采用双层青砖砌拱券，桥面和桥体都是用青砖砌成，只有桥外沿用条石铺砌，桥上光秃秃的没有护栏，桥旁丢弃一残桥头石鼓石，说明原桥上有过护栏。桥下沟水称月牙河，由于干旱已多年无水，沿沟用青砖砌护岸。20 世纪 90 年代，政府拨专款大规模修葺献陵，三座砖石桥也修复重建了，修复后陵寝没有对外开放。献陵村一位 90 岁的老太太讲：献陵这桥，从我小时看就是这模样，桥下的河无名……献陵 3 座桥前有座小山，叫玉案山，山上有碑亭，形成玉案山、沟水三桥、方城宝顶的格局，当年的风水术士们向皇帝鼓吹这格局“龙喜出身长远，砂喜左右回旋”，“龙虎环抱，近案当前”，当论完美的内明堂格局。

原献陵神路上有一座石桥，桥旁是献陵村，后来村庄扩大百姓的房屋建到古桥的周围，包围起了石桥。如今石桥在献陵村内，基本保持原样，桥下沟河多年无水，桥旁有一棵百年的高大松树。石桥长 11 米，净宽 3.8 米，条石护栏厚 0.6 米。特别之处，桥朝南的拱券中间石缝中长出一棵松树，松树顽强扭曲着成长，给古石桥平添了古朴沧桑。

长陵的东侧是景陵，陵寝朝向为南偏西 20°，占地 4.2 万平方米左右，陵墓背后的山称黑山，与献陵相对称，形似长陵左右拱卫，现存砖石桥一座。景陵的规模比较小，埋葬着宣宗朱瞻基皇帝和皇后孙氏。朱瞻基是仁宗朱高炽的长子，父皇朱高炽在位仅 10 个月就去世，明洪熙元年（1425）朱瞻基登基当了皇帝，按照先父朱高炽临去世前的遗诏：“山陵制度务从俭约。”朱瞻基亲自制定献陵的规制，集中 11.6 万多军匠役工，用了 3 个月就把献陵建完，并将父亲朱高炽入葬。朱瞻基自己的陵墓不能超过其父的规格，所以景陵的规模也不大，献陵、景陵都是朱瞻基在位时修建的。朱瞻基在位执政十年，宣德十年（1435）病故，享年 38 岁。景陵陵宫建筑与献陵比较，同样非常俭朴，陵神道从长陵神路北五孔桥北分出，长约 1 公里，途中建有单孔砖石桥一座。

景陵单孔桥

今天景陵村与长陵村连成一片，房屋道路改变了陵寝周边的环境。在当地老人的指点下寻找景陵砖石桥，经过七拐八绕，在景陵功德碑南一公里外的长陵中学西南角院墙外，较为偏僻的小道处，两棵核桃树旁见到景陵砖石桥，绿荫覆盖着古桥。这座古桥长 12.2 米，宽 6.4 米，净宽 5.6 米，用青砖砌拱券和桥体。拱券用的青砖是专门烧制的，侧面为梯形上大下小，上下差能有 1～1.5 厘米，用在砌拱券上十分合适。桥身的青砖尺寸大小不一，最大的有 48×23×12 厘米可比城砖。桥面铺有 3 米长的大条石和大方块石，桥护栏每侧是由三块条石组成，每块护栏石长 3.8 米，高 0.5 米，厚 0.3 米，上沿为三角形，下边全素无花纹，整座砖石桥比较简朴。几百年来由于地处偏僻，行人车辆碾压较少，使用率很低，古桥才得以保存下来。目前，砖石桥下河道已干涸废弃，护栏条石东侧仅剩一块，西侧有三块，桥头石全无，砖拱券内拱表面腐蚀严重，但没有塌陷的现象，说明桥体还很坚固，整体保存较完整。

裕茂泰康四陵之古桥

梁欣立

经过大起大落的朱祁镇皇帝葬在裕陵，陵寝建筑南偏西20度，在长陵西北2公里，石门山南麓。陵前原有5座桥，现存砖石桥3座。裕陵始建于天顺八年(1464)二月二十九日，太监黄福、吴昱，抚宁伯朱永，工部尚书白圭，侍郎蒯祥、陆祥奉命督工。

裕陵三座单孔桥

营建的军民工匠共达8万余人，从营建到完成仅用了不到四个月的时间。《明宪宗实录》记载当时裕陵的规制为："金井宝山城池一座，……白石桥三、砖石桥二、周围包砌河岸沟渠三百八十八丈二尺、栽培松树二千六百八十四株。"说明原有五座桥，今仅存三座桥。而清《昌平山水记》载："裕陵在石门山，距献陵西三里，自献陵碑亭前分西为裕陵神路。路有小石桥，碑亭北有桥三道，皆一空(孔)，平刻云花。"[①]如今裕陵祾恩门前神路百米外，功德碑后有三座桥，三座桥并排跨石砌沟渠上，一主桥两辅桥，桥为砖石结构单孔拱券桥，桥面缓坡平坦，无护栏。中间主桥长14米，宽5.6米，石拱券完好，方块石铺桥面，一般机动车通过没有问题。两辅桥各长12米，宽

① 清顾炎武著：《昌平山水记》，第7页，北京古籍出版社，1980年10月版。

4.3 米，桥上无护栏，桥拱券碹石和边缘墙的块石有些塌陷或脱落。桥下“周围包砌河岸沟渠三百八十八丈二尺”，原是很长的一段，现在桥和沟渠周围环境已是荒草成片，庄稼地种到了石桥旁，长长的沟渠也就剩下三座桥下的一小段。2011 年裕陵建筑进行大规模修复。

茂陵单孔桥

茂陵在裕陵之北，聚宝山南麓，陵宫朝向为南偏西 17 度，是宪宗朱见深和王氏、纪氏、邵氏的合葬墓，现存砖石桥一座。朱见深是英宗朱祁镇皇帝的长子，明正统十二年（1447）出生，成化二十三年（1487）逝，享年 41 岁。茂陵建于成化二十三年（1487）九月，陵址由礼部右侍郎倪岳及钦天监监正李华等人卜定。内官监太监黄顺、御马监太监李良、太傅兼太子太师保国公朱永、工部左侍郎陈政奉命提督军士工匠营造。弘治元年（1488）四月竣工，历时七个多月时间，占地约 2.56 万平方米，建造得豪华而耐久。茂陵有两个地方与其他陵墓不同，一是方城宝顶围墙的砖带有字，这些带字的砖有成百上千块。另一是茂陵的水系，山水在陵寝的背后就被分流了，没有引到陵寝近前流过，陵前是松柏树林。茂陵石桥在茂陵石碑东南几百米的马路与沟渠交汇处，桥为单孔石拱券桥，桥长 10.4 米，宽 6.4 米，有 6 汉白玉桥望柱和石护栏，桥头浮云抱鼓石。由于石桥处在交通繁忙的昌赤路上，要是驾车从桥上过，或步行桥上都看不出古桥的特征。只有下到沟底下，站在沟渠里，才能看到古桥的石拱券和原石砌的沟渠。古桥的上半部已经翻修过若干次，桥面加垫了厚土层铺沥青路面，桥旁还丢弃一块清代的石护栏。目前茂陵石桥基础牢固，桥拱券、下部基石和桥旁的石砌沟渠应该是古代工匠建造的。

泰陵单孔桥

泰陵原有4座桥，现存砖石桥一座。泰陵的位置在十三陵最北端，陵前是石梨路与昌赤公路的岔口，陵后史家山形如“笔架”，陵宫朝向为南偏东5度，是孝宗朱祐樘和皇后张氏的合葬陵寝。孝宗朱祐樘是宪宗朱见深的三儿子，明成化五年（1469）七月出生，弘治十八年（1505）五月七日逝于乾清宫，享年36岁。泰陵建于弘治十八年（1505）六月五日孝宗逝后，由太监李兴、新宁伯潭祐、工部左侍郎李鐩提督工程，五军都督府及三大营官军上万人供役，四个月后玄宫落成，十月葬孝宗。正德元年（1506）三月二十二日陵园地面建筑完工，占地约2.6万平方米。据《日下旧闻考》载：“泰陵在史家山，距茂陵西少北二里，自茂陵碑亭前分，西为泰陵神路，路有石桥，五空（孔），贤庄、灰岭二水迳焉。碑亭北有桥三道，皆一空（孔），制如茂陵。”[①]泰陵原有4座桥，在社会发展处于低水平建设时期，为眼前经济利益而破坏一些古迹的情况是普遍存在的。泰陵前是道路岔口，道路直接影响着人们的生产和生活，功德碑北公路上原有并排的三座石拱桥，中间一桥大，左右两桥略小。1965年修公路时，把三座古桥东侧的一大一小两座古桥改建，将原道路改变了走向，用旧石料和新材料建了一座石拱券公路桥，改善了山区交通状况。西侧的一座小石拱桥因拆除“费工时”而保留了下来，形成三桥变两桥，新、旧石桥并列的景象，新桥宽大贯通公路，而一小石桥被“挤”到路旁。小石拱桥长约8.4米，宽4.3米，无护栏，拱跨2.1米，桥面平缓，桥身被掩埋，整体保存基本完整，是泰陵原有4座石桥之一，也是现在仅剩的一座泰陵石桥。2005年对泰陵陵寝建筑进行全面修复，可仅剩的这座石拱泰陵

① 摘自清《日下旧闻考》，第2203页，北京古籍出版社，1983年5月版。

桥没有得到维修。

泰陵功德碑往南百米是一座高大石砌四孔连拱公路桥，桥头立“泰陵桥”石标。按古时规制桥孔数都应为单数，不能是双数，原泰陵桥是五个拱券。听当地老人讲：原泰陵桥五孔，石桥早年被洪水冲垮，剩下残破的桥墩，沟里水少的时候，人们就趟水过去，水大一些就在残桥墩上搭板子过河，那时没有车，生活得也简单。1957 年由于交通往来的需要，在其五孔桥的位置上，新建了四孔石拱公路桥，桥长 50 多米，宽 7.5 米，桥面到沟底大约有 8 米，桥上护栏为汉白玉仿古式，桥面为铺沥青路面，石桥能承载几十吨的大卡车碾压，可古桥的痕迹一点也找不到了。

康陵三孔桥

康陵原有 2 座桥，现存三孔石拱桥一座。康陵地处十三陵区西北，距大红门有 15 公里，是最远的一座陵寝。陵寝背靠金岭山，山的五座山峰形如“莲花”，周围灌木荫蔽，松树高大，埋葬的是武宗朱厚照和皇后夏氏。武宗朱厚照是孝宗朱祐樘的长子，明弘治四年（1491）出生，正德十六年（1521）三月暴死于东华门外淫乐窝豹房，享年 31 岁。康陵建于正德十六年（1521）四月，建造用了两年，嘉靖元年（1522）六月陵园建成，陵制简朴，与周围环境和谐统一。陵寝占地 2.7 万平方米，由神道、陵宫及陵宫外附属建筑三部分组成。明崇祯十七年（1644）李自成率领农民起义军攻陷昌平时，路过此地，火烧了康陵的明楼等建筑。清乾隆年间重建明楼建筑。2005 年又一次大规模修复陵寝主要建筑。据清《昌平山水记》记载：“康陵在金岭山，距泰陵西南二里，自泰陵桥下分西南为康陵神路，山势至此折而南，故康陵东向，路有石桥五空

(孔),锥石口水迳焉,今圮。又前有石桥三空(孔),制如泰陵。”①现在那座五孔桥已无踪影,只留有原桥旁石砌护岸遗址,石砌护岸还有 10 多米长,桥石料已经被移作他用,干涸的河床改造成庄稼地。康陵的三孔石桥还存在,地处原五孔桥西几百米。石桥建于明正德年间,桥长大约 50 米,依地势是西高东低,宽 6.1 米,桥上砖砌护墙每侧宽 0.36 米,桥为青砖砌拱券,拱券外沿扇形拱碹石为青白石,一般拱碹石是上下圆弧整齐规矩,可这座桥有几块拱碹石下圆弧和扇形两侧都正常,而拱碹石上部外弧不是按圆弧凿成,而是原石料“多余”部分,这部分利用起来,形成拱碹外圆弧形不齐,多出来的部分与石块结合成桥体侧墙。桥的中孔拱券大,跨宽 4.2 米,高 3 米,两侧的桥拱券跨宽 3.5 米,高 2.8 米,拱券砖表面风化严重,但并未塌陷,桥的周围杂草丛生,河床改造成庄稼地,桥面不均匀地垫了厚厚的土,铺沥青路面。据当地老人讲:五孔桥早年曾被洪水冲毁,50 年前还有残桥墩,很多石料被移做修水利,现在就剩一段石岸墙。而西边的三孔桥,因地势比五孔桥高,桥下山沟水势较小,才保留下来。可桥的西侧原是一段坡道,过桥要走“之”字形路,车辆上坡十分困难。20 世纪 70 年代改造道路,裁弯取直,从陡坡上取土垫到桥面,使桥的西边增高,桥西头垫土 2 米多厚,桥东头只垫了 0.3 米,高低相差 2 米多。道路距离短了,路坡加长了,桥面成斜坡路的部分,方便了往来的车辆和行人。目前要从桥上经过,根本就看不出这座桥有几百年的历史,要转到桥的侧面,才能观赏到这座明代古桥的“庐山真面目”。

① 清顾炎武著:《昌平山水记》,第 8 页,北京古籍出版社,1980 年 10 月版。

永昭定三陵之古桥

◘梁欣立

永陵南石桥

永陵保存有单孔石拱桥4座。从长陵往东过景陵大约2公里是永陵,陵宫朝向为南偏西53度,是世宗朱厚熜及陈氏、方氏、杜氏三位皇后的合葬陵寝。世宗朱厚熜明正德二年(1507)八月十日生于兴王府,其父是宪宗朱见深的孙子,兴献王朱祐杬。正德十六年(1521)四月二十二日是以武宗朱厚照皇帝堂弟的身份入继大统,即皇帝位,在位执政45年。嘉靖四十五年(1566)十二月十四日逝于乾清宫,享年60岁。永陵是朱厚熜自己选的陵地,嘉靖十五年(1536)四月二十二日开始了陵寝营建工程,规划设计时,妄想把永陵修成长陵的规制,大约经过7~11年的经营,永陵营建大体告成。建成后的永陵比前七座陵都大,占地面积大,建筑规格大,而且在嘉靖年间还修建了长陵总神路上石牌坊、石像生、桥梁等。从开始建造到陵寝完工的过程中遭遇群臣劝谏和资金匮乏,所以,很多建筑规模没有规划的大,有一些根本就没有实施。永陵在十三陵各陵中建筑规模是比较大的,从永陵的方城大门向南延伸有1.5公里的神路,神路是一条2米多宽大青条石块铺的石甬道,甬道中有功德碑、并排三座石桥和南端单孔石拱桥,据传甬道两侧计划要放石像生,最终没有实施。永陵的“石桥三道”在功德碑南200多米处,跨一沟河，三桥分一主桥两辅桥，全部是石砌单拱券平缓坡桥，基本保持古石桥的原貌。主桥的桥面宽阔平整，长18米，宽8.15米；两辅桥比主桥小很多，辅桥长7.2米，宽3.4米。桥与桥之间相距3.8米，桥上无护栏，现主桥石拱完好，桥面比路面宽仍在使用，两辅桥只是拱券和边缘有一些桥石塌陷，桥下沟河堵塞，桥上堆放树枝木柴，周围环境是一片荒草垃圾，已把两座辅桥都给埋起来了，自然村落的房屋把石桥包围，小块的自留地也种到了桥旁。总之，三座石桥没有得到很好的保护。永陵神路1.5公里长，南端一座单孔石桥，桥为全石单拱券结构平缓坡桥，与三座石桥的主桥基本一样。桥长21.5米，宽8.4米，桥墁宽12米，桥面到沟底高3.2米，石拱券跨2.9米，桥上无护栏，桥下沟中淤泥土厚度估计在一米多，沟底种植的果树也有10年以上的历史，桥南的桥墁有损坏，桥旁的石砌护岸石有被移动迹象，石桥整体保护得基本完好。

昭陵三座桥

昭陵原有5座桥，保存下来有砖石桥3座。昭陵在定陵西南，大峪山东麓，陵宫朝向为南偏东38度，占地约3.46万平方米，是穆宗朱载垕及李氏、陈氏、李氏三位皇后的合葬陵寝。穆宗朱载垕是世宗朱厚熜第三子，嘉靖十六年（1537）正月生于皇宫，隆庆六年（1572）五月二十六日在乾清宫病故，享年36岁。昭陵基本沿用泰、康诸陵的建造规制，但宝城内的封土形式已有改变，这样有利于雨水迅速排除，保持宝顶的干燥。据记载整个昭陵建造费用达200万两以上白银。据清《昌平山水记》记载："昭陵在大峪山，距长陵西南四里，自七空（孔）桥北二百许步分西为昭陵神路，长四里。路有石桥五空（孔），德胜口水迳焉。又西有石桥一空（孔），今圮。陵东向，碑亭西有桥三道，皆一空（孔），余如康陵。”[1]通过这段记载得知昭陵原有古桥5座，分别在三个地方。目前，神路被村庄替代，路上的五孔桥和单孔桥已无踪迹，方城中碑亭后祾恩门前有砖砌月河上保存有三座单孔砖石桥。中间的主桥为石拱结构，桥长16米，宽4.8米，桥上汉白玉石刻望柱8对、镂空护栏7对，青色条石铺桥面。边上两辅桥是砖石结构桥，每桥长13.6米，宽3.3米，桥下部是大青石码砌，单孔石碹青砖拱结构，桥上部是青砖砌护栏墙，护栏墙头盖通脊状石，桥面是青砖铺砌。三座桥均于1987年翻修，新修复的桥见不到明代痕迹，原因是当年朱载垕死的比较突然，昭陵修建时间相对短，工程质量差一些，没几年陵寝的建筑就出现塌陷损毁，历史上昭陵建筑修缮过多次，石桥也修复过多次。1987年4月到1989年，政府投资1500万元整体修复昭陵，复原了全部地面建筑。1990年9月1日陈列出明代墓葬的部分史料，对社会开放参观。

定陵三座石桥

定陵原有4座桥，现存单孔石拱桥3座。定陵在昭陵东北，与昭陵并排在大峪山东麓，是神宗朱翊钧和两位王氏皇后的合葬陵寝。神宗朱翊钧是穆宗朱载垕第三子，嘉靖四十二年（1563）八月出生，年仅10岁即皇帝位，在位执政48年，万历四十八年（1620）七月逝于宏德殿，享年58岁。定陵是万历十二年（1584）十一月开始营建，建造规制基本是比照祖父嘉靖皇帝的永陵，比昭陵规制要大，工程共建6年，占地面积18万平方米，耗费白银800余万两。万历十八年（1590）的一天，朱翊钧率队巡视自己的墓地，下到地宫中越看越高兴，下令就在地宫

① 清顾炎武著：《昌平山水记》，第8页，北京古籍出版社，1980年10月版。

里备酒席，和众臣饮酒作乐起来，此事在中国历史上是空前绝后的。陵墓建成时皇帝只有 28 岁，直到 1620 年才正式启用，该陵墓整整闲置达 30 年之久。定陵是十三陵中最出名的陵寝，因为 1956 年 5 月国家挖掘了定陵地宫，出土近 3000 件珍贵文物，经过全面整修定陵的地面、地下建筑，成立了唯一能参观地下宫殿的定陵博物馆。据清《昌平山水记》记载："定陵在大峪山，距昭陵北一里。自昭陵五空（孔）桥东二百步分北为定陵神路，长三里。路有石桥三空（孔）。陵东向，碑亭东有桥三道，皆一空（孔），制如永陵。"[①]定陵神路上的三孔石桥是去往定陵的主要道路桥梁，早年被洪水冲毁，之后情况无记载，今已无踪迹，取而代之是新四孔公路桥，称定陵西桥。定陵方城门外功德碑亭东有陵前月河，河上横跨三座白石桥，石桥建筑十分讲究，月河是石砌护岸，水从定陵西南侧大峪山山沟引流过来，常年流淌，穿过石桥，形成陵寝风水中的重要组成部分。清乾隆年间对陵寝及石桥进行过大规模修缮，陵前月河水还长流。近 30 年河水无源，河流干涸，河道也渐渐被填平废弃。1956 年挖掘定陵后，三座石桥和桥下部分月河河道作为文物保留下来，20 世纪 60 年代修复过。这三座一组石桥在整个十三陵中是比较讲究的桥梁，中间一石桥为主桥，桥长 21 米，宽 7.8 米，桥面到河底高 2.4 米，桥上有汉白玉望柱 10 对，镂空护栏 9 对，桥头是堆云抱鼓石，桥面铺条石，桥两端接条石和青砖铺的神路。两侧的辅桥略小，桥长 8.6 米，宽 3.8 米，桥上有 6 对望柱，5 对镂空护栏。站在陵寝前石桥上，桥后神路是两旁柏树，远处中间是功德碑和外方城陵门，显得庄严肃穆，按照旧规矩中间的御桥一般人是不能走的，今天进入定陵可以随意从石桥上通过。

---

① 清顾炎武著：《昌平山水记》，第 9 页，北京古籍出版社，1980 年 10 月版。

庆陵之古桥

梁欣立

庆陵现存单孔石拱桥6座，是十三陵中保留古桥数最多和石砌沟渠最长的一陵。庆陵是光宗朱常洛皇帝及郭氏、王氏、刘氏三皇后的合葬陵寝。光宗朱常洛是神宗朱翊钧的长子，万历十年（1582）八月十一日恭妃所生，万历四十八年（1620）八月初一即皇帝位，在位执政仅一个月，因服红丸药后，在乾清宫病重身亡，享年39岁，史称“红丸案”。当时因前朝神宗朱翊钧还未下葬，众臣商议把朱祁钰（景帝）未修成的陵墓收拾成庆陵。别看朱常洛只当了一个月的皇帝，庆陵营建前后用了六年时间，工程耗帑银几百万两。庆陵的陵寝建筑是“改造工程”，有些特殊，地面方城建筑分成两部分，砌围墙为前、后院，石砌明沟渠和地下排水涵洞组成“S”形的水道，长达四五百米，6座砖石桥分别横跨沟渠上，石砌沟渠的边沿栽植了形态各异的松柏树数百株，可为一景。建筑布局由南向北依次是弯曲明沟渠分别横跨南北两座石桥，神功圣德碑，前院陵门和祾恩殿；前院后沟渠上并排三座石桥，神路通后方城，路东边有小土山，山脚下明沟渠成暗渠；后院设琉璃三座门，包括方城和圆形宝顶。庆陵的排水系统独具特色，宝城两侧山壑间汇流的水从左右宫墙下的地下涵洞流入，宝城明楼前建一个平面“T”形的地下排水涵洞，水在明楼前的地下汇合，从地下躲过环抱于前的龙砂，然后注入砂前的排水明沟，通过涵洞出方城，小土山冈下变明沟渠。陵门前神路上有两座石桥，这里分称南、北石桥。神功圣德碑前20米处是一座北石桥，几年前石桥被废弃在杂草丛中，石桥主体结构保存得比较完整，桥上的石护栏已不见，只留下边沿石上的卯榫印。桥长16.7米，宽6米，桥面到河底高4.6米，桥下是石砌护岸弯曲的沟渠，有数百米长，适应了“水绕山缠”和“龙砂不可损伤”的风水之说。石桥周围的杂草有一人

庆陵南石拱桥

高，石砌沟渠的边沿长出一棵挨一棵的松树，松树是从石缝中长出来有百年，其中一棵分杈的松树从桥拱券的石墙缝长出来，形成的树冠绿阴遮日。这里植被茂盛，小鸟穿梭鸣叫，不时还能见到长长的大花蛇。2005 年石桥得到了修复，重新安装了石护栏，清理了桥下及周围的杂草。从北石桥往南十几米还有一座南石桥，石桥长 8 米，宽 5 米，桥面到沟底高 3.5 米，桥拱券是内青砖砌拱，外拱碹为青白石块，桥面平缓方块石铺砌，无桥望柱和护栏板。整座桥残破，桥下沟渠无水多年，石砌沟渠的边沿石缝中长出数十棵松柏，桥上的道路已废弃多年，石桥南端被当地百姓挖坑取土已成断路，桥周边开辟了些小块庄稼地，夏秋季的青纱帐把石桥全掩盖了。南石桥没有得到修复，只是在修北石桥时拉了两三车土，垫了垫桥南的土坑。“其水自殿西下，殿门西又有一小桥，为行者所繇。”①这段话指的“小桥”在前院围墙外的西南角，原来只是一座便桥，由于昌赤路贯通这里，小桥被彻底改造成适宜交通的公路桥，桥下两侧的石砌沟渠并没有大的改动。据记载：“殿后缭以垣门一道，门北有桥三道，皆一空（孔）。”②实际情况是，

①② 清顾炎武著：《昌平山水记》，第 9 页，北京古籍出版社，1980 年 10 月版。

庆陵三座石桥

庆陵的前院没有修复，封闭不接待来访者，可从前院围墙外绕到院后，就能见到三座琉璃顶垣门，门北是三座并排的单孔砖石桥。主桥长 16.3 米，宽 5.9 米，桥堍宽 8 米，10 对望柱及 9 对护栏板；两辅桥各长 15 米，宽 4.5 米，桥堍宽 6.2 米，8 对望柱及 7 对护栏板。2005 年修复了三座石桥，补齐桥面石，更换白石护栏，清理了沟渠内杂草。庆陵的 6 座石桥和几百米的石砌沟渠及古树保留下来，从中能了解到明天启年间，皇家建筑庆陵时精心设计的排水系统，顺应了风水理论中的“水绕缠山”和“龙砂不可损伤”的要求，庆陵的建筑布局与其他各陵有所不同。

德思二陵之古桥

◘梁欣立

明朝晚期建德陵，现存有五孔石拱桥一座，石平桥一座。德陵在永陵之东北，十三陵区最东端一陵，这里是三面环山的潭峪岭西麓，陵宫朝向为南偏西88度，也就是说陵墓建筑基本上是坐东朝西方向，比较独特，史书也记载“陵独向西”，与西边朝东的昭陵、定陵相望。陵寝埋葬的是熹宗朱由校及张氏皇后（有说张氏皇后没有葬在德陵中）。熹宗朱由校是光宗朱常洛的长子，明万历三十三年（1605）十一月出生，明天启七年（1627）八月逝，享年23岁。德陵始建于天启七年（1627）九月，崇祯元年（1628）三月玄宫建成，五年后地面建筑完工，占地约3.1万平方米。德陵是明代营建的最后一座帝陵。当时，由于崇祯皇帝刚刚登基，大明王朝已日趋没落，正面临着严重的政治和经济危机，财力、物力、人力上遇到了很大困难，东拼西凑，才使这座陵墓勉强修建起来，陵宫建筑总体布局呈前方后圆形状，基本仿庆陵，但两进院落连成一体。

德陵桥在神路功德碑前200米左右，横跨在一条有30多米宽的山沟壑上，每到雨季山洪下来这里水很大，为顺畅泄洪，建成五孔联跨石拱桥。《北京市昌平县地名志》讲：“德陵桥始建于明崇祯元年（1628），现桥基础和部

德陵石平桥

分桥身为原建的,1957 年补修加固过。”桥体上部为大方石块铺桥面,白石望柱护栏,青砖砌拱券,外砌石碹;下部为花岗石墩台,桥长 59.1 米,桥面净宽 11 米,桥头翼展桥堍宽 14 米。桥共有五孔拱券,其中间一孔跨径 6.8 米,依次两旁的两孔跨径 5.85 米,边上的两孔跨径 4.9 米,孔与孔间隔 3.15 米。德陵五孔桥在相当长一段时间内缺乏有效保护,原桥上的石望柱、石护板,因年久失修残破严重,有的被遗弃在山沟中,有的存放在德陵院中,护栏改砖砌矮护墙。2002 年 3 月政府拨款 3800 万元,大规模整修德陵建筑,五孔桥是修复工程中重要的一项。桥面清理原桥面石,缺失的地方补上石块,桥下河底清理后铺砌块石,护岸加固,拆护墙恢复桥上望柱栏板形式,每侧有 34 根望柱,其中只有 10 根为原桥望柱,桥头抱鼓石也有旧有新。修桥的河南籍工匠们认为望柱顶桃形莲花头犹如《西游记》中唐僧的法帽,于是便称望柱顶上桃形莲花头为“唐僧帽”。拱券、桥墩、桥侧墙和引桥都进行了修补,并加装了铸铁燕尾锭。总之,这座古石桥主体结构没有改变,现在作为古桥限制通行。令人遗憾的是,桥面修补时,没有做好防水处理,石块间缝隙渗水,一下雨,雨水顺着缝隙下流,从青砖拱券处流出,五个拱券都有渗水现象,时间长了会造成桥体内积水膨胀,局部崩塌的情况。德陵陵寝的南侧有一条花岗岩石砌沟渠,把山水从陵寝外引入五孔桥南沟河里,沟渠上跨一座石平桥,桥南北走向,桥长 3 米,宽 5.1 米,孔跨 2.3 米,桥面到沟底 2.4 米,桥两侧护栏是单块条石,条石长 2.96 米,宽 0.43 米,高 0.9 米。这座桥建于明代,当地人讲这桥建于修德陵之前,是修建陵寝的工匠们走的。过桥往南不远是德陵村,村里还保留着一座“德陵大明古堡”城。古城四周砖石砌高十几米,厚有两米的城墙,四方城仅城北有一大门,原住着

德陵五孔桥

守陵官军和守陵人。现在德陵村百十户村民住在古城堡内外，在德陵院内值班守卫的工作人员，每天上下班都要跨过这座有近500年历史的石平桥。近年机动车把石平桥的石护栏撞离了原位，石护栏损伤不大。

思陵陵寝建筑中无石桥，附近西山口的西水关有单孔石拱桥一座、石平桥一座。思陵是明朝最后一位皇帝崇祯的墓地，因明朝国亡，国君自缢，后人草葬田妃墓中，陵寝是清朝时改建的，“思陵”之名也是清朝时拟定的，所以，思陵建筑规模小并且没有建桥，而思陵西南的小红门西至西山口保留下来有西水关石桥。小红门是进入十三陵区西部的红色侧门，且规模小于正南面的大红门，而得名小红门，明代时就成村庄。当年整个皇陵区石砌围墙12公里多，石围墙和陡峭的山势相连构成封闭的皇陵区，皇陵区内不准百姓进入，陵区共设“两门十口”[①]，清代光绪年间的《明陵图》所标的地名这里是小红门和西山口之间，后因北京地名有重，将小红门改称小宫门。据小宫门村一位80多岁的老人讲：原来的小红门门楼就在现在村中，两侧是石围墙，门的东侧跨水沟有两座紧靠着的石砌水关叫东水关，村西几百米有一处西水关。后来村里的门楼、石围墙和东水关都拆了，砖石料被拿去建住房了。西水关因在村外田间，所以保留了下来。西水关为南北走向的一条水沟，水沟与陵区围墙交汇处设水关，水关由两座石桥和石沟渠组成，虽然目前水沟无水，古道变更，可破旧的古石桥还存在，当地人把此地叫西水关，是相对东边水关而言（东水关已不存在）。西水关石桥由一石拱桥和一石平桥组成，依地势

西水关石拱桥

① 明十三陵区设“两门十口”，两门是：大红门、小红门；十口是：中山口、东山口、老君堂口、贤庄口、灰岭口、锥石口、雁子口、德胜口、西山口、榨子口。

西水关石平桥

而建造，水沟到这里是石砌水渠，呈方槽节阶状，渠宽 2.6 米，渠底与两渠帮全是方花岗岩石砌成，石渠帮外侧还加砌了块石和砖砌护围，使水渠十分坚固。水渠北侧地势高的地方是石拱桥，南侧水渠低处用两块长条石铺成简易平桥，两桥相距 2 米，桥面高低差有 3 米多。石拱桥用花岗石建造，桥长 6 米，桥宽 3.3 米，石拱券用七块扇形弧碹石拼成，石块与石块缝隙凿刻得严紧均匀，拱跨 2.3 米，拱内高 2.4 米，现桥石拱券的东侧一块拱碹石脱落，造成局部拱碹石块错位。桥面垫有 40 厘米厚的土，这样可使桥面与路面一样平，方便车辆行人往来。据当地老人讲，记得儿时看到陵区的石围墙残根部就建在石拱桥上。目前石拱桥桥面及小道全是土，没有一点陵区围墙的痕迹。另一座石平桥处在下水方，又低于路面很多，由两块条石铺成，桥面宽一米多，桥无护栏，是作为陵区外辅助的便桥来使用的。西水关这组石桥建造时间不详，石桥的地理位置在陵区原石围墙经过处，又距小红门、思陵不远，桥的建造与陵区有关系，应是明代建造的。

圆明园遗址随笔之一
——风貌 取向 变迁

◇杨振铎

1860 年 10 月 18 日，英国侵略者纵火焚毁了圆明园。毁后的圆明园遗址是侵略者野蛮罪行的真实物证；其风貌决定了今日圆明园保护、整修及利用三方面的根本思路。

圆明园是圆明、长春、绮春三园的总称。园有若干景域，景域有若干景区，景区有若干景点，此外尚有难以数记未命名的景点，皆属园林艺术空间，只是规模不等。

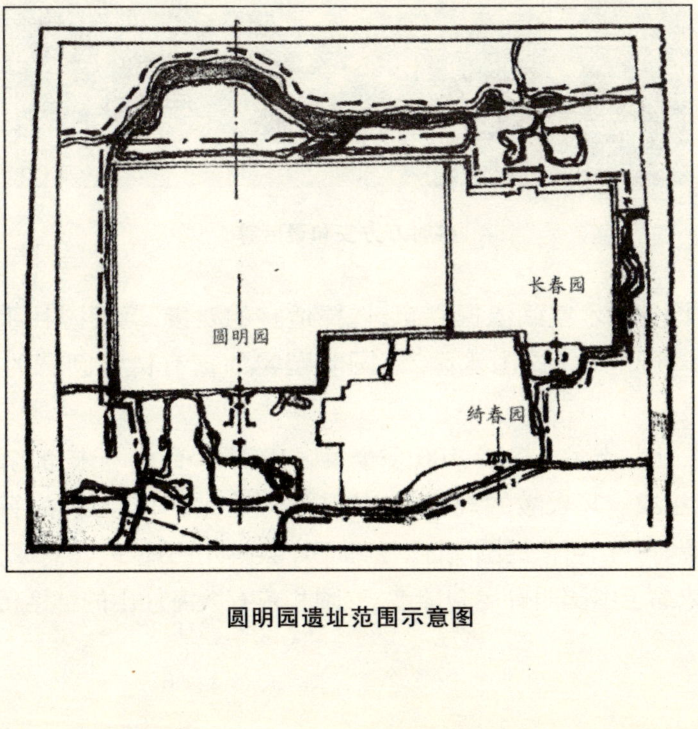

圆明园遗址范围示意图

毁前圆明园是以苍穹为"幕"、以园地为"画面"、以立意为前提、以写意自然式山水为骨架、以花木为配置、以日月星辰为增景、以春夏秋冬为季相、以虫鸟蛙鱼为意趣、以飞禽走兽为情趣、以天籁为乐曲、以自然与人文之佳物为借景、以屋宇(《园冶》用语)为点缀、以梁桥涵闸为连通、以路径航线为纽带、以室外小品为烘托、以额匾为点睛、以楹联为壮景、以碑幢石刻为记事抒情、以墙垣或栅栏为围界、以轿和船为代步工具、以传统文化为底蕴等要素,再以特定的格局组成不同规模的园林艺术空间。

盛时万方安和景区等

每个园林艺术空间依据立意,选择适宜的要素,运用园林手法组成。无一不是一幅立体的"山水画"。圆明园实为富有诗情画意的"漫长画卷"。

圆明三园,十多个景域、100 多个景区、若干个命名与未命名的难以数计的景点组成。其宏敞的规模,全然是外师造化、中得心源的智慧巨作。可游、可望、可行、可住的圆明园,浓缩了赤县神州的地貌,寓意了天下九州的意境;浓缩了中国西有昆仑瑶池、玄圃和东有大海仙山的神话传说;浓缩了文武、农桑、市肆、戏剧等各类文化景象。移入了前朝后寝、天下名园胜景；也物化了《桃花源记》、《爱莲说》、仙山楼阁等文学名篇。

英、法侵略者一到圆明园，贪婪地劫掠了园内大量文化艺术珍品。不久，英国侵略者野蛮纵火，焚毁了80%以上景区的殿宇。严重毁坏了“漫长画卷”的整体性，毁坏了竖向格局的完整性。

由于圆明三园之大，山形水系的分割，有10%以上的景区，躲过3500侵略兵的焚烧而幸存下来。围墙、格局、山水、路径、桥梁、小品、绝大部分花木、殿宇砖石等人文及自然要素，因不可燃也幸存下来。

幸存的蓬岛瑶台景区等

焚毁后的一代名园，出现了完整景区与焚毁景区之间的强烈对比，焚毁景区内被焚毁屋宇与多数完整园林要素之间的强烈对比，被焚毁景区内被焚毁屋宇与幸存屋宇之间的强烈对比。全园依然山抱水，水环山，青山绿水，峰峦洞壑，清流潆带，荷香袭人，亭台树石，秀影荡漾……和被焚毁的殿宇遗存一起，向人们诉说着各自的经历与见证。初始阶段的遗址风貌一直保持了10多年。身临其境者，能感受到强烈的震撼。这种震撼力和感染力是无法言语的，是此后的遗址形态无法达到的。

面对圆明园遗址初始风貌，我们本应准确把握其所承载的重要价值，发挥其相应的作用，作到充分合理利用。然而，在相当长的时期里，我们没有意识到这些重要价值，造成了遗址形态的变迁。

同治十二年八月二十一日，在反对声中，皇帝传谕重修圆明园。兴工不久，亦因财力不支和日趋增强的反对声浪而停工。

光绪年间，圆明园作为皇家禁地，依然得到不断地修整。光绪二十六年(1900)，私欲极强的一些人，乘八国联军侵入北京，贪婪的趁火打劫。

大肆洗劫了圆明园遗址的建筑和树木，将其当作材料使用及出卖，大发国难之财。

民国之初的清室时期（1912 －1924，1926 －1928）将圆明园遗址当作清室私产对待。

国民政府几经变更管理机构，北平当局还核准了“圆明园残废砖石变价批卖办法”。从此，圆明园遗址成了取用砖石材料的场所。

正在拆除砖石材料

1930 年底，圆明园被毁 70 年后，向达、刘敦桢等人士尽心研究，开始呼吁保护；中国营造学社同北平图书馆联合举办“圆明园遗物文献展览”，出版《史料旬刊》等刊物；工务局测绘了《实测圆明园长春园万春园遗址形势图》。但终因内斗、日寇疯狂入侵等原因，政府从无认真保护过圆明园遗址。民国年间，圆明园可谓遭到了扫荡式地严重破坏。

1934 年 2 月，南京行政院竟然下令，将圆明园遗址拨给清华大学办农业试验场，4 月办完移交。原派驻之警察、稽查员均行撤出。[①]

斗转星移，建国之初，周恩来总理依据保护古迹的政策，指示北京城市规划部门：“圆明园要保护好，地不要拨出去，将来有条件时作些恢复等。”[②]当周恩来总理得知中央马列学院选址圆明园遗址建院时，立即予以制止。并说：圆明园这个地方总有一天会整理出来供国人参观的。国耻勿

① 张恩荫辑《圆明园大事记》。
② 圆明园管理处简报《圆明园》，第 1 期，1977 年 4 月油印本。

忘，圆明园遗址是侵略者给我们留下的课堂。[1]

依据我们党和国家的方针原则及周总理的指示，北京市各级政府采取了应时举措，社会也给予了关注。

1976 年，成立圆明园管理处专司遗址管理；1977 年 4 月，明确提出“遗址公园”的概念。[2] 1980 年，1500 多人发出《保护、整修及利用圆明园遗址倡议书》。

1983 年，中央明确将圆明园遗址建成“圆明园遗址公园”，并升格圆明园管理处为处级单位。从此，我们对圆明园开始了探索性的规划建设。在海淀区原区委书记张还吾等一批老领导亲自参与下，1983 年至 1986 年，恢复了园墙，联合农民整修圆明园福海景域、绮春园东部景区。1986 年 6 月 29 日，将已具圆明园遗址公园雏形的部分，向社会试开放。

向社会开放后，由于管理处尚无稳定的经济支撑，且对圆明园遗址公园的内涵把握不够准确，便以单纯增加收入为目的，不顾水系格局，打通了圆明园福海景域和绮春园的水系，还不顾原有山形挖通道路，改变福海东岸北端值房院的格局与方向，将假遗址建成商业用房。未整修开放的西部区域甚至完全失管，杂乱的局面引起了政府和民众的广泛关注。

2000 年，国家批复的《圆明园遗址公园规划》。政府投入巨资，征地转户，搬迁园内住户、单位，为建设圆明园遗址公园创造了大前提。当下圆明园遗址公园已具雏形，效益日趋良性。

历史证明，由于不同时期人们对于圆明园遗址价值的理解不同，导致圆明园遭到多次破坏，如同治拆东墙补西墙式的重修、1900 年兵匪趁火打劫、民国期间拆运砖石料，等等。1949 年后，政府虽严令保护，但因无力解决基本矛盾，依然有零星破坏的情况。

开始对圆明园进行探索性整修、利用以来，虽一改遗址面貌逐渐消失的局面，有了圆明园遗址公园的雏形，取得了了不起的成就，但也出现了因保护、整修及利用而造成的破坏。圆明园遗址 150 多年的不断破坏，成为初始原真性遗址消失的原因。

---

① 2006 年春《中国老年报》。

② 《圆明园》第一期。

圆明园遗址随笔之二
——选择　宗旨　形态

◘ 杨振铎

圆明园遗址初始风貌的变迁，依次是重建、拆除、农业生产生活、学校机关工厂、绿地、保护遗址、旅游宾馆、遗址园林、社会主义大公园等。漫长的实践，人们终于意识到，造成遗址风貌变迁的关键原因是不同价值取向造成人们做出了不同的选择。

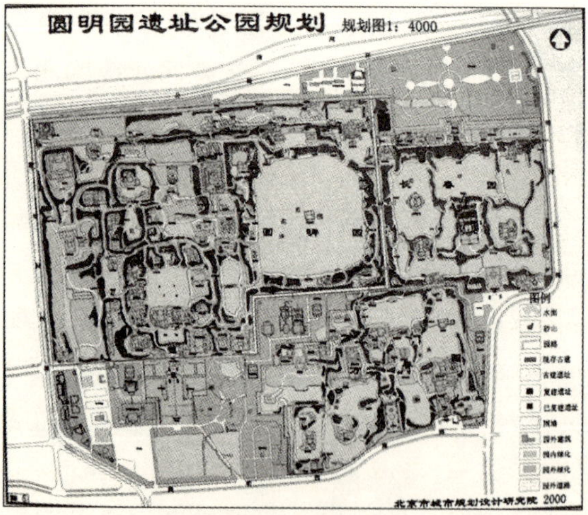

圆明园遗址公园规划

在前人研究、实践的基础上，经过 10 年的踏查、交流，笔者于 1977 年 4 月提出了“遗址公园”的概念，[①]并得到赵光华、李嘉乐等专家的赞许。1979 年 4 月 14 日，笔者在市规划局参与讨论了相关部门报送给北京市建委的 4 个圆明园规划方案，其中有支持“旅游宾馆”和反对“旅游宾馆”建设的，最终论证无果。1981 年 8 月 19 日，北京市 40 多名人大常委视察圆明园后，建议“迅速采取措施，开辟圆明园遗址公园”；同年 10 月 2 日，北京市人民政府责成海淀区人民

① 1977 年 4 月油印本《圆明园》简报。

政府负责开辟圆明园遗址公园。不过两年,中央政府正式公布了将圆明园遗址建成圆明园遗址公园的决定。政府公布2000年《圆明园遗址公园规划》,并已取得了实际进展,实现了遗址的环境、社会及经济三个效益。

"圆明园遗址公园"命题,由"圆明园"、"遗址"、"公园"构成,结构严谨、层次分明、互为界定、内涵坚实,肯定了皇家园林遗址的根本属性、风格、格局,肯定了三个不同时代的三个不同阶段性的基本形态,传递着完整的历史信息,反映着各阶段的价值取向、宗旨,体现了历史文脉、时代需求。

"命题"以"圆明园"界定了"遗址公园"的基本风貌,以"遗址"界定了"圆明园"的特色,用"圆明园遗址"的风貌与特色界定了"公园"的功能。这是正视历史、牢记历史,以史为鉴,适应时代的价值取向,含有不同形态之间不可分割的内在联系。1996年11月,国家多部委公布圆明园为"爱国主义教育示范基地"。圆明园遗址公园受到如此高度重视,是"命题"正确性的佐证。

"善园者以名,善名者以意"①。"圆明园遗址公园"是最佳选择。几十年实践的次次检验,证明了选择的准确性。

圆明园的基本建成,恰逢清代盛世,不久毁于侵略者,变成遗址。一个向以天朝自居的大清帝国,将中国托入了半封建半殖民地的悲惨地步,屡屡挨打。原因错综,关键一条是"失其宜适以玩物而丧志。……后世子孙必不舍此而重费民力,以创建苑囿"。几年后,乾隆言而无信,连续创建了清漪园等一批皇家苑囿,并大修坛庙。抱定服务于封建社会的儒家文化,思维守旧,不谋全面发展,不加强国力,仍以落后的冷兵器为主;朝臣官吏欺上瞒下,和珅贪腐惊人,地方几乎无官不贪;帅无方略,国无强军,兵无战力。结果盛而衰,衰而败。清廷主政者,又无视火烧圆明园那场悲剧的前因后果,不思国家、民族安危,不正视历史,不全面深入反思经验教训,只顾敬天法祖,重修圆明园,破坏了初始风貌,失去了原真性的意义。难道不惜破坏初始风貌,重修圆明园不是一场悲剧吗?追根溯源,清朝的衰败,割地赔款,圆明园于瞬间成为遗址等信息表明,埋下根苗的正是"失其宜适以

① 王季重《名园咏序》。

玩物而丧志”的皇帝们。

认为现状是原有艺术水准及侵略者罪证，纯属误导！

整修开放以来，出现的游乐化、商业化是文不对题的！而“荒”和“废”、北京大学后花园、考古试验场所等是不可取的！全部重建更是天大的错误。

欲看清侵略者的真实罪行，必须落实周恩来总理关于“圆明园这个地方总有一天会整理出来供国人参观的。国耻勿忘，圆明园遗址是侵略者给我们留下的课堂”的指示精神。从而，在揭露侵略者弱肉强食野性的同时，也认真反思本身盛衰、屡败于人的历史经验教训。知己知彼，力避悲剧，弘扬正义，国耻勿忘，进行爱国主义教育，和谐共处，面向未来。

为准确体现宗旨，必须依据史料再现“圆明园遗址是侵略者给我们留下的课堂”的主体形态，即整理出初始阶段及各破坏阶段的遗址形态，而不是重建或创新景物。

按《规划》实现的遗址形态是符合宗旨的主体形态。类型如下：

幸存类型，包括景区、景点、要素、格局等项，是圆明园盛时风貌的代表，是圆明园遗址初始阶段真实风貌的重要组成，更是后来其他遗址形态替代不了的，其历史、艺术及科学三大价值和史料、借鉴及教育三大作用也是此后形态不可能具有的。

九州清宴景区(中轴三殿)

幸存完整景区，最具盛时圆明园皇家园林艺术水平。除已恢复者外，应按《规划》再现圆明园大宫门内外景区；再现九州三大殿、山下天光、山高水长、汇芳书院、南北长街、九孔桥、平湖秋月、接秀山房(不含观澜堂)、夹镜鸣琴、深柳读书堂等，长春园宫门内外景区、榴香渚、静缘亭、映晴斋等，绮春园宫门内外景区、松风萝月、展诗应律、西爽村、云漪馆、湛清轩等景区。

再现慈云普护景区的钟楼、四宜书屋景区的涵秋堂、含经堂景区的买卖街及澄波夕照、得胜概等供参观凭吊者避风雨及有独特点景标志的轩廊亭榭等。

按《规划》恢复适宜位置的值房，解决小卖、盥洗、保卫、设备等项用房。

再现屋宇以外的所有园林要素。这是圆明园遗址反衬被焚毁殿宇的重要素材，方显侵略者焚毁殿宇罪行之最。

格局是体现主体形态的关键环节，应如实整理，不可变更。

圆明三园，一西二东，倒"梯"字型的形态，多边多角，边随角而变向，边角各有借障与置景。因此，适度再现边角方位的景区、景点是本园完整性、京西园林文化区及北京历史文化名城风貌的需要。如紫碧山房、藻园、藻园门（已恢复）、圆明园外前湖、圆明园大宫门，绮春园凌虚阁、正觉寺（已恢复）、该园大宫门（已恢复），心静轩，长春园宫门（已恢复）、如园、大东门，理顺七孔闸南北格局，大北门及东西山水与花木，北远山村、顺木天等。

园内平面与竖向格局是初始遗址主体形态的重要组成，必须认真对待，准确纠正被破坏的部分，保证主体形态的完整性。

焚毁类型，是圆明园遗址一大关键意义，没有可替代的其他遗址形态。应依据史料，努力创作好，尽量复原出大火焚毁后的样子，适度其量。

破坏类型，也要尽量予以创作，适度其量。绝大多数屋宇遗址，清整出台，以示布局、规模与其他它要素的对比。

各类型应以三园宫门前区为起首，沿主要参观凭吊路线，规划布设复原景区、景点。做到"聚而不拥，分而不散；通连有径，沿途凭吊"的有序穿插，体现遗址主体宗旨与形态，阶段鲜明、景情交融，予人以"寓情于景，陶冶文明"的境界。

圆明园遗址随笔之三
——保护　整修　利用

◘杨振铎

保护呼声与举措，时起时伏，有同异之别。“同”在保护之声，“异”在宗旨。半个多世纪的保护工作可概括为：方向明，目的清，举措实，有成效，在探索中曲折前进。

“整体保护，科学整修，合理利用”方针，明确作为《圆明园遗址公园规划》的原则，必须认真坚持。

“整体保护”是坚持范围、环境、格局、要素、历史信息及历史环境等五个完整性。

完整性范围，应以距护园河或水系外岸边五尺处为界点，划定范围。护园河断处，应以同样宽度（含护园河），顺园墙走向划线。依据划进的范围，才符合圆明园遗址的历史，方可避免以园墙为界而丢掉无墙可界的面积。

完整性环境，一为三园借景的西山，二为三园外规划线内的规划绿地，三指规划线外的建设控制地带，四指调整完善城市道路与整体保护的关系。这四个方面是规划明确的。北侧的原小清河以南的范围不但是圆明园历史环境的组成，而且是园内景区的外景内容。应扩大原有建控地带的范围，并提高标准。

完整性格局，一是自成格局的圆明、长春、绮春三园，二是各园的景域、景区、命名和未命名的景点，三是组成园、域、区、点等各类园林遗址空间的相关要素。三类各种格局的关系既独自又因借，没有变更的余地。

完整性要素，明指建筑，但园林遗址空间相关要素的位置、数量、质量及形态，都应有计划分别体现历史的信息与风貌，无需创新与添加。

完整性历史信息及历史环境,《规划》已明确为“新整修的各元素,应充分反映其历史,不破坏、更改历史形象……”

上述五项,事关圆明园遗址公园成败之前提,模糊不得。

“科学整修”,意在体现遗址历史风貌的思路、项目、标准、宗旨及其实现的举措保证。

学习总理的指示,深感总理“总有一天”所表达的极大决心与殷切的期待;指明了是“整理出来”,而不是全面重建;清楚的指出了要“整理出来”的是“侵略者给我们留下的课堂”。这是整理遗址的形态标准,也就是圆明园遗址初始阶段的风貌;用途是“供国人参观”,发挥“国耻勿忘”的爱国主义教育功能。

2000 年《圆明园遗址公园规划》的整修项目,即“建筑遗址的清整,山形水系、园林植被、园路桥涵、园墙园门、10% 古建等项的恢复,现有不符合历史风貌桥涵及道路的调整改造”等,是落实总理指示的具体方案。只要依据史料,深入理解,从严管理,尊重工程周期,不出现抢工期、反季节的做法,就可实现科学整修。

整理过的遗址,必须让多数人看的见、看得懂,明白底蕴;让人了解中华民族曾有过的智慧及达到的水平;了解侵略者野蛮掠夺的本性;了解国内一些人趁火打劫的恶习。从中得到启迪,受到教育,激发爱国为民、反对侵略、共谋和谐而奋发自强。

清整后的方外观景区石亭遗址

清整后的观水法遗址

圆明园遗址是侵略者作案的现场，而原真性的物证却因国人破坏而消失了。在整理出侵略者留下课堂的同时，整理出破坏阶段的部分形态，也是爱国主义教育需要的内容之一。

为寻求圆明园遗址最合理的利用，人们已尝试过多种方式，每种方式均有其理，然而最终圆明园遗址公园的方式得到绝大多数人的认同，并获得历届各级政府的支持与肯定。但此后仍出现了一些不合时宜的游乐化设施、商业化行为，也有“荒”和“废”、北京大学后花园、考古试验场所等主张被提出。近来又有不顾叶已长期研究论证、实践证明可行的《规划》，再度重提有违时宜、有违众意、早已被否定的“研究论证恢复重建圆明园”的敏感话题，令人难解所图。

圆明园遗址公园是国人明确最佳价值取向后做出的最佳选择。但由于一时没有稳定的经济支撑、尚未准确把握其准确内涵及《规划》若干原则精神的情况下，确实出现了某些保护、整修、利用性的破坏。只要高度重视，这些破坏是可以纠正、可以避免的。

落实“合理利用”原则，必须抓准、抓好整体保护、科学整修这个前提。认真研究论证实施好《规划》才是实现“合理利用”原则最关键性的当务之急。

该方式，“合”圆明园皇家园林遗址性质之“理”；“合”圆明园遗址主体形态之“理”；“合”圆明园遗址关键价值之“理”；“合”时代步伐及时宜需要之“理”；“合”广大人民群众意愿之“理”。

喧宾夺主的牌示

惨遭劫掠焚毁是清朝统治者“失其宜适以玩物而丧志”腐败无能和英法侵略者掠夺本性的历史见证；是国内一些人无视圆明园遗址关键价值的见证；一些人贪婪拆除破坏侵略者物证的见证。规划建成圆明园遗址公园,可以再现初始阶段遗址的强烈对比,可以再现各阶段性拆除破坏的典型状况;并立以不喧宾夺主、简朴得体的牌示,供人参观凭吊。这是整理后遗址形态,现场合理利用的最佳方式。

实现"合理利用"原则,还应理顺几件事。

依据圆明园遗址公园的性质,应理顺管理体系。审批整修设计方案,要有城市规划、园林、文物部门共同决策,克服独一部门单纯专业一锤定音的弊端。

必须依据史料,整理或创作出以圆明园遗址初始形态为主,破坏阶段形态为辅的园林遗址。无须新构思,新构图,造新景之类的创新。借鉴外来概念,必须结合中国的实际,必须吸取这方面的教训,纠正相应的做法。

人们期待,进一步理顺环境、社会和经济三个效益的关系;彻底拆除杂乱房屋与构筑物,恢复历史格局,调整改造有违历史形象的路径、桥涵。认真落实"不添新景"等项《规划》原则,纠正商业化、游乐化现象,不举办与性质、氛围相悖的活动。

游人如织,人头攒动,擦肩搭背的密度不可取。

超过"长城、故宫、颐和园游人总和"的念头是无知有害的。

将其看成可开发、可做经济增长新支点是文不对题、违背宗旨的杂念。

环境效益为前提,社会效益为宗旨,经济效益为从属以无损环境与社会效益为准。

结合实际是正确的,遗址的历史形态与见证是最大的实际。必须认准主次轻重。以当今使用为理由变更遗址历史形态的结合,是对历史不负责的表现。

历史表明,使用者、丢弃逃命者、保护者、掠夺者、焚毁者、破坏者、整修者、利用者……无一不受到圆明园及圆明园遗址这块试金石的测试。是非功过,后人评说。后人写前人,全靠前人自己提供素材。

准确的利用内容和正确的利用方式是"合理利用"原则最基本的体现。舍此将是脱离历史、性质及宗旨的。脱离圆明园遗址公园园林遗址性质、主题思想、主体形态的思路与做法,是某些利益不良驱动的表现,是必须杜绝的。

编后记

当《茶余饭后话北京》(2012 年版)杀青时,我如释重负。

2005 年 3 月,伴随着北京人民广播电台城市服务管理广播开播,“茶余饭后话北京”栏目应运而生,屈指算来已经 7 年。

7 年的光景不算太长,却跨越了“十五”到“十二五”三个五年规划。7 年的光景也不算太短,就在构思新版《茶余饭后话北京》的框架时,我已正式退休。

回顾这 7 年的岁月,感慨收获颇多。但此时最想表达的还是充溢在心中的感激之情。说心里话,如果没有各级领导的多方支持,没有各位嘉宾老师的众星捧月,没有热心听众的不断鼓励,我是难以走到今天的。所以这 7 年也是我人生记忆中最难以忘怀的。7 年编辑了 7 本《茶余饭后话北京》,7 年结交了几十位学识渊博的嘉宾朋友,7 年更是同无数热情的听众建立了深厚的友谊。这些都将是我今后生活中取之不尽、用之不竭的快乐源泉。

告别热爱和熟悉的工作岗位,告别倾尽心力制作的“茶余饭后话北京”栏目,虽然有些不舍,但长江后浪推前浪,我深信,也衷心祝愿在新的一年,“茶余饭后话北京”栏目定会百尺竿头,更进一步。并借《茶余饭后话北京》(2012 版)问世之际,向所有关心、支持过我的朋友们致以深深的谢意!

文　林

2011 年 12 月